Liebe Leserin, lieber Leser,

wir freuen uns, dass Sie sich für ein Buch der Reihe Galileo Design entschieden haben.

Galileo Design ist die Reihe für professionelle Screen-, Web- und Grafik-Designer und Experten im Prepress-Bereich. Unsere Bücher zeigen, wie man es macht – strikt aufgabenbezogen und mit Beispielmaterial professioneller Designer erschließen sie die Anwendung aller relevanten Tools und Techniken. Sie vermitteln das technische Know-how, und sie sind Ideengeber und überraschen mit originellen und inspirierenden Lösungen. Wissen teilt sich nicht nur sprachlich, sondern auch visuell mit. Satz und Layout tragen dem Rechnung. Und wo immer es dienlich ist, ist ein Buch vierfarbig gestaltet. Unsere Bücher sind eine Augenschule: indem sie gefallen, setzen sie Kreativität frei. Denn Designer lesen anders.

Jedes unserer Bücher will Sie überzeugen. Damit uns das immer wieder neu gelingt, sind wir auf Ihre Rückmeldung angewiesen. Bitte teilen Sie uns Ihre Meinung zu diesem Buch mit. Ihre kritischen und freundlichen Anregungen, Ihre Wünsche und Ideen werden uns weiterhelfen.
Wir freuen uns auf den Dialog mit Ihnen.

Ruth Wasserscheid
Lektorat Galileo Design

Galileo Press
Gartenstr. 24
53229 Bonn

ruth.wasserscheid@galileo-press.de
www.galileodesign.de

Peter Schweizer

Handbuch der Webgestaltung

Eine konzentrierte Einführung
in professionelles Webdesign

Galileo Design

Bibliografische Information Der Deutschen Bibliothek
Die Deutsche Bibliothek verzeichnet diese Publikation in der Deutschen Nationalbibliografie;
detaillierte bibliografische Daten sind im Internet über http://dnb.ddb.de abrufbar.

ISBN 3-89842-362-X

© Galileo Press GmbH, Bonn 2003
1. Auflage 2003

Der Name Galileo Press geht auf den italienischen Mathematiker und Philosophen Galileo Galilei (1564–1642) zurück. Er gilt als Gründungsfigur der neuzeitlichen Wissenschaft und wurde berühmt als Verfechter des modernen, heliozentrischen Weltbilds. Legendär ist sein Ausspruch **Eppur se muove** (Und sie bewegt sich doch). Das Emblem von Galileo Press ist der Jupiter, umkreist von den vier Galileischen Monden. Galilei entdeckte die nach ihm benannten Monde 1610.

Lektorat Ruth Wasserscheid
Einbandgestaltung Helmut Kraus, Düsseldorf, Cover erstellt mit Cinema 4D XL 7, Photoshop 7 und InDesign 2
Herstellung Sandra Gottmann, Bonn
Korrektorat Sandra Gottmann, Bonn
Satz Conrad Neumann, München
Gesetzt aus der Linotype Syntax mit Adobe InDesign 2
Druck J. P. Himmer, Augsburg

Für meine Tochter Helene

Inhalt

86 Das Design

Vorwort

Nicht noch ein Buch über Webdesign – warum eigentlich nicht?

Manchmal ist es wichtig, sich regelmäßig selbst über die Schulter zu schauen.

30 Jahre Webdesign

DIE FRAGE NACH DEM SINN UND UNSINN EINES weiteren Buches über Webdesign stellt sich eigentlich nicht. Kein Massenmedium hat sich schneller entwickelt als das Internet, und es hat bis heute nicht aufgehört sich weiterzuentwickeln. Ein Kalenderjahr entspricht drei Internetjahren, und wer hätte vor zehn Jahren daran geglaubt, dass sich das Kürzel http://www. zur wichtigsten Zeichenfolge der modernen Kommunikation entwickelt? Ich zumindest nicht in dieser Tragweite, als ich 1992 zum ersten Mal mit einem 14,4er-Modem Daten verschickte und später mit einem Compu-Serve-Account die ersten Schritte im weltweiten Netz machte.

Obwohl zunächst eine rein technische Domäne, wurde schnell klar, dass das Internet ein Massenmedium werden und damit die Nutzer nach mehr als einer rein textuellen Präsentation von Inhalten verlangen würden. Mit der wachsenden Zahl an Informationen und Prozessen, die über und im Web abgebildet wurden, ergab sich die dringende Frage nach einem benutzerorientierten Zugang. Der Begriff des Webdesigns war geboren.

Wie lässt sich dieser Begriff im Kontext des Word Wide Web Anfang 2003 definieren? Welche Aufgaben hat der Webdesigner (ich verwende diesen Begriff geschlechtsneutral und meine natürlich immer auch die Webdesignerin) während der Entwicklung einer Internetpräsenz? Lässt sich diese klar abgrenzen, welche Fragen stellen sich über das eigentliche Design hinaus, wie kann er in einem stark von Technik geprägten Umfeld die Balance zwischen Design und Programmierung halten?

Oder ist gutes Webdesign der bestmögliche Kompromiss zwischen Technik, Inhalt und Design? Warum ist es für viele Designer aus klassischen Disziplinen so schwierig, Online-Lösungen zu entwickeln? Ist der Webdesigner heute nicht auch Techniker?

Ich schreibe dieses Buch im Jahre 2003 mit der Erfahrung aus zehn Jahren Praxis als Designer, Konzeptioner, Projektleiter und Techniker. Zehn Jahre mit mehr als 150 Internetprojekten, angefangen bei einfachen fünfseitigen Lösungen, die in einem Tag und von einer Person entwickelt wurden, bis hin zu Mammutprojekten mit mehreren Projektteams über Deutschland verteilt und einer Laufzeit von einem Jahr. Der Designer ist in diesem Kontext Mittler zwischen den Welten, ein pragmatischer Generalist, der die unterschiedlichen Disziplinen vereint und daraus das Beste macht. Theorie ist das notwendige Rüstzeug und die Basis, auf der gutes Webdesign entsteht. Ich spare mir aber allzu viel trockenen Lesestoff über

Kommunikationstheorien und weshalb ein Benutzer der Empfänger und die Webseite der Sender ist – das finden Sie an anderer Stelle besser und trockener. Im Anhang des Buches finden Sie hierzu eine Liste von Büchern, die neben diesem (und meinen anderen) in Ihrem Bücherregal stehen sollten.

Dieses Buch ist für Designer, nicht für Techniker – es sei denn, diese möchten gerne wissen, wie Erstere denken, um sie dann besser verstehen zu können. Neben der reinen Entwurfsarbeit und der Vorstellung verschiedener Arbeitsweisen beschäftige ich mich auch mit den Prozessen, die bei der Entwicklung von Webprojekten stattfinden, denn gerade daran scheitern viele Projekte.

Den Hauptteil nimmt aber das »Wie« ein. Die Theorie reichere ich dabei immer mit ein wenig Praxis an und belege das Gesagte anhand von Beispielen. Dabei sind nicht alle Beispiele von mir bzw. in meiner Agentur »büro für gestaltung ludwigsburg« entstanden, sondern auch von Kollegen. Und deren Beiträge sind sehenswert – wenn nicht sogar besser. Die Beispiele sind mit Bedacht in der Mehrzahl in deutscher Sprache erstellt, weil ich denke, dass viele Leser in Deutschland arbeiten und mit Webseiten, die für eine amerikanische oder australische Zielgruppe vorgesehen sind, in ihrer täglichen Arbeit wenig anfangen können. Das Web wird hier sicherlich mittelfristig für eine »Globalisierung« der Wahrnehmung sorgen, es gibt aber heute – wie auch im klassischen Design – regionale Unterschiede.

Webdesign ist untrennbar mit Programmen, Parametern, Bits und Bytes verbunden; auf diese Aspekte gehe ich im zweiten Teil des Buches näher ein, beschränke mich aber auf die für den Webdesigner wichtigen. Ein Webdesigner ist immer noch in erster Linie Designer. Den Abschluss bildet dann eine Übersicht mit wichtigen Links, Adressen und allem, was in keinen der anderen Teile passte.

Vielen Dank

Ein Buch zu schreiben ist anstrengend und mit viel Nerven, Ärger und Auseinandersetzung verbunden. Nicht unbedingt immer für den Autor, sondern für alle, die ihn in dieser Zeit ertragen müssen. Für mich ist das Schreiben eines Buches mit einer Schwangerschaft vergleichbar – ohne die rein körperlichen Schmerzen und die neun Monate. Jenen, die mich während des Austragens dieses Buches begleitet haben, gilt folglich mein herzlicher Dank. Allen voran meinen Mitarbeitern, die auch dieses Mal alle manisch-depressiven Phasen mit Herz und Hirn weggesteckt und motiviert all die kleinen wichtigen Dinge rund um den Inhalt zusammengetragen, digitalisiert und optimiert haben, in erster Linie Kerstin Schmidt, dem Verlag und meiner Lektorin Ruth Wasserscheid, ihnen danke ich für die Geduld und Unterstützung, und natürlich den Kollegen, die mit Beispielen dazu beigetragen haben, die Praxis nach vorne zu stellen.

Ein herzlicher Dank auch an meine Eltern, die es nie aufgegeben haben, einen aufrechten Menschen aus mir zu machen.

Dieses Buch entstand hauptsächlich während der ersten Phase des zweiten Golfkriegs, was die Arbeit daran nicht einfacher machte. Ich weiß aber – bei aller Hilflosigkeit, die einen im ersten Augenblick übermannt, dass es in der Hand eines jeden Einzelnen liegt, die Welt – wenn auch im Makrokosmos des privaten Umfelds – zu ändern. Als Designer, die täglich mit der Entwicklung und Gestaltung von Kommunikation zu tun haben, dürfen wir nicht zusehen, wie Krieg und Dummheit Kommunikation verstummen lassen und damit Menschen töten.

Copyrights

Ich verwende im Folgenden zahlreiche Beispiele bekannter und weniger bekannter Webseiten. Diese sind alle urheberrechtlich geschützt. Die verwendeten eingetragenen Marken sind Eigentum ihrer jeweiligen Besitzer. Für die verwendeten Links übernehme ich keine Verantwortung, auch nicht für die Aktualität der gezeigten Seiten, diese stellen lediglich einen »Schnappschuss« des heutigen Webs dar.

 ### Wie – kein Mac, kein Linux?

Nur um es ein einziges Mal zu erwähnen: Ich habe bewusst nur Screenshots unter Windows gemacht – es besteht hier kein Zusammenhang mit den 16 Jahren, die ich mich mit diesem System herumschlage – es ist nur einfach das Betriebssystem mit der größten Verbreitung und damit auch der größten Anwenderschar,

ob uns Webdesignern das gefällt (wie in meinem Fall) oder nicht.

Für die beiden anderen nennenswerten Systeme Linux und Macintosh können die Vorgaben und Beispiele aber einfach übertragen werden.

Orientierung

Um Ihnen beim Lesen die Orientierung zu erleichtern und ein besonderes Lesevergnügen zu ermöglichen, haben wir für unsere Reihe Galileo Design ein spezielles Layout entwickelt.

Durch visuelle Hilfen wurde der Text in Funktionseinheiten gegliedert:

Durch das farbige Registersystem ist es Ihnen ein Leichtes, auf die einzelnen Kapitel und Teile des Buchs zuzugreifen.

In Blau gehaltene Texte beinhalten Zusatzinformationen, Denkanstöße oder besondere Hinweise.

Texte mit roten Überschriften kennzeichnen Beispiele bzw. Schritt-für-Schritt-Anleitungen.

Spezielle Symbole in der Marginalspalte machen auf besonders wichtige Textstellen aufmerksam:

Achtung-Icon

Diese Abschnitte sprechen eine **Warnung** aus.

Tipp-Icon

Hier verraten unsere Autoren Tipps und Tricks zur Erleichterung Ihrer Arbeit.

Hinweis-Icon

Weiterführende Hinweise werden Ihnen so nahe gebracht.

Step-Icon

Step-by-Step können Sie unsere Beispiele nachvollziehen.

Bitte beachten Sie auch die Webseiten des Verlags unter www.galileodesign.de, auf denen Sie als registrierter Käufer dieses Buchs weiterführende Informationen finden.

Die Planungsphase

Webdesign – und dann?

Eine Standortbestimmung und kurze Erkundung der Umgebung

»Die Webseite« gibt es nicht, das werden Sie in diesem Buch noch einige Male lesen. Eine Website ist eine Ansammlung komplexer Informationen in mehr oder weniger strukturierter Form und nicht immer vorhersehbarer Problemstellungen und Aufgaben. Der Webdesigner schlägt die Pfade durchs Dickicht und stellt Schilder auf, die dem Besucher den direkten und einfachsten Weg zur Information weisen.

Online versus klassisches Design

Was unterscheidet Online-Design von klassischem Design, wenn wir hier klassisches Design als Kurzform von Grafik- und Kommunikationsdesign verstehen? Weshalb benötigen klassisch ausgebildete Designer ein Jahr, bis sie gutes Webdesign entwickeln können? Ist das Entwerfen einer Webseite nicht auch das immer gleiche Spiel zwischen Sender und Empfänger, zwischen Inhalt und Interpretation, die Spannung zwischen Bild und Text im Layout?

Sicherlich, aber nicht nur. In der direkten Gegenüberstellung einer »klassischen« und einer Online-Unternehmenspräsentation in der folgenden Tabelle möchte ich die wesentlichen Unterschiede deutlich machen.

Die Tabelle erhebt keinen Anspruch auf Vollständigkeit, zeigt aber, dass auf Seiten des Webdesigners neue Aufgaben entstehen, die es im klassischen Bereich nicht oder nur bedingt gibt. Sicherlich muss man sich auch bei der Offline-Präsentation Gedanken über die »Navigation«, den Weg des Lesers durch die Publikation machen – oft nur in Form des Inhaltsverzeichnisses auf Seite 3.

Eine schlechte Navigation wird den Leser aber nicht davon abhalten, einfach die Broschüre von vorne bis hinten durchzublättern und die für ihn interessanten Stellen auf diese Art zu finden. Verfügt die Webseite aber nicht über eine ausgefeilte und durchdachte Navigation, wird der Besucher schnell das Weite suchen – die Konkurrenz ist nur einen »Klick« entfernt. Ein weiterer Unterschied zum gedruckten Medium – hier kann man sich der Aufmerksamkeit des Lesers zumindest für einen gewissen Zeitraum sicher sein. Und das gedruckte Werk des Konkurrenten liegt auch nicht immer direkt neben dem eigenen auf dem Tisch.

Ein Hauptunterschied liegt in der Gestaltung der »Seiten«. Hier ist der Designer beim gedruckten Werk nicht durch Bandbreitenprobleme oder fehlende PlugIns des Lesers eingeschränkt, er kann in Bildwelten mit knappen Textblöcken schwelgen und wird sich immer

Tabelle 1: Online versus Klassik

Klassische Unternehmenspräsentation	Online-Unternehmenspräsentation
Zwischen 8 und 48 Seiten Umfang. Die Seitenzahl ist teilweise von der Produktion abhängig und steht oft schon am Beginn des Entwurfsprozesses fest.	Zwischen 4 und 200 Seiten Umfang. Der Umfang wird in den wenigsten Fällen von Beginn an – ohne Kenntnis der Inhalte – bekannt sein.
Navigation linear, Benutzung allgemein bekannt.	Navigation nicht linear, kein oder nur eingeschränktes allgemeines Wissen über die Verwendung, das Zeichensystem und die Wege innerhalb der Daten.
Ablauf klar. Vorne ist der Anfang, am Ende der Schluss. Anwender kann die Menge schnell »scannen«.	Einstieg über die Homepage, weitere Wege sind nicht definiert bzw. nicht vorgegeben.
Haptisches Erlebnis über Papier, Format, gepaart mit visuellen Eindrücken und einer klaren visuellen Dramaturgie.	Rein visuelles Erlebnis (teilweise auch audio bzw. audiovisuell), Dramaturgie ist nicht vorgegeben bzw. abhängig vom Weg durch die Daten.
Umfang der Publikation für den Leser klar erfassbar.	Umfang, besonders bei umfassenden Auftritten, für den Leser nicht erfassbar.
Inhalt statisch.	Inhalt statisch und dynamisch.
Keine Interaktion zwischen Medium und Betrachter.	Unterschiedliche Interaktionsstufen. Angefangen bei der Navigation über multimediale Unterhaltungsmedien bis zu komplexen Geschäftsprozessen.
Inhalt kann nicht verändert werden.	Inhalt nicht editierbar, jedoch Detailstufe wählbar.
Format der Publikation vorgegeben.	Format des Browserfensters in den meisten Fällen veränderbar. Inhalt passt sich der Veränderung gegebenenfalls an. Visueller Eindruck wird vom verwendeten Browser zusätzlich beeinflusst.
Aktualität eingeschränkt durch das Medium.	Aktualität abhängig vom Inhalt, Informationen können in Echtzeit hergestellt werden.
Projektablauf	
Anzahl der Projektteilnehmer überschaubar: Marketing, Geschäftsleitung, Agentur, Fotografen, Texter, Repro, Druckerei. Rollenverteilung und Schnittstellen im Projekt klar definiert.	Anzahl der Projektteilnehmer nicht immer überschaubar bzw. von Beginn an bekannt. Zuständigkeiten und Rollenverteilung wechseln im Verlauf umfangreicher langfristiger Projekte. Schnittstellen können klar definiert werden.
Prozessstufen sind seit Jahren bekannt und variieren nur in den Details.	Prozessstufen hängen von der verwendeten technischen Plattform und dem geplanten Inhalt ab. Projektteilnehmer müssen flexibel auf variierende Prozesse reagieren.
Inhalte werden im Normalfall komplett neu erstellt (Texte, Bilder, Illustrationen).	Inhalte in allen Ausprägungen vorhanden, teilweise neu, teilweise alt oder völlig neu zu erstellen.

der neidischen Blicke des online arbeitenden Kollegen sicher sein. Dieser wird, quetscht er nicht das letzte Byte aus den wenigen hochkomprimierten Bildern, nur briefmarkengroße emotionale Bildwelten verwenden können; von verarbeitungstechnischen Details wie geprägten und gestanzten Naturpapieren oder doppelt gestrichenem Bilderdruck für das optimale visuelle Erlebnis ganz zu schweigen. Bevor nun alle Webdesigner die Maus ins Korn werfen, sei gesagt, dass gerade in der Reduktion und dem Unbekannten der Reiz des Online-Schaffens liegt. Hier hat der Designer die Kontrolle über die Navigation, kann Animationen einbauen und lebendige Seiten gestalten, die auf die Aktionen des Besuchers reagieren, die nachts anders aussehen als tagsüber, im Frühling blühen und im Winter unter einer Schneeschicht liegen; Seiten, deren Inhalt sich in Abhängigkeit vom Profil des Betrachters immer wieder verändern. In der Gestaltung von Webseiten zeigt sich der wahre Kommunikationsdesigner, der die Klaviatur der Gestaltung komplexer Informationen beherrscht, der weiß, wie man riesige Datenmengen strukturiert, und einfach darstellt, wie man den Leser führt und auf der Seite hält.

Die interdisziplinäre Disziplin

Begründet sich der Beruf des Designers auf den klassischen Ingenieurberufen, aus denen er sich am Anfang des letzten Jahrhunderts entwickelt hat, führt die interdisziplinäre Arbeit an Webprojekten den Designer wieder ein Stück zurück zu seinen Wurzeln. Er arbeitet

bei weitem weniger autonom als ein Designer im klassischen Print-Umfeld. Kann man sich in letzterem noch verhältnismäßig gut alleine über Wasser, sprich in anspruchsvollen Projekten halten, wird man bei der Entwicklung von Webseiten als Einzelkämpfer nie über einen kleinen statischen Webauftritt hinauskommen. Webdesign ist die interdisziplinäre Disziplin schlechthin – und gerade das ist das Schöne daran. Techniker, Marketing- und Werbefachleute, Designer, Programmierer, Produktspezialisten sitzen gemeinsam am Tisch und müssen ständig wechselnde Aufgabenstellungen bewältigen, von denen viele zum ersten Mal auftauchen und bekannte sich im Kontext Web neu definieren. In dem hierbei oft entstehenden babylonischen Sprachgewirr ist der Designer oft Mittler zwischen den Welten, schafft mit visuellen Beispielen Klarheit und kämpft oftmals mit seinem technischen Sachverstand gegen betoniertes Systemdenken.

Ich bin als crossmedialer On- und Offline-Designer in beiden Sphären zu Hause, und vielleicht ist es das Besondere an beiden Welten, das einen selbst nach 15 Jahren jeden Tag Neues entdecken lässt und den Spaß und den Reiz dieses Berufes ausmacht.

Nicht für die Schule, für das Leben lernen wir!

Bei dem jungen Berufszweig »Webdesign« stellt sich natürlich die Frage, wie man diesen erlernen kann und ob die Ausbildungsstätten auch auf die Anforderungen vorbereitet sind. In den letzten Jahren wurde viel über das Thema nachgedacht, und vorhandene Ausbildungsberufe und Studiengänge erfuhren eine Überarbeitung und Erweiterung der Stoffpläne und Inhalte. Es ist aber unbestritten, das oft nur die technische Ausbildung auf dem aktuellen Stand ist und die inhaltliche Ausbildung noch klassische Werte lehrt. Auch gab es in den Hochzeiten der New Economy mehr oder eher weniger erfolgreiche Versuche, alle und jeden zum Webdesigner umzuschulen, der keinen Arbeitsplatz in den angestammten Branchen bekam – ambitioniert, aber nicht zielführend, wie die Heerscharen arbeitsloser Umschüler heute zeigen.

Die Zutaten einer Webseite

Bekanntlich ist keine Website wie die andere, dennoch gibt es einen unveränderlichen Zutatenmix, der das Gesamtergebnis beeinflusst und den zu identifizieren und gestalten zu den Hauptaufgaben des Webdesigners zählt. Ausgehend von diesen essenziellen Zutaten möchte ich anschließend die verschiedenen Kategorien von Webseiten, auf die wir heute treffen, vorstellen. Zuerst allerdings die Zutaten einer guten Website und eine Vorbemerkung: Ein kluger Mann sagte mir einmal, wenn ich »muss« meine, dürfte ich nicht »sollte« schreiben. Ein anderer ebenfalls kluger Mann bemerkte zudem, dass jede Regel auch eine Ausnahme besitze.

Die wichtigsten Zutaten einer Website sind:

▸ Navigation
▸ Inhalt
▸ Design
▸ Technik

Navigation

Unabdingbares Mittel, um dem Anwender den Zugang zu den einzelnen Bereichen einer Webseite zu verschaffen, ist die Navigation. Aufgrund ihrer Bedeutung ist die Navigation so ziemlich der schwerste Brocken bei der Entwicklung eines guten Designs. Sie muss die folgenden Eigenschaften besitzen und Vorgaben erfüllen:

▸ **Einfache Bedienung**
Sie sollte schnell erlernbar sein. Im besten Fall beruht die Navigation auf bekannten Erfahrungen der Zielgruppe. Konnte man bis vor ein paar Jahren noch nicht davon ausgehen, dass ein Anwender mit dem Begriff »Home« etwas anfangen kann, ist heute allgemein bekannt, dass sich hinter

diesem Begriff die Homepage verbirgt. Design ist sicherlich nicht nur visuelle Gestaltung einer Site, sondern auch die Entwicklung einer optimalen Bedienung – auch Usability genannt.

▸ **Konsistenz**
Die Elemente der Navigation müssen auf ein Minimum beschränkt sein. Ein Schalter muss immer ein Schalter sein. »Nach oben« muss immer »Nach oben« heißen und auch diese Funktion ausführen. Ein festgelegtes einfaches Farbschema hilft dem Anwender, die Navigation vom Inhalt zu unterscheiden. Die Navigation muss sich immer an derselben Stelle auf der Seite befinden.

▸ **Sichtbarkeit**
Die Navigation muss immer sichtbar sein. Nichts ist schlimmer als eine Navigation, die verschwindet und den Anwender nach einem Ausweg statt nach Informationen suchen lässt. Man stelle sich vor, nach Betreten eines Raumes verschwindet die Tür und taucht erst wieder auf, wenn man ein Buch aus dem Regal nimmt. Eine Website darf nicht wie ein Adventure aufgebaut sein – Nutzer interessieren sich nicht für die Navigation, sondern den Inhalt einer Seite, und ihr Spieltrieb ist meist ebenso begrenzt wie ihre Zeit.

▸ **Klarheit**
Anwender kommen immer mit einem vorgefertigten Erfahrungsschatz auf eine Seite. Bewerber suchen sicherlich einen Punkt »Jobs« und nicht »Opportunities« oder »Join us«. Eine Anfahrtsskizze findet sich einfacher unter »Niederlassungen« als unter »Downloads«. Neues erfinden macht sicherlich Spaß, aber nicht immer Sinn – las-

▸▸
Beispiele für verschiedene Navigationsformen und -anordnungen finden Sie ab Seite 104.

❷

Abbildung 1 ▶

www.spiegel.de: In puncto Navigation vorbildlich. Inhalt und Navigation sind klar voneinander getrennt. Die Benutzerinteraktion folgt einem einfachen, konsistenten Schema. Zudem sind Werbung und redaktionelle Beiträge sauber getrennt.

sen Sie Ihrer Kreativität an anderer Stelle freien Lauf.

▶ **Orientierung**

Nichts ist schlimmer, als die Orientierung zu verlieren. Der Anwender muss immer wissen, wo er sich befindet und wie er die anderen Teile der Seite findet. Webseiten stellen eine für den Anwender nicht klar definierte Informationsmenge dar – helfen Sie ihm, sich hier zurechtzufinden.

Überprüfen Sie Ihre Navigation auf die genannten Punkte, wenn Sie einen nicht erfüllen, werden Sie den Besucher schnell verlieren. Erscheint Ihnen das Ergebnis anschließend langweilig, halten Sie sich immer vor Augen, dass niemand eine Site nur aufgrund der intellektuell herausfordernden Navigation besucht.

Ein vorbildliches Beispiel gibt uns hier die Website des Spiegels (Abbildung 1):

❶ Die Hauptnavigation und Zugang zu den Rubriken. Diese sind zusätzlich farblich codiert.

❷ Inhaltsbereich mit Anleser und optionaler Abbildung. Der Farbcode der Navigation ist denkbar einfach: Rot dient als Leitfarbe für weiterführende Links, bei Schriften und allen grafischen Elementen.

❸ Klar gekennzeichnet ist der weiterführende Link zum Hauptartikel.

Inhalt

Einfache Regel beim Surfen im Web, aber nicht unbedingt immer selbstverständlich: Der Inhalt einer Webseite ist die wichtigste Zutat. Zur Motivation der Besucher einer Site kom-

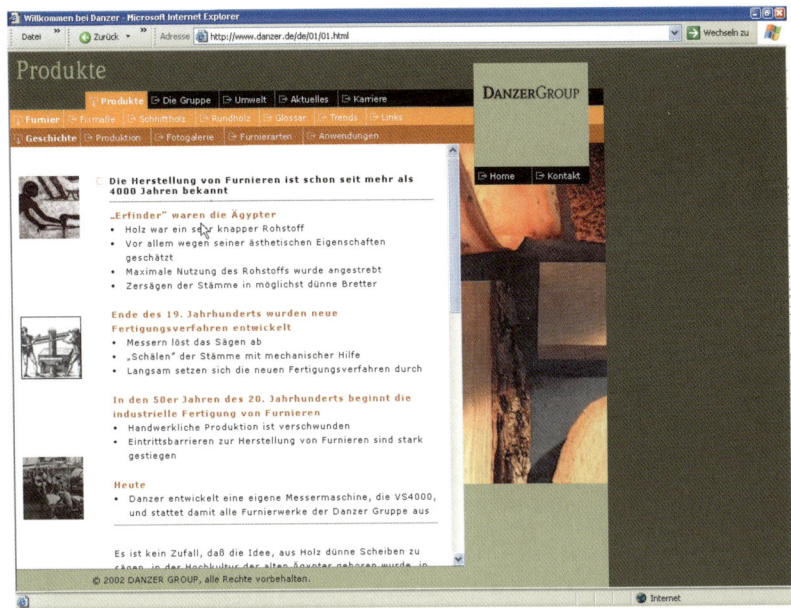

◀ **Abbildung 2**
www.danzer.de: Bei der Gestaltung der Webseiten der Danzer-Gruppe konnte nicht auf große Textmengen verzichtet werden. Die Informationen wurden aber inhaltlich für das Web und typografisch für bessere Lesbarkeit optimiert.

men wir später – ich gehe aber davon aus, dass 90% aller Surfer im Web nicht aus Langeweile surfen, sondern in der Mehrzahl auf der Suche nach Informationen, aber auch Unterhaltung sind, welcher Art, das sei einmal zurückgestellt. Der Inhalt einer Site muss deshalb die folgenden Kriterien erfüllen:

▶ **Menge & Struktur**

Studien zeigen, dass das Leseverhalten im Web ein anderes ist als in klassischen Medien. Besucher einer Seite lesen diese nicht, sie »scannen« sie auf verwertbare Informationen und entscheiden abhängig hiervon, in die Tiefe zu gehen oder lieber eine andere Adresse zu wählen. Gestalten Sie die Texte Ihrer Seite entsprechend. Kurze Absätze, mit hervorgehobenen Schlagwörtern oder einer gekennzeichneten Zusammenfassung am Beginn des Artikels helfen dem Leser und damit auch Ihnen. Fassen Sie umfangreiche Inhalte zu kurzen Teasern zusammen, und verbergen Sie den umfangreichen Inhalt hinter einem Link »mehr ...«.

▶ **Lesbarkeit**

Am Bildschirm liest es sich nicht gut, das ist allgemein bekannt. Man sollte es dem Besucher deshalb nicht noch schwerer machen. Endlose Bleiwüsten sind schon auf Papier schwer zu erfassen, im Web aber ein klarer Grund zum Wegklicken. Optimieren Sie den Text auf Lesbarkeit, nutzen Sie die Möglichkeiten, die sich über die Formatierung mit CSS (Cascading Style Sheets) bieten. Denken Sie auch daran, dass nicht alle Ihre Besucher Ihren 21"-Monitor besitzen, sondern in der Mehrzahl mit einfachen 17"-Bildschirmen das Web erforschen. Wie im klassischen Design gilt hier: »Weniger ist mehr« (siehe Abbildung 2).

▶ **Schreibstil**

Viele Unternehmen verwenden aus falscher Sparsamkeit im Internet die Texte aus diver-

Abbildung 3 ▶

www.mini.de: Ein Paradebeispiel
für die konsequente Umsetzung
eines medienübergreifenden
Designs. Vom Autohaus bis zur
Webseite folgen alle Medien einem
(wenn auch einfachen) Design-
prinzip.

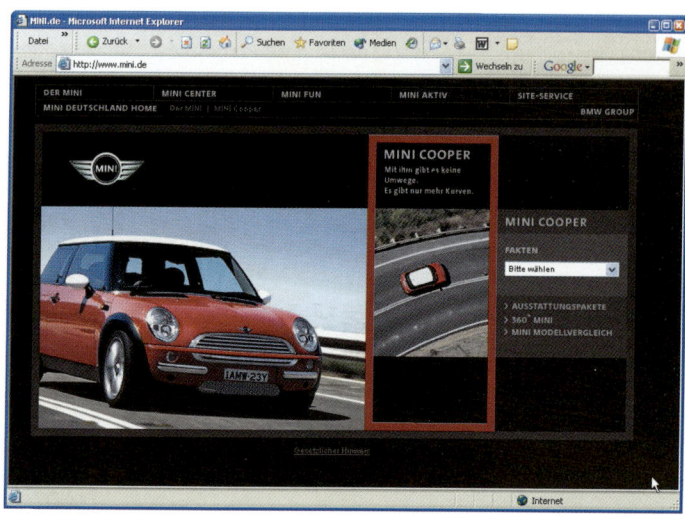

◀◀

Siehe auch:
Styleguides für
Webseiten ab
Seite 172

sen Offline-Medien. Hier spart man aber am
falschen Ende. Ein Sammelsurium verschiedener Schreibstile und Tonalitäten macht
einen unprofessionellen Eindruck. Zudem
folgt aus den vorigen beiden Punkten, dass
Texte fürs Web eine gesonderte Aufbereitung benötigen – oft reicht eine redaktionelle
Überarbeitung, die weitaus günstiger ist als
eine vollständige Neuerstellung. Abhängig
von der Information bieten sich zusätzliche
Strategien an, die eine kurze Online-Präsen-
tation mit ausführlichen Informationen in
Download-Form kombinieren.

Design

Darüber handelt dieses Buch nicht ohne
Grund. Das Design einer Site ist das Salz in
der Suppe – zu wenig lässt alles fad erscheinen, zu viel macht alles ebenso ungenießbar.
Es darf nicht – und hier machen viele Designer
einen Fehler – zum Selbstzweck werden. Eine
Website ist immer (öfter) Teil einer ganzheit-
lichen Marken- und Marketingstrategie und
muss deshalb folgende Vorgaben erfüllen:

▶ **Wiedererkennung**

Konnte man vor ein paar Jahren noch
Internet und klassische Kommunikation
»trennen«, ist die Online-Präsenz oft der
wichtigste Teil im Marketingmix. Umso
deutlicher sollte sich die Webseite auch mit
der dahinter liegenden Marke identifizieren.
Nicht alle – oder besser nur wenige – Unternehmen verfügen heute bereits über klare
Vorgaben für das Design ihrer Webseiten
unter dem Gesichtspunkt eines einheitlichen
Corporate Design – vielleicht ein Grund für
die Verwirrung, die man bei einigen Seiten
erfährt. Auch wenn es die Kreativität junger
Webdesigner einschränkt, muss die Wiedererkennung klar im Vordergrund stehen.

▶ **Klarheit & Unterstützung**

Gutes Design fällt nicht auf, sondern unterstützt die Kommunikation. Es ist nie Selbstzweck, sondern gliedert die Inhalte, schafft
Spannungen und Orientierung. Damit
gewinnt man vielleicht keine Goldmedaille
in New York, hilft aber dem Auftraggeber,
seine Kunden optimal zu informieren und

◀ **Abbildung 4**
Links die Sicht während der Entwicklung: Die rote
Fläche steht für die Bedeutung des Designs, Grau für
die Technik. Das rechte Quadrat zeigt die geänderten
Verhältnisse, wenn die Seite im Web steht. Anwender
interessieren sich nur zu einem kleinen Teil für Technik.
Entscheidend ist das Design der Seiten.

den Erfolg des Unternehmens zu steigern.
Ich sage das bewusst in dieser Schärfe, weil
viele Kollegen inzwischen vergessen haben,
was der eigentliche Sinn ihres Tuns ist (siehe
Abbildung 3).

Technik

Dieses Buch beschäftigt sich mit Technik nur
im Kontext des Designs einer Website, weswegen ich mir tiefgreifende Ausführungen spare.
Oft ist jedoch die Technik das vorherrschende
Thema in Workshops, und ich habe schon erleben müssen, dass gute Konzepte durch
schlechte Technik ihre Stärke einbüßten.

Leider wird das gesamte Arbeitsumfeld
für Webdesigner aufgrund der wachsenden
Anforderungen bei der Integration unterneh-
mensinterner Prozesse immer technischer.
Content-Management-Systeme erfordern eine
klare Strukturierung der Inhalte, eine Anbindung eines Shops an ein vorhandenes Waren-
wirtschaftssystem hat direkte Auswirkungen
auf das Design. Von diesem Punkt betrachtet,
muss sich ein Webdesigner im Vorfeld seiner Arbeit intensiv mit der späteren Technik
beschäftigen und hieraus direkte Vorgaben
für das Design ableiten. Ein einfaches, aber
leidiges Beispiel sind die verwendeten Brow-
serversionen. Ein Design, das auch auf alten
Browsern funktionieren muss, erfüllt andere
Vorgaben wie eine klare Beschränkung auf

neueste Technologien oder eine Trennung zwischen Alt und Neu.

Hierzu ein weiteres Beispiel: Arbeitet man
mit einem Content-Management-System, sollte
man wissen, wie die Inhalte dynamisch erzeugt
werden, ob und welche Layoutvarianten erlaubt
sind, ob Stylesheets verwendet werden können.
Setzt man beispielsweise auf Frames, kann man
einige Navigationsvarianten nicht einsetzen und
sollte auch beim Seitenlayout gewisse Vorgaben
in puncto Positionierung beachten.

Eine banale Vorgabe für diese Zutat: Die
zugrunde liegende Technik sollte der gestellten
Aufgabe entsprechen. Nicht alles, was technisch machbar ist, macht auch Sinn – auch
wenn die IT das nicht immer so sieht. Wie
sagte ein anderer kluger Mann: »Der Standard
ist mein Freund!«

Die Bedeutung des Design

Welche Bedeutung hat das Design für den Erfolg einer Webseite? Ich möchte das anhand
von Abbildung 4 einmal darstellen.

Internet ist eine von Technikern erfundene
und heute noch dominierte Welt, die meisten
der IT-Verantwortlichen rühmen sich, nur mit
abgeschalteter Grafikdarstellung oder gar nur
mit einem reinen Textbrowser zu surfen. Design und Grafik würde sowieso nur vom Inhalt
der Seiten ablenken. Wäre das Fernsehen von
derart denkenden Menschen weiterentwickelt

worden, würden wir heute noch vor einem Radio sitzen. Als Designer brauche ich meine Meinung hierzu nicht ausführlich kundzutun, sondern erwarte einfach die Zeit, wenn alle Firmen mit einer solchen IT-Abteilung aufgrund sinkender Zugriffszahlen und einer schlechten Reputation schließen.

Der Besucher und nur dieser entscheidet über den Erfolg und Misserfolg einer Webseite, ihm ist die Technik egal, wenn er nur schnell an die gesuchten Informationen gelangt. Er sieht »nur« das Design und wird von diesem ersten Eindruck beeinflusst. Sicherlich spielt, betrachtet man regelmäßige Benutzer einer Site, der Inhalt eine ebensolch wichtige Rolle, aber auch dieser muss in der korrekten Form präsentiert werden. Die Technik ist aber auch auf lange Sicht kein Entscheidungskriterium für den Anwender – solange sie funktioniert.

Sicher nehmen noch andere am Prozess der Entwicklung einer Webseite teil, es gilt aber auch für diese Fälle, dass sich die Relevanz des Designs verändert und am Ende zum bestimmenden Faktor der Site wird. Ein Punkt, den viele bei der Planung vergessen und deshalb anschließend nicht wissen, weshalb die Site keinen Erfolg hat.

Unterschiedliche Kategorien von Seiten

Wie beim Kochen kann man auch im Web aus gleichen Zutaten immer wieder unterschiedliche Gerichte zaubern. Ich möchte im Folgenden einmal die bekanntesten vorstellen. Die Reihenfolge ist hierbei ohne Bedeutung und rein zufällig, oft lässt sich eine Site auch nicht klar einer Kategorie zuordnen, sondern mischt verschiedene Typen.

Portale

Portale bilden den Zugang zu unterschiedlichsten Informationen zu meistens einem gemeinsamen Thema unter einem einzigen Dach. Wie in einem Einkaufszentrum buhlen unterschiedlichste Angebote um die Gunst des Besuchers und den Klick auf den eigenen Link. Portale gehören zu den schwierigsten Aufgaben, die sich einem Webdesigner stellen. Das Design von Portalen muss verschiedenen Anforderungen genügen: Es muss

▶ die Marke und das Design des Portalanbieters kommunizieren,
▶ gleichzeitig die unterschiedlichen Inhalte in einem eigenständigen Look präsentieren,
▶ einen einfachen Überblick und schnellen Zugang zu den Informationen ermöglichen.

Nur die wenigsten Portale werden diesem Anspruch gerecht.

Als Beispiele für den Typus »Portale« dienen das Informations- und Unterhaltungsportal von Microsoft MSN und die darin aufgegangenen Seiten FOCUS-Online und Cinema sowie die Portale RTL-World und T-Online.

Betrachtet man **MSN**, ist das Design überzeugend (Abbildung 5 und 6), wenn auch ein wenig bunt; nimmt man jedoch die beiden integrierten Portale MSN/Focus und MSN/Cinema, so zeigt sich, dass zwei halbwegs gelungene Lösungen zusammen nicht besser werden.

Der Inhalt ist gut strukturiert, die schiere Menge an Informationen macht es dem durchschnittlichen Anwender aber sicher nicht einfacher. Kritisch ist auch die Vermengung von redaktionellem Inhalt und werblichen bzw. kommerziellen Angeboten.

Der Informationen suchende Anwender wird erst in der unteren Hälfte des Schirms fündig. Zwei unterschiedliche Navigations-

▲ Abbildung 5
www.msn.de: Das Portal von MSN auf einem Schirm mit einer Auflösung von 800 x 600 Pixel …

Abbildung 6 ▶
… und in voller Länge

systeme treffen aufeinander. Stellt sich die Frage: Bin ich jetzt bei MSN und sehe unten ein Werbebanner für FOCUS Online, oder bin ich doch auf MSN.AUDI?

Abbildung 7 ▶
Die MSN-Seite von FOCUS Online

Ebenfalls wenig gelungen, weil zuvor schon nicht optimal, ist die Integration von Cinema in das MSN-Portal. Alleine im oberen Viertel finden sich fünf verschiedene Navigationselemente.

Zusammenfassend kann man sagen: Die Schachtelung von Informationen und Angebot konfrontiert den Anwender auf einer Seite mit verschiedenen Navigationen und Bedienprinzi-pien. Sinnvoller wäre es hier sicherlich, die Seiten zu überarbeiten und die integrierte Seite der übergeordneten anzupassen. Zudem ist diese Kooperation auch unter Marketingaspekten fraglich. Viele Anwender mögen Cinema, ich traue aber Microsoft nicht über den Weg (zumindest im Kontext MSN), was passiert also mit Cinema unter dem Dach von MSN?

◄ **Abbildung 9**
www.rtl.de, Startseite

Abbildung 10 ►
www.rtl.de, die Seiten für
das TV-Programm

Das zweite Beispiel **RTL-World** (Abbildung 9 und 10) ist gut strukturiert, die Werbebanner verstellen einem nicht die Sicht auf den eigentlichen Inhalt, und die Navigation ist auch ordentlich – wenn insgesamt auch nicht ein visueller Höhepunkt.

Die gesamte Site folgt einem durchgehenden Bedienprinzip, und man findet sich leicht zurecht. Die Farbcodierung ist überflüssig, erschwert aber sicherlich nicht die Navigation und sorgt für ein wenig Abwechslung. Damit gehört RTL sicherlich zu den besseren Portalen. Angenehm ist auch die klar vom Inhalt abgesetzte Werbung im unteren Frame.

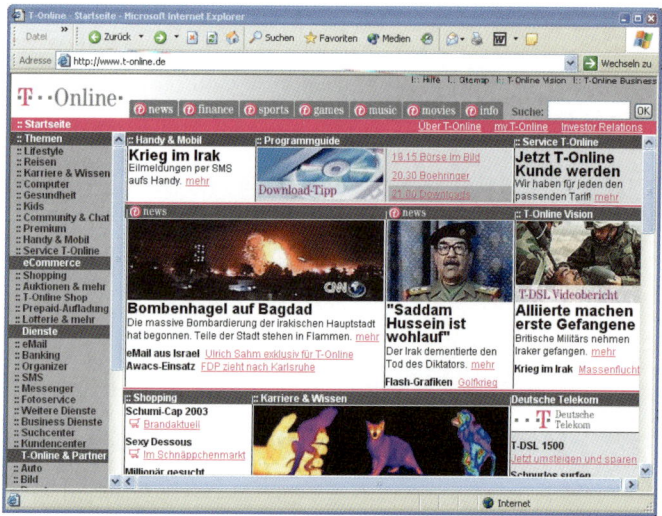

▲ **Abbildung 11**
www.t-online.de, Startseite

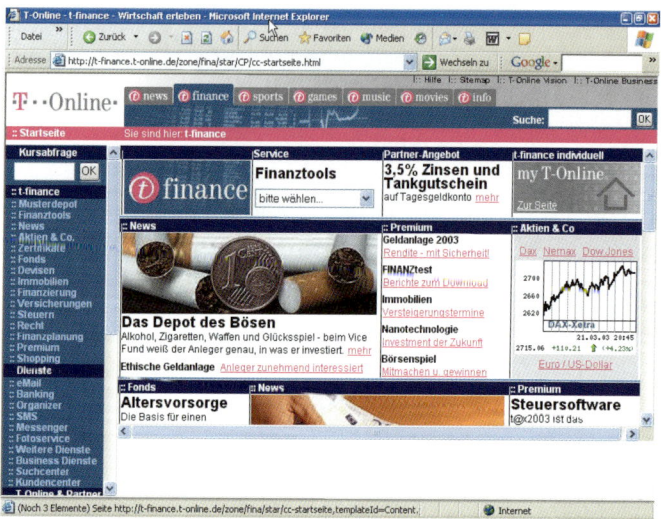

▲ **Abbildung 12**
www.t-online.de, Finance-Seite

Wie man es nicht machen soll, zeigt uns die Überarbeitung von **T-Online** (Abbildung 11 und 12). »Einfacher, besser, schneller« lautete der Wahlspruch bei der Neugestaltung. Die Seite verliert sich nun in vielen kleinen Informationsschnipseln, die ohne einer Ordnung zu folgen auf dem Schirm angeordnet sind. Schon der Versuch, hier nur etwas über den eigenen Online-Tarif zu erfahren, wird zu einem Abenteuer, das man schnell wieder aufgibt. Besonders kritisch ist, dass sich die Navigation im linken Bereich der Seite abhängig vom gewählten Bereich ändert. Hier finden sich auch Profis nicht zurecht. Weniger wäre hier sicherlich wesentlich mehr gewesen.

Das überarbeitete Portal von T-Online ist nicht gelungen, auch wenn die Zahl der Informationen in der kleinen Auflösung 800 x 600 Pixel sehr hoch ist …

Klickt man in einen der zusätzlichen Portalbereiche, in Abbildung 12 beispielsweise »Finance«, ändert sich die Farbe und die Hauptnavigation auf der linken Seite, allerdings muss man an dieser Stelle schon zweimal hinschauen, weil sich die Navigation in jedem Bereich ändert. Hat man sich die Position eines Menüpunktes einmal gemerkt, wird man ihn in einem anderen Teil des Portals nicht wiederfinden. Wie man sich an dieser Stelle besser aus der Affäre zieht, zeige ich Ihnen im Teil zum Design ab Seite 86.

Unternehmenswebseiten

Vielfältiger, unterschiedlicher und zwiespältiger als Portale sind die Webseiten, die als Thema nur ein einzelnes Unternehmen haben, die Unternehmenswebseiten oder schicker »Corporate Sites«. Hier findet man von der »kleinen« Standardlösung mit fünf Seiten, die man beim örtlichen IT-Händler aus dem Baukasten kaufen kann, bis zur Portalseite alles, auch alle Qualitätsstufen. Die Gründe, eine Webseite zu erstellen, sind hier auch so vielfältig wie die Umsetzungen. Aber Bilder sagen bekanntlich mehr als Worte, und was zu sagen ist, steht im Folgenden neben den Bildern.

Die Seite von **Stihl** (Abbildung 13) wirkt ein wenig anachronistisch – das Zeichensystem eher zufällig, eine freundliche Ansprache des Besuchers fehlt völlig. Der graue undefinierte Bereich präsentiert die aktuellen Informationen, auch wenn man das erst erfährt, wenn man unten weiterliest.

Der Inhalt ist HTML-Purismus, die Anordnung wirkt nicht strukturiert. Wer sich für das Thema »Motorsägen« nicht wirklich begeistern kann, wird es sicherlich nach einem Besuch dieser Seiten auch nicht (http://www.stihl.de).

▲ **Abbildung 13**
www.stihl.de: Stihl – schwäbischer Weltmarktführer in Motorsägen

▲ **Abbildung 14**
www.stihl.de, die Seite »Produkte«

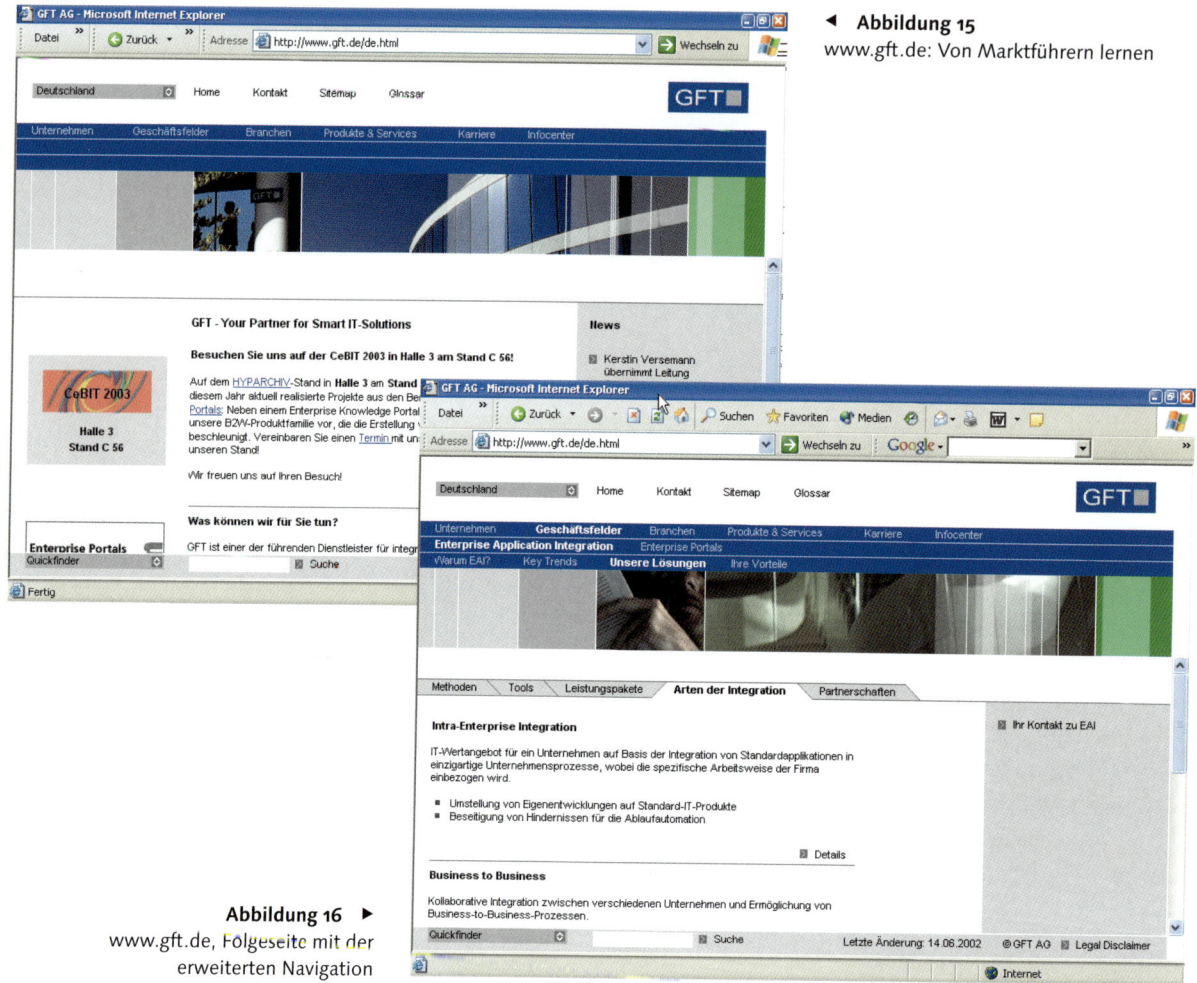

◄ **Abbildung 15**
www.gft.de: Von Marktführern lernen

Abbildung 16 ►
www.gft.de, Folgeseite mit der
erweiterten Navigation

Die **GFT**, einer der größten Internetdienstleister Deutschlands (Abbildung 15 und 16), gibt sich auf den eigenen Webseiten aufgeräumt ordentlich und klar strukturiert. Der Anwender findet sich schnell zurecht – wenn die Seiten auch nicht spektakulär sind und es ein wenig an Referenzen fehlt, erfüllen die Seiten ihren Zweck und informieren rund um das Unternehmen.

Angenehm ist der sparsame Einsatz von Flash lediglich als illustratives Instrument. Ein wenig Herzlichkeit könnte allerdings diesen Seiten nicht schaden. Wählt der Anwender einen Bereich aus, wird die Navigation im oberen Bereich erweitert und um eine zusätzliche Registerreihe im Inhaltsbereich ergänzt. Das ist viel Navigation auf einmal, durch die übersichtliche Anordnung aber nicht verwirrend für den Besucher.

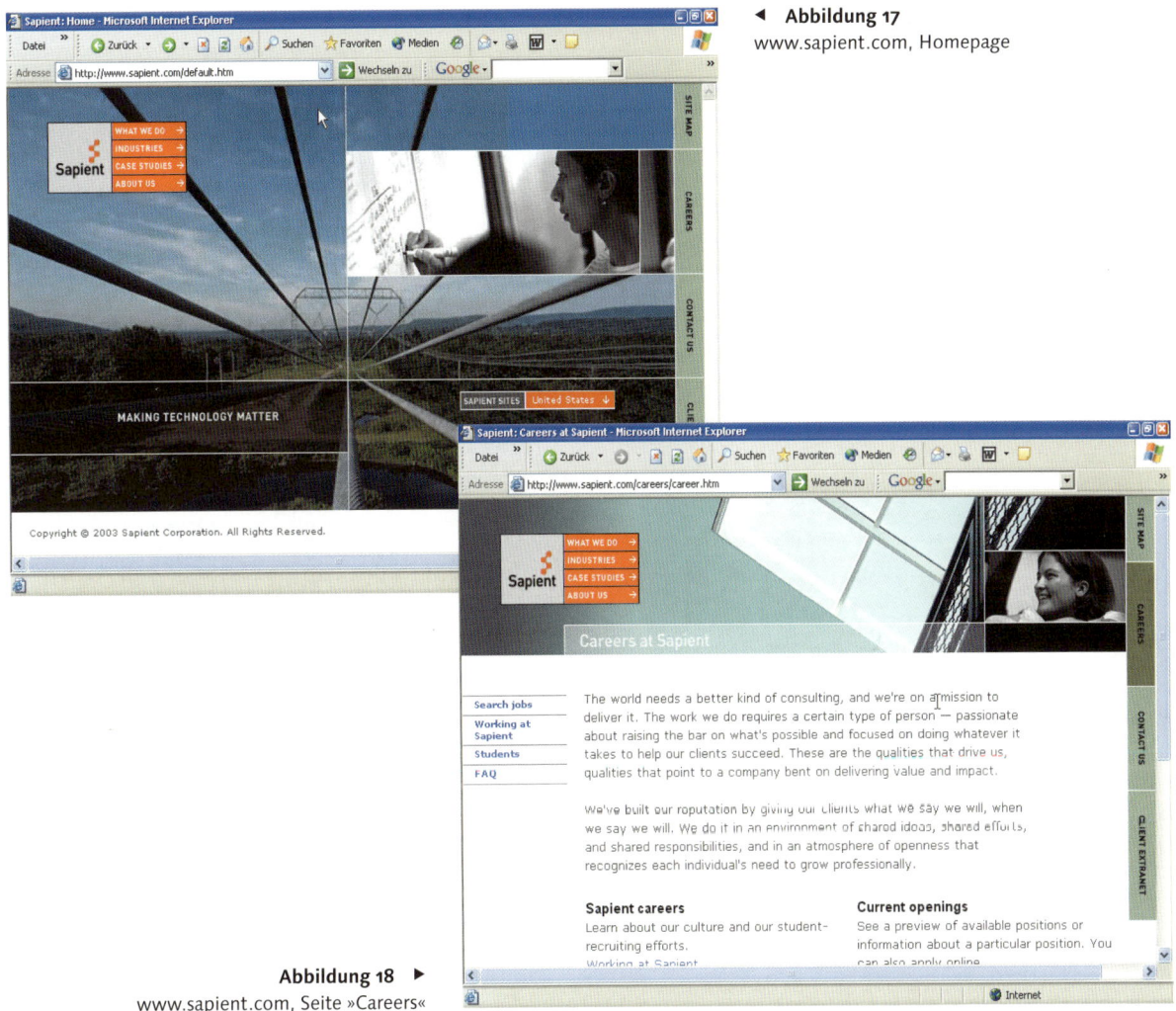

◀ **Abbildung 17**
www.sapient.com, Homepage

Abbildung 18 ▶
www.sapient.com, Seite »Careers«

Noch ein Branchenprimus, der im letzten Jahr ein paar Federn lassen musste (Abbildung 17 und 18). **Sapient** zählt zu den weltweit größten Dienstleistern im Bereich E-Business, und viele der Arbeiten des Unternehmens gelten als vorbildlich in puncto Design. Auch die eigene Webseite präsentiert sich informationsgetrieben und klar strukturiert, wenn auch die Eingangsgrafik für europäische Verhältnisse ein wenig groß geraten ist.

Die Folgeseiten sind ein sehr gutes Beispiel, wie man Inhalte für Webseiten optimiert. Die Texte sind kurz, prägnant und klar strukturiert. Auch bei diesen Seiten kommen die praktischen Beispiele ein wenig zu kurz, es gibt zwar einen Bereich namens »Case Studies«, dieser präsentiert aber nur Texte zu den Lösungen.

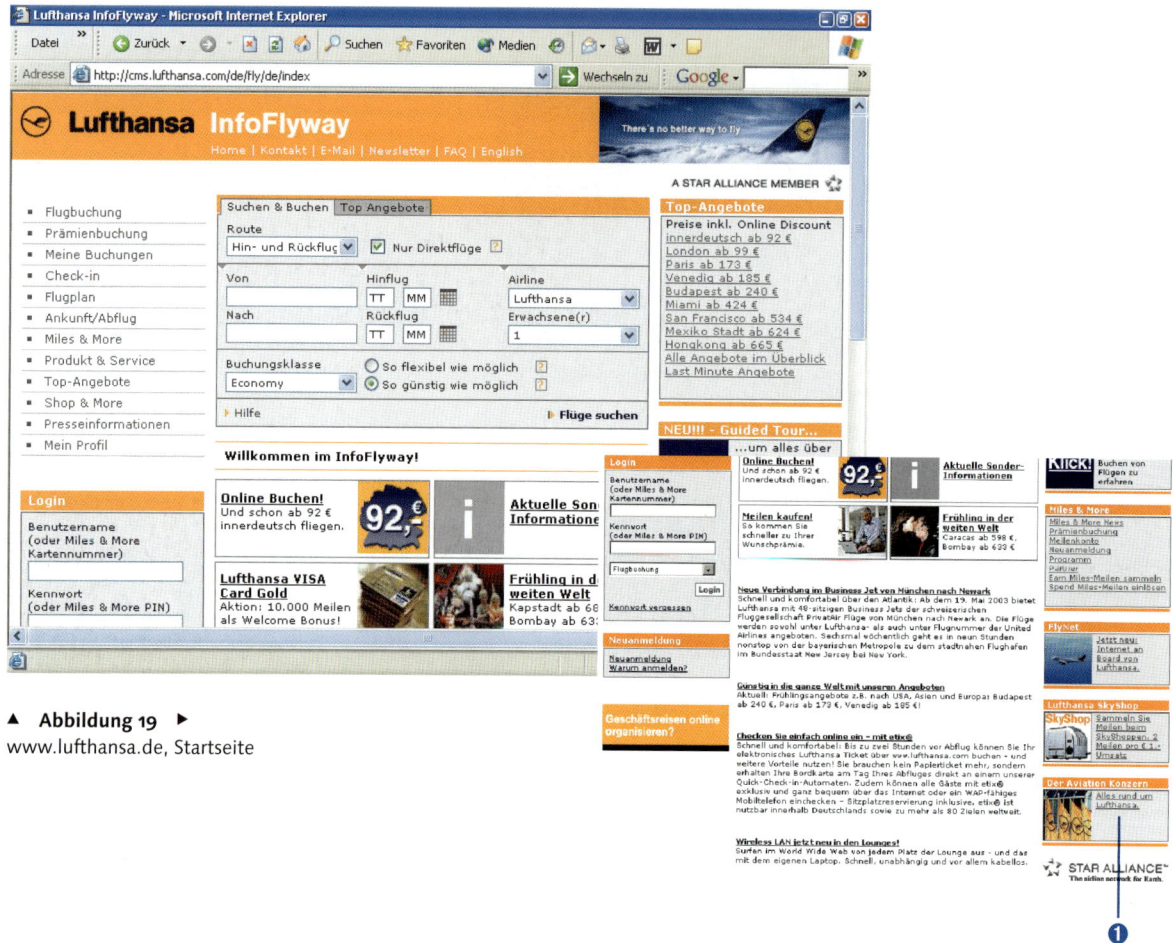

▲ **Abbildung 19** ▶
www.lufthansa.de, Startseite

Lufthansa bietet dem Besucher drei unterschiedliche Sites, die alle über eine Adresse zugänglich sind, was die Sache allerdings nicht einfacher macht (Abbildung 19 bis 21). Ich habe die folgenden Seiten mehr oder weniger per Zufall gefunden, der Link befindet sich auf dieser Seite ganz rechts unten ❶.

Das Design ist für die Lufthansa typisch zurückhaltend, klassisch ohne Spielerei. Die Struktur ist klar, die Bedienung einfach. Entsprechend dem Corporate Design ändern sich

die Farben innerhalb des Konzerns, was aber kein Grund sein sollte, auch die Navigation zu ändern. Ein Klick auf den Punkt INVESTOR RELATIONS ❷ führt z. B. auf die Seiten in einem anderen Design, das die beiden vorigen mischt. Ein Problem am Rande: Der Schalter HOME führt immer auf eine andere Homepage.

Bei Lufthansa zeigt sich das Problem gewachsener Webseiten, die von unterschiedlichen Agenturen und Abteilungen betreut werden. Ausgehend von einem strengen

◀ **Abbildung 20**
www.lufthansa.com – die Site des Konzerns

Abbildung 21 ▶
www.lufthansa.com, die Financials-Site

Corporate Design präsentieren sich drei Lösungen, die alleine genommen sicherlich gute Lösungen sind, in der Summe aber ein uneinheitliches Bild der Marke und des Unternehmens wiedergeben.

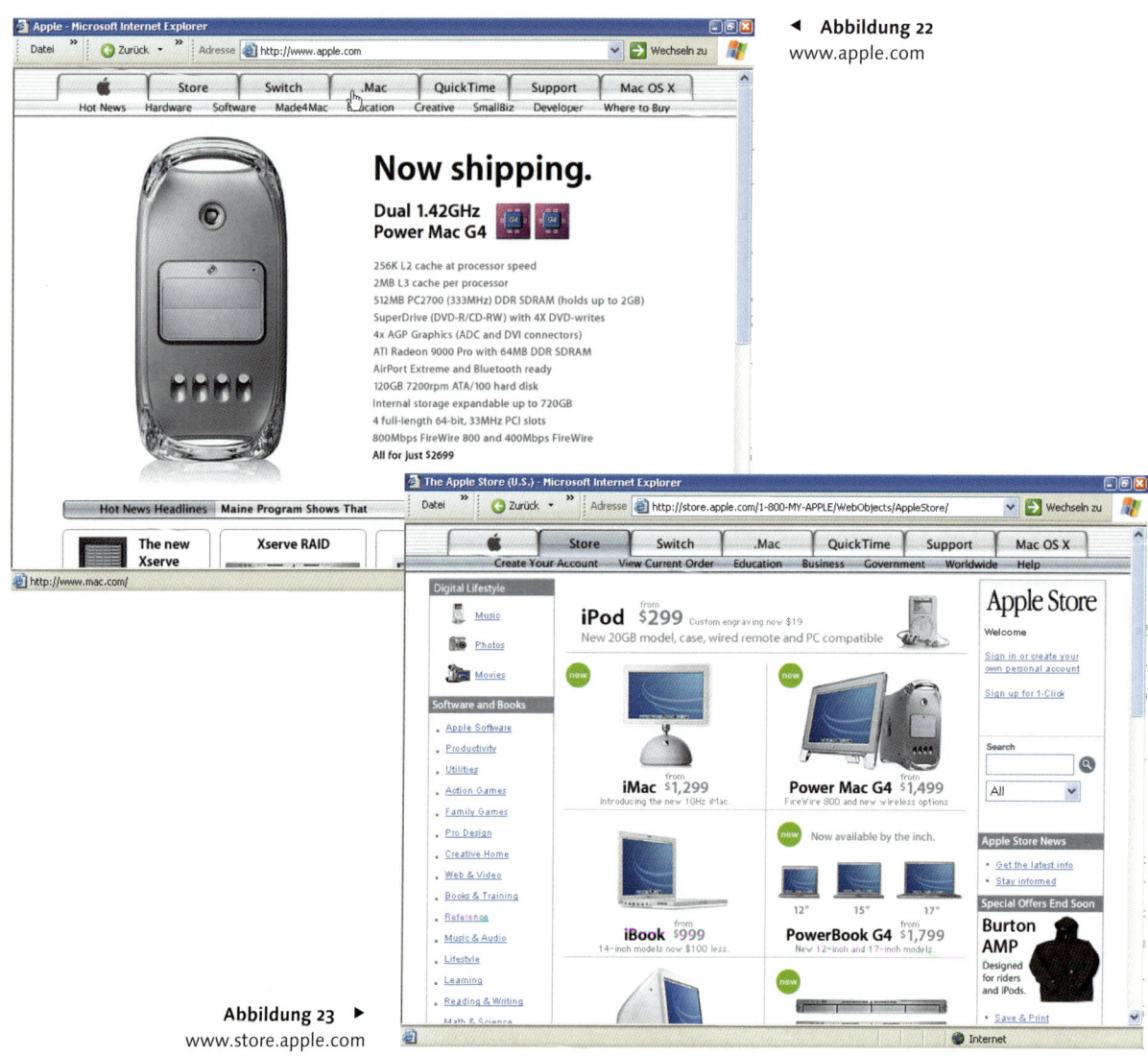

◀ **Abbildung 22**
www.apple.com

Abbildung 23 ▶
www.store.apple.com

Apple (Abbildung 22 und 23) steht für Design und transportiert dieses Image auch optimal ins Web. Die Seiten sind klar strukturiert, und auch Windows-Anwender fühlen sich schnell zu Hause. Das Design ist simpel, bringt aber – dank des ehemals revolutionären »Aqua«-Looks – mit wenigen Elementen die Marke auf den Punkt. Auch ohne ein Wort oder weiteres Bild wüsste man schon anhand der Navigation, welches Unternehmen sich hinter den Seiten verbirgt.

Das einfache Bedienprinzip setzt sich innerhalb der gesamten Site fort. Es gibt sicherlich nichts an Apple im Netz auszusetzen.

Community-Webseiten

Reden ist Silber, Schweigen bekanntlich Gold.
Dies gilt allerdings nicht für Community-Web-
seiten, auf denen sich Freunde im Geiste über
die unterschiedlichsten Themen austauschen.
Allen diesen Foren und Communities ist gemein, dass sie auf einer stark dynamischen
Basis vor allem textuelle Inhalte präsentieren.
Die Grafik der Seiten ist entsprechend reduziert, die Inhalte müssen schnell angezeigt und
große Textmengen dargestellt werden. Aber
auch in einem spartanischen Umfeld braucht
man einen Designer.

»Der Friedhof der Börsenkuscheltiere« oder
die »Community der dot.com-Opfer«: Die Seiten von **dotcomtod.com** (Abbildung 24) haben
Kultcharakter und präsentieren sich mit gelungen reduzierter Optik. Das Design ist auf die
Optimierung des Leseflusses ausgelegt, und
die Navigation erschließt sich auch ungeübten
Anwendern sofort.

Manche Dinge schließen sich sichtbar aus.
Hierzu gehören auch **Linux** und Design (Abbildung 25). Das hat weniger mit der Technik
als den Menschen hinter der Technik zu tun.
Die Seiten der Linux-Community zeigen dies
deutlich. Sicherlich geht Information vor, aber
ein wenig Optik (außer dem Pinguin) würde
der Site sicherlich nicht schaden. Der Besucher verliert sich in den Texten, die alle visuell
gleich gewichtet sind, das Auge irrt ziellos
umher und sucht einen Einstieg.

▲ **Abbildung 24**
www.dotcomtod.com

▲ **Abbildung 25**
www.linux-community.de

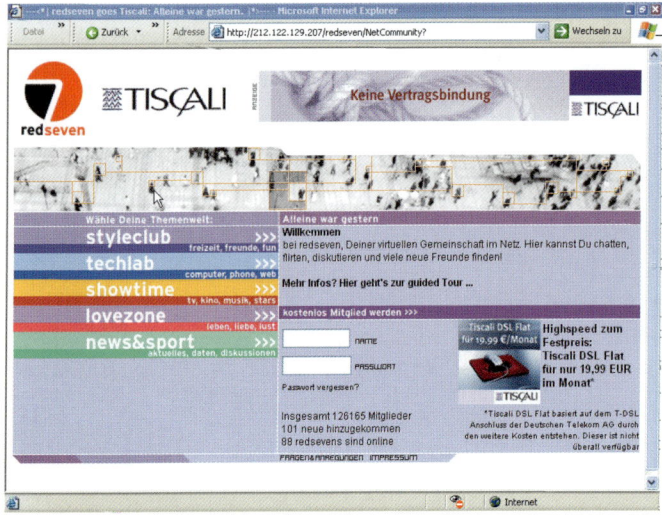

▲ **Abbildung 26**
www.redseven.de

▲ **Abbildung 27**
www.redseven – die Folgeseiten

Im Zuge der zahlreichen Fusionen wurde die ehemals sehr stylisch aufgemachte Community »**red seven**« von »Tiscali« übernommen (Abbildung 26 und 27). Das Ergebnis schreckt auf den ersten (und zweiten Blick) ab. Die beiden Signets stehen direkt neben einem Werbebanner, ein Unterschied ist kaum zu erkennen. Der Farbkodex der Themenwelten zeigt wenig Gespür für Farben, und das einst verwendete Rot von »red seven« musste einem Hellblau weichen. Auch wenn man freundlich begrüßt wird, fragt man sich schon an dieser Stelle, wo man als Nächstes hinklicken kann.

Die Folgeseiten sind auch ein Trauerspiel und zeigen, wie man ein ehemals gelungenes Design Stück für Stück demontiert. Der Inhaltsbereich passt nicht zur Navigation, die Seite sieht anders aus als die Eingangsseite. Hier wäre es dringend Zeit, einmal zu renovieren.

Schon der Name **Schönen Dunk** verspricht nicht viel Ernst. Eine Community von Fans für Fans (Abbildung 28). Auch wenn der Designer hier viele Ansatzpunkte fände, ist die ganze Seite von Grund auf so chaotisch, dass dies schon wieder Charme hat. Manchmal ist Trash einfach besser und behält sich damit auch noch den Hauch von Ehrlichkeit und Authentizität.

Online-Shops

Beim Thema Shops könnte man leicht sagen: »Kennst du einen, kennst du alle.« Im Prinzip ist das auch so, verfolgen doch alle denselben Zweck: Verkaufen von Produkten. Hierbei gibt es festgelegte Prozesse und Wege, die ein Besucher von der Startseite zum Warenkorb und zur Kasse zurücklegt, optional mit ein paar Abzweigungen und Sonderangeboten angereichert, mehr aber auch nicht. Wie man allerdings die Zahl an Informationen optimal präsentiert und die Wege kurz hält, dazu gibt es viele verschiedene Ansätze.

Die erste Hürde für den Kunden ist, wie im echten Leben, das Finden der richtigen Abteilung. Anders als in der Realität kann man online nicht einfach die Regale entlang laufen und wird irgendwann an das richtige gelangen (oder aber an der Kasse enden) – der Besucher klickt sich vor- und rückwärts durch die Rubriken und Produktübersichtsseiten und wird schnell die Lust am Einkaufen verlieren. Es gilt also, die Rubriken derart zu gestalten und ordnen, dass ein einfaches Zuordnen möglich ist. Zum Beispiel sucht der Besucher Bleistifte eher unter »Schreibwaren« als unter »Büroartikel«. Eine Toleranz bzw. Redundanz macht ebenfalls Sinn – nicht jede Zuordnung ist eindeutig, deshalb wird mancher Artikel besser an verschiedenen Stellen gefunden.

Das Finden muss in einem Shop auch über eine Suche möglich sein. Die Ergebnisse dürfen nicht nur einzelne Artikel listen, sondern auch übergeordnete Rubriken, um die Orientierung zu verbessern.

Ist ein Artikel einmal gefunden, will der Besucher ihn sicher nicht in Briefmarkengröße betrachten, sondern möglichst aussagekräftige Abbildungen und weitergehende Informationen vorfinden. Passendes Zubehör hilft ihm

▲ **Abbildung 28**
www.schoenen-dunk.de

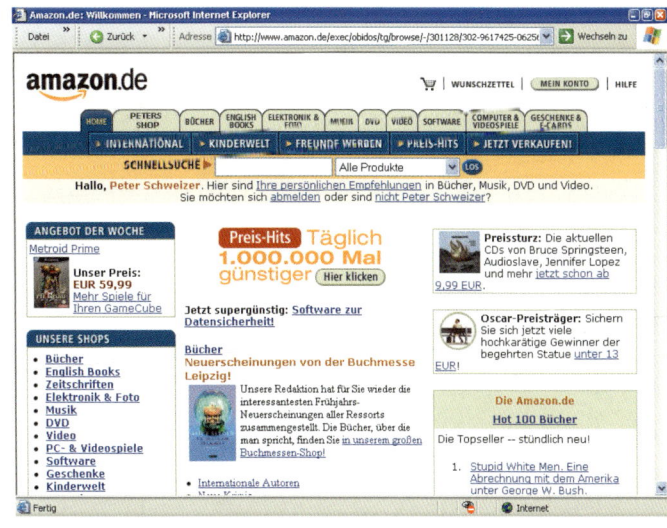

▲ **Abbildung 29**
www.amazon.de

▲ **Abbildung 30**
www.karstadt.de

▲ **Abbildung 31**
www.karstadt.de, die Video-Seite

später und löst zudem den ein oder anderen Spontankauf aus.

Mit gefülltem Warenkorb geht es anschließend in Richtung Kasse. Hier sind oftmals, wie im echten Leben, Warteschlangen in Form vieler einzelner Formularschritte auszuhalten. Lassen Sie den Kunden hier nicht im Unklaren, wie lange es noch bis zum Bezahlen dauert, und schaffen Sie wiederkehrenden Kunden eine einfache Abkürzung, sonst werden es keine wiederkehrenden Kunden.

Wer etwas über Webdesign lernen möchte, muss sich einen Shop als Vorbild nehmen. Es gibt kein Unternehmen, das Verkaufen übers Netz besser präsentiert als **Amazon** (Abbildung 29). Mag der Look auch antiquiert wirken, ist die Benutzerführung ebenso vorbildlich wie der Service um das eigentliche Suchen nach Informationen. Das Design von Amazon ist auch heute noch prägend für viele Online-Shops (wie man an den folgenden Beispielen sehen wird).

Nach einem Relaunch in überarbeiteter Form im Netz sind die Webseiten von **Karstadt** (Abbildung 30 und 31). Leider ein wenig unübersichtlich wirken die um den Inhalt angeordneten Navigationselemente. Der Servicebereich präsentiert sich wie das Werbebanner für eine Pauschalreise. Die Hauptnavigation am linken Rand verliert gegenüber dem restlichen Inhalt und wirkt zudem noch unleserlich durch das hinterlegte Bild.

Dieses Manko verstärkt sich auf den folgenden Seiten weiter. Die Produktbilder wirken aufgrund ihrer unterschiedlichen Größen unruhig, und es entstehen sicher auch ungewollte Wertigkeiten. Unverständlich ist auch, weshalb der Besucher auf dieser Seite von der Navigation angeschrieen wird.

◄ **Abbildung 32**
www.otto.de

Abbildung 33 ►
www.otto.de, Einrichten-Seite

Farblich zurückhaltender und auch besser sortiert präsentiert sich die Online-Variante des **OTTO**-Katalogs (Abbildung 32 und 33). Der Aufbau folgt dem »klassischen« Schema von Amazon, wenn auch versucht wird, weitere Ordnungselemente über eine Farbkodierung einzuführen. Unglücklich sind die beiden Banner für CeBIT-Highlights und Happy Preis, die das zurückhaltende Farbschema unangenehm stören.

Besser dagegen die Folgeseiten. Leider hat die Angst vor dem Weißraum den Designer der Eingangsgrafik von einer notwendigen Zurückhaltung abgehalten. So wirken die Seiten überfrachtet, und zusätzlich sieht der Besucher an dieser Stelle wenig vom eigentlichen Angebot.

Webdesign – und dann?　**39**

◄ **Abbildung 34**
www.neckermann.de

Abbildung 35 ►
www.neckermann.de auf einem
großen Bildschirm

Das Angebot von **Neckermann** passt sich der Größe des Bildschirms an (Abbildung 34 und 35). Das Angebot liegt einmal in einer Version von 800 x 600 und dann in der Version für 1024 x 786 vor. Der Grund war der Wunsch der Designer nach optimaler Ausnutzung des verfügbaren Raumes; ein guter, wenn auch aufwändiger Ansatz.

In der großen Auflösung zeigt sich der Shop sauber strukturiert und übersichtlich. Verschiedene Bereiche sind visuell geschickt voneinander getrennt, die Navigation ist ebenfalls gut gelungen.

Special Interest

Sicherlich die größten Spielwiesen für Kreative sind Microsites oder Special Interest-Lösungen für eine eingeschränkte Zielgruppe – Seiten mit einem kleinen und fest umrissenen Inhalt. Allen diesen Seiten ist eines gemein: Die Optik dominiert, eine ausgefeilte Informationsstruktur oder Ähnliches sucht man meist vergebens. Aber das muss nicht schlecht sein.

Viel Grafik, viel Atmosphäre und wenig Navigation. Die Microsite von UbiSoft zum Spiel **Splinter Cell** besitzt einen eigenen Look (Abbildung 36). Die Navigation ist auf das Notwendigste reduziert, da auch nur eine begrenzte Menge Informationen präsentiert wird.

Das Kinderportal von **Super RTL** richtet sich an eine junge Zielgruppe (Abbildung 37). Die Optik ist quietschbunt, die Navigation einfach und linear, die Inhalte beschränken sich auf kleine Spiele und Animationen. Zusätzlich findet man noch einen Shop und viele Gewinnspiele. Die Position der Navigation am unteren Bildschirmrand ohne eigene Farbe ist kritisch, da diese gerne übersehen wird.

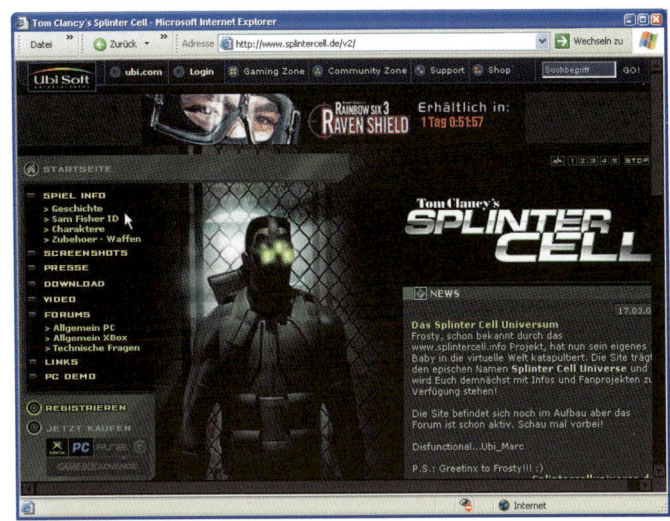

▲ **Abbildung 36**
www.splintercell.de

▲ **Abbildung 37**
www.toggo.de, das Kinderportal von Super RTL

Verschiedene Projektgrößen – unterschiedliche Planungsstufen

◀

Mehr zu
Konzeption ab
Seite 50

Es gibt viele Wege, und bekanntlich führen alle am Ende nach Rom. Dasselbe gilt für die Entwicklung von Webseiten. Auch hier kann man unterschiedliche Wege gehen, um das Ziel zu erreichen. Gerne sage ich zu meinen Kunden: »Geben Sie mir einfach alle Daten, lassen Sie mich bitte zehn Wochen in Ruhe, und machen wir dann eine Präsentation der Beta-Version.« Dennoch wende ich, abhängig vom Umfang des Projektes, unterschiedliche Wege an (ich betrachte im Folgenden nur den Designpart, die Technik nur, wo notwendig).

Kleinprojekt, keine dynamischen Seiten, Umfang bis zu 50 Seiten

Hier kann man den oben genannten Satz ruhig einmal ausprobieren, weil die Kunden meist keine Zeit und auch keine Erfahrung mit Webprojekten haben. Sicherlich ist Interesse vorhanden, in der Praxis wird eine starke Integration des Kunden hier nur zu einer Frustration auf Seiten des Designers führen.

Folgende Vorgehensweise empfiehlt sich:

1. **Briefing**

   Erstellen Sie eine Frageliste, auf der alle relevanten Daten abgefragt werden. Neben den technischen Details, wie die vorhandene technische Infrastruktur oder bereits reservierte Domänen, sollten Sie abfragen, welche Daten als Basis für die Ausarbeitung zur Verfügung gestellt werden können. Eine Zusammenfassung finden Sie in der Tabelle auf Seite 43.

   Machen Sie sich über diese Fragen hinaus noch Gedanken, welche Branchenspezifika abzufragen sind. Idealerweise setzen Sie sich zur Beantwortung der Fragen mit den Verantwortlichen aus Vertrieb, Marketing und Produktion beim Kunden einen halben Tag zusammen, und Sie werden anschließend genügend Material für die weiteren Schritte haben.

2. **Benchmark/Konzeption/ Informationsarchitektur**

   Kleine Projekte bedeuten auch meist kleine Etats, und bei diesen Phasen kann man viel Geld sparen, wenn man sie integriert. Ein Benchmark der Mitbewerber kann Ihnen zusätzliche Informationen und Ideen liefern, Sie werden aber sehr schnell feststellen, dass nach der fünften Webseite eine Redundanz eintritt, so dass diese Phase sehr knapp gehalten werden kann. Auch die Konzeption kleiner Auftritte ist relativ knapp zu halten, da es oft nur wenige Vorgaben gibt, die man beachten und konzeptionell umsetzen muss. Nehmen Sie sich stattdessen ein wenig mehr Zeit für die Informationsarchitektur, diese beschreibt die Struktur der Daten und Inhalte, die Verknüpfungen, die Navigation und den inhaltlichen Aufbau der Seiten. Sie dient als Briefing für Texter und Designteam und spielt eine zentrale Rolle beim Austausch der Daten mit dem Kunden.

3. **Technik**

   Bei statischen Lösungen sind Sie in der Wahl der Mittel relativ wenig eingeschränkt. Kritischer Faktor ist die zur Pflege der Site eingesetzte Software, klären Sie diese im Vorfeld der Erstellung mit dem Kunden ab. Oft werden bei vorhandenen Webseiten bereits Lösungen eingesetzt, auf die Sie bei der Erstellung Rücksicht nehmen müssen. Klären Sie zusätzlich, welche technischen Vorgaben durch den Provider gestellt wer-

Tabelle 2: Frageliste für die Projektplanung

Frage	Beschreibung
Gibt es bereits eine Website?	Wenn es bereits eine Webseite gibt, kann man diese als Datenbasis verwenden. Oft wünschen sich Kunden dieser Projektgröße eine Erweiterung des Auftritts oder eine grafische Überarbeitung, gekoppelt mit einer Aktualisierung des Inhalts.
Sind Designstandards vorhanden?	Wenn ja, gelten diese fürs Web? Meist stellt man an dieser Stelle fest, dass lediglich Logo, Briefausstattung und Broschüren definiert wurden und diese Definitionen nicht fürs Web ausreichen.
	Klären Sie, welche Freiheiten Sie haben und ob die Definition der Webstandards Teil des Auftrags ist.
Gibt es bereits eine Inhaltsstruktur für die Website?	Bei vorhandenen Webseiten kann man auf deren Struktur zurückgreifen, oft haben die Kunden aber bereits eine grobe Vorstellung, welche Inhalte präsentiert werden sollen. Es empfiehlt sich, diese Empfehlungen einer kritischen Prüfung zu unterziehen und Änderungen vorzuschlagen.
Welches Alleinstellungsmerkmal hat das Unternehmen?	Hierzu gehören nicht Dinge wie »Qualität, Kundenzufriedenheit, Preis, Kompetenz« – auch wenn diese Punkte meist als erste genannt werden.
	Es geht hier um konkrete Dinge, beispielsweise »unsere Produkte halten doppelt so lange wie jedes vergleichbare Produkt«, »Wir geben eine lebenslange Garantie«, »Wir liefern jedes Produkt innerhalb von 24 Stunden ab Bestellung aus«. Die Fakten sollten dabei nachprüfbar sein und nicht nur Wunschdenken des Marketingleiters.
Was soll mit der Website erreicht werden?	»Hier steht, wir müssen ins Internet!« – »Wieso?« – »Keine Ahnung, steht hier nicht!«
Wie sieht die strategische Ausrichtung mittelfristig aus?	Die berühmte Internetkampagne, mit der IBM vielen kleinen Unternehmen sehr bei der Argumentation geholfen hat, bringt es auf den Punkt. Die meisten Unternehmen wissen nicht, weshalb sie eigentlich »ins Internet wollen«, die meisten machen es, weil die Konkurrenz auch schon dort ist. Klären Sie diesen Punkt mit dem Kunden in der Konzeptionsphase, damit nicht in der Designphase neue Ideen alles über den Haufen werfen. Hat die Webseite eine strategische Bedeutung für das Unternehmen, muss sich das im Etat und bei den Projektbeteiligten widerspiegeln.
Gibt es Broschüren, Flyer, Präsentationen, deren Inhalt verwendet werden kann?	Auch wenn man deren Inhalte nicht 1:1 übernehmen kann, dienen sie als gutes Briefing für den Text und geben Ihnen ein erstes Bild von den Leistungen des Kunden.
Sind die Wettbewerber bereits im Netz?	Auch diese Frage wird heute meist mit »Ja« beantwortet und hilft Ihnen, Informationen zu sammeln. Sinnvoll ist auch eine Wettbewerbsanalyse – sofern vorhanden.
Wie sieht die Zielgruppe aus, wie definiert sie sich?	Ist es eine überschaubare Menge oder eine undifferenzierbare Masse?
	Welchen Bildungs- und Erfahrungsschatz kann man voraussetzen?
	Wie gut kennt die Zielgruppe das Internet?
	Je genauer die Zielgruppendefinition, desto exakter kann die Website optimiert werden.

den bzw. ob man hier eine Erweiterung des vorhandenen Providervertrages vornehmen muss – oft sind die Datenmengen oder die Anzahl der Seiten begrenzt.

4. Design

Hier werden Sie auf das größte Interesse beim Kunden stoßen, schließlich ist dieser auch nur Besucher seiner eigenen Webseite und damit der Meinung, Technik ist notwendig, Design aber entscheidend. Machen Sie nicht mehr als zwei Vorschläge, und arbeiten Sie Ihren Favoriten heraus, kommunizieren Sie das auch dem Kunden. Versuchen Sie alle Anwendungsmöglichkeiten abzudecken, hierzu genügen normalerweise maximal zehn exemplarische Seiten. Weniger Seiten lassen die Gefahr späterer aufwändiger Änderungen wachsen. Präsentieren Sie diese einem oder mehreren Entscheidern.

5. Inhalt erarbeiten

Der Knackpunkt eines jeden Projekts. Immer fehlt etwas oder ist ein Ansprechpartner im Urlaub. Verabreden Sie mit dem Kunden eine klare Vorgehensweise, die idealerweise den Kunden aus dem Erstellungsprozess herausnimmt und ihm nur die Entscheiderrolle zuweist. Erarbeiten Sie den Inhalt, gegebenenfalls mit Hilfe von Externen, und geben Sie dem Kunden eine Auflistung mit fehlenden Inhalten und klaren Handlungsaufforderungen. Machen Sie Ihrem Kunden klar, dass der Webauftritt notfalls auch mit einigen leeren Seiten online geht, wenn vereinbarte Abgabetermine (vom Kunden) überschritten werden. Diese Phase ist die härteste für alle Beteiligten und stellt die größte Herausforderung an das Projektmanagement.

6. Umsetzung

Die Umsetzung dieses Umfangs stellt keine große Herausforderung dar, weil die Datenmenge überschaubar ist. Die Umsetzung kann starten, sobald der Inhalt komplett oder in einer vereinbarten Menge vorhanden ist.

Mittleres Projekt, statisches HTML, Umfang bis zu 200 Seiten

Für diese Projektgröße gelten die Stufen des kleinen Projekts. Der Unterschied liegt in der Menge der Seiten und der damit verbundenen Vorgaben für die Entwicklung der Informationsstruktur und der Inhaltserarbeitung:

1. Informationsarchitektur

Diese Phase wird bei umfangreichen Projekten schon alleine aufgrund der Zahl der Projektteilnehmer deutlich länger dauern. Erarbeiten Sie Vorschläge und klären diese in Workshops ab. Die Menge an Daten stellt andere Anforderungen an die Struktur der Webseite, die wiederum Auswirkungen auf die Navigation hat. Beginnen Sie erst mit dem Entwurf der Navigation, wenn alle Fragen der Struktur geklärt sind und klar ist, welcher Umfang abzubilden ist. Nichts ist todlicher für ein Design als eine vergessene Navigationsebene oder Inhalte, die ein anderes Layout erfordern.

2. Inhalt erarbeiten/Umsetzung

Die Erarbeitung der Inhalte kann bei diesem Umfang nicht mehr bei Ihnen alleine liegen, sondern wird sicherlich mit verschiedenen verantwortlichen Stellen beim Kunden ablaufen. Hier liegt eine strategische Bedeutung im Projektmanagement. Stellen Sie dem Kunden klare Anforderungen, die einfach zu bearbeiten sind. Konzeptionelle Entscheidungen oder Änderungen an der

Struktur des Auftritts müssen in dieser Phase abgelehnt bzw. in eine Phase nach dem Start verschoben werden. Verabreden Sie Meilensteine für Übergabe und Fertigstellung von abgeschlossenen Inhaltsteilbereichen, sonst werden Sie und die HTML-Entwickler gegen Ende des Projektes wahnsinnig.

Mittleres Projekt, statisches und dynamisches HTML, Umfang bis zu 200 Seiten

Bei dieser Projektgröße ändern sich einige Parameter durch den Faktor »Dynamik«, der andere technische Vorgaben und Prozesse erfordert und damit auch andere Mitspieler ins Boot holt.

1. Technisches Konzept

Zur eigentlichen Konzeption der Site kommt nun auch noch eine Planung der technischen Basis und Umsetzung hinzu – nicht die Aufgabe des Designers, aber mit direkten Auswirkungen auf seine Arbeit verbunden. Hier muss zuerst die Frage geklärt werden, welche Inhalte dynamisch erzeugt werden und wie dies geschehen soll. Viele Kunden kennen den Unterschied nicht zwischen der Pflege vorhandener Seiten über ein Redaktionssystem und der kompletten Verwaltung der Struktur und des Inhalts mit Hilfe eines Content-Management-Systems. Aus dem technischen Konzept leiten sich auch direkte Vorgaben fürs Design ab, beispielsweise die Verwendung von Frames. Im Idealfall beeinflussen sich beide Konzepte im positiven Sinne.

2. Test/Implementierung

Technik muss getestet und implementiert werden, hier empfiehlt es sich, frühzeitig Tests zu fahren und Designideen auf Um-setzbarkeit zu prüfen. Sprechen Sie sich hier mit dem Projektverantwortlichen für die Technik ab. Das Design muss hier nicht detailliert vorliegen, grundlegende Dinge wie Seitenaufbau und Navigation sollten aber auf Machbarkeit geprüft werden.

3. Schulung/Contentpflege

Keine Phase, die mit dem Design direkt zusammenhängt, aber Auswirkungen auf das Aussehen der Site hat. Helfen Sie dem Kunden mit einer Darstellung der verschiedenen Elemente des Designs der Webseite.

4. Definition von Standards

Die Weiterentwicklung von Seiten durch den Kunden, in Projekten dieses Umfangs eigentlich normal, erfolgt reibungslos, wenn am Ende des Designprozesses die Definition eines Regelwerks steht, das alle Elemente, deren Aufbau und Position, die Verwendung von Farben, Schriften etc. genau definiert und an Beispielen illustriert. Ein solches Regelwerk muss in Abständen den neuen Gegebenheiten und Veränderungen des Designs angepasst werden.

Großprojekt, dynamisches HTML/Integration unternehmensinterner Prozesse, Umfang ab 200 Seiten

Bei Projekten dieser Größenordnung steht und fällt alles mit der richtigen Planung. Aus diesem Grund müssen Konzeption und Informationsarchitektur sehr detailliert ausgearbeitet und mit allen Projektbeteiligten abgesprochen werden – nicht umsonst ein Grund für den immensen Verwaltungsaufwand und die große Zahl an Workshops. Kann die Erstellung der Informationsarchitektur bei kleineren Projekten vom Designteam erledigt werden, ist es hier sicherlich Aufgabe eines eigenen Teams für Konzeption und Informationsarchitektur. Für den

Designer ist hierbei nicht nur die Kommunikation mit dem Konzeptteam wichtig, sondern auch die Präsentation von Ideen und Entwürfen in unterschiedlichen Detaillierungsgraden. Ausgehend von einem allgemeinen Basis-Screenlayout erarbeitet er die detaillierte Darstellung in einer zweiten oder dritten Phase nach der Datenstrukturierung. Ein zusätzlicher, die Komplexität erhöhender Faktor bei diesen – allerdings auch bei kleineren Projekten – ist die Internationalisierung eines Auftritts. Hierbei geht es nicht nur um die Auswahl einer Sprache auf der Homepage, sondern um die durchgängige Prozesslogik für die Integration internationaler Niederlassungen sowohl bei der Präsentation wie auch der Pflege des Inhalts.

Der Designer ist hier nur ein kleiner (wenn auch entscheidender) Teil des Projektkomplexes.

Wie, kein Folgeauftrag?

Weshalb bekommen viele Webdesigner keine Folgeaufträge? Weil die **Kunden** im Laufe der Arbeit feststellen, dass das eine oder andere fehlt und aufwändig nachgebaut und vor allem nachkalkuliert werden muss. Gerade bei umfangreichen Projekten steckt der Tod für den Folgeauftrag im Detail. Hier ist es Aufgabe des Projektmanagements, die Freiräume und Grenzen klar abzustecken.

Sicherlich ist jeder Kunde freudig erregt, wenn er an die Arbeit geht, und möchte seinem Vorgesetzten schon nach zwei Wochen die ersten Entwürfe, möglichst in Form programmierter HTML-Seiten, präsentieren. Dieser schaut sich dann das Ergebnis wohlwollend an und nickt es ab. Stellt man eine Woche später fest, dass der Inhalt nur mit Hilfe einer zusätzlichen Navigationsebene zu steuern ist, die wiederum das gesamte Layout sprengt, sitzt der Designer fein in der Patsche. Der Kunde hat grundsätzlich keine Schuld und vor allem keine Lust, seinem Chef einen völlig neuen Entwurf zu präsentieren.

Was lernen wir daraus? In einem Kickoff-Workshop müssen alle Phasen des Projektes dem Kunden klar dargestellt werden, deren Dauer, Inhalt und die beabsichtigten Ergebnisse. Welche Konsequenzen Änderungen in späteren Phasen haben, was es bedeutet, wenn eine Freigabe erteilt wurde. Klar definierte Ansprechpartner und Entscheidungsstrukturen und die Einbindung aller relevanten Teile des Unternehmens sind unabdingbar für Webprojekte. Ebenso eine Klärung der Anforderungen und Ansprüche der Abteilungen und Bereiche, beispielsweise Marketing, Geschäftsleitung, Produktentwicklung oder Investor Relations usw.

Ihr Kunde muss wissen, dass er in einem Webprojekt nicht staunender Zuschauer, sondern aktiv am Prozess beteiligt ist. Webprojekte scheitern häufig an unklaren Entscheidungen oder verzögerten Prozessen. Hier ist nicht nur auf Seiten des Dienstleisters eine strikte Einhaltung der Vorgaben und Ergebnisse notwendig, sondern auch ein hohes Maß an Disziplin auf Kundenseite. An letzterem mangelt es nicht selten, weil die Zusammensetzung der Teams nicht der tatsächlichen Aufgabenstellung entspricht. Aber darüber könnte man ein eigenes Buch schreiben.

Entwürfe

Der Mensch lebt und denkt in Bildern, nicht umsonst ist das Fernsehen unser Medium Nummer eins. Vielleicht färbt das auch auf viele Kunden ab, die gerne bereits nach dem zweiten Meeting erste Entwürfe ihrer neuen Webseite sehen möchten. Wenn möglich gleich ein paar Seiten, damit man einen besseren Eindruck bekommt. Sollten Sie als Dienstleister diesem Verlangen nachkommen (schließlich ist der Kunde König), werden Sie anschließend nicht nur ein Problem haben:

▶ Der Kunde wird von diesem ersten Ergebnis ausgehen und jede Änderung im weiteren Verlauf des Prozesses mit Schweißperlen auf der Stirn und der Frage »muss das denn sein, das war doch schon so abgestimmt?« quittieren. Denkbar schlecht ist dieser Extremfall: Die ersten schnell hingeworfenen Entwürfe werden von der Geschäftsleitung abgesegnet – dann ist das Projekt so gut wie verloren.

▶ Sie nehmen sich jede Chance, etwas Kundenspezifisches zu entwickeln, weil Sie an dieser Stelle noch nichts über den Kunden wissen. Folglich werden Sie anschließend unzufrieden sein. Der Kunde übrigens nicht unbedingt.

▶ Die Verantwortlichen aus der Technik werden Sie verachten, weil Sie ohne Rücksprache Entwürfe gemacht haben, die nur auf einem einzigen Browser in Usbekistan laufen.

▶ Sie werden sich selbst verachten, weil sie wieder einmal, anstatt grundlegende Lösungen zu schaffen, dem schönen Schein erlegen sind.

Verinnerlichen Sie folgenden Satz, auch wenn es in den Fingern kribbelt und Ihnen das Herz bricht: »Wenn Sie meine professionelle Meinung hören wollen, und dafür bezahlen Sie mir schließlich das viele Geld, macht es in dieser Phase des Projektes keinen Sinn, Entwürfe zu präsentieren! Wir wissen noch zu wenig über Inhalte, Zugänge und Abläufe. Da ist jedes farbige Bit herausgeworfenes Geld.« Üben Sie diesen Satz zusätzlich intensiv mit allen Account- und Projektmanagern in Ihrem Unternehmen.

Die vielen Köche und der Brei

Bekanntlich verdirbt ein Brei schneller, je mehr Köche darin herumrühren. Eine Tatsache, die auch im Web gilt – wie ich aus eigener Erfah-

Lässt sich das später auch so umsetzen?

Noch ein Tipp für die Praxis: Wir haben in der Agentur eine Stelle geschaffen, die sich neben anderen Dingen mit der Umsetzbarkeit von Entwürfen beschäftigt. Das Profil der Stelle ist zwischen Technik und Design angesiedelt und am ehesten mit einem »Productioner« im klassischen Design zu vergleichen. Alle Entwürfe werden von dieser Stelle auf »Machbarkeit« und »Bedienung« (Usability) geprüft. Sollten sich Probleme ergeben, versucht man gemeinsam mit dem Kreativen den bestmöglichen Kompromiss zu schaffen. Diese Vorgehensweise ist besser als aufwändiges Nacharbeiten in der Realisierung.

rung sagen kann. Normalerweise beschäftigt ein Unternehmen ab einer gewissen Größenordnung mehrere Agenturen parallel, eine Design-, eine Werbe- und eine Internetagentur. Oft wissen diese nichts von der Existenz des anderen und wenn doch, betrachtet man dessen Arbeit mit erhöhter Vorsicht.

So geschah es auch, dass eine »reine« Webagentur einen Entwurf für eine Webseite eines Kunden erstellen sollte, basierend auf den umfangreichen Vorgaben, die wir als verantwortliche Design-Agentur erarbeitet hatten. Das Ergebnis der Arbeit war ansehnlich, schick und zeigte viel Liebe zum Detail – allerdings wenig Ähnlichkeit mit dem Corporate Design-Regelwerk. Auf die Nachfrage, ob die Designer das Manual mit Bedacht ignoriert hätten, erhielten wir die Antwort, dass man versuchen wollte, alles »ein wenig emotionaler« zu gestalten. Es ist schon bezeichnend, dass diese

Antwort von denselben Leuten stammte, die auch an der Entwicklung des Design Manuals beteiligt waren.

Ich will mit diesem Beispiel zeigen, dass Kommunikation und Design nichts mit Selbstverwirklichung zu tun haben. Sicherlich gibt es Aufträge, die einem die totale Freiheit lassen, allerdings ist das auch nicht immer die beste Voraussetzung. (Haben Sie denn Regeln? Nein, wir haben nur Grasgrün als Hausfarbe.)

Als Designer einer Webseite starten Sie nur in den seltensten Fällen auf der grünen Wiese. Sie treffen auf Unternehmen, die seit Jahren am Markt sind, gewachsene Kommunikationsstrukturen haben, eindeutige Bildwelten und klare Regeln. Ihre Aufgabe ist es hier, die Regeln zu interpretieren und, wenn noch nicht passiert, neue Regeln für das Web zu finden. Hier ist Fingerspitzengefühl gefragt, nicht eine Planierraupenmentalität.

Wie sag ich es meinen Kunden?

Kunden kommen zu Ihnen, weil sie der Meinung sind, einen Profi vor sich zu haben, der sich mit der Materie Internet auskennt. Wie bereits oben ausgeführt, sollten Sie, nicht nur aus Gründen der Fairness Ihren Kunden gegenüber, Begriffe verwenden, die man auch als Normalsterblicher versteht. Das ist zum einen höflich, zum anderen erspart es Ihnen auch im Anschluss an das Projekt jede Menge Ärger,

weil durch weitreichende Fehlinterpretation Ihrer Aussagen ein falsches Bild Ihrer Leistung entstand – das nehmen Kunden einem übel. Bei umfangreichen Projekten bringt ein gemeinsames Glossar schnell und einfach Klarheit in allen Interpretationen. In diesem Sinn »interactivate your business – build customized solutions for a new world« oder: Nehmen Sie Ihren Kunden ernster als sich selbst.

Für Ihre Notizen

Auf dem Weg zur Konzeption

Jede Webseite hat eine Geschichte

In diesem Kapitel geht es um das, was vor dem Design kommt: die Konzeption, das Wie, Weshalb und Warum, ohne das eine Webseite nur die Hälfte wert ist.

ALPTRÄUME BEGINNEN MANCHMAL MIT EINFACHEN Sätzen, beispielsweise »Seien Sie froh, wir haben keinerlei Vorgaben, Sie starten mehr oder weniger auf der grünen Wiese«, und enden in schlaflosen Nächten mit der immer wiederkehrenden Angst des Designers vor der weißen, leeren Webseite. Ich erinnere mich an Projekte zu den besten Zeiten der New Economy, die als Vorgaben ein schlechtes (oder kein) Logo und einen unhaltbaren Zeitplan hatten. Stellen Sie sich vor, Sie bekommen die Farbe »Signalgrün«, ein Schreibmaschinenlogo und fünf Tage Zeit, hieraus ein komplettes Shopping-Portal zu machen. Hier hilft entweder beten, ein genialer Entwurf aus der Schublade oder eine gute Konzeption. Und von Letzterem handelt dieses Kapitel.

Ich werde aber nicht die Blaupause einer Konzeption vorstellen, auch wenn sich viele Leser dies wünschen. Wie ich gleich erklären werde, gibt es »die Webseite« nicht, und damit auch nicht »die Konzeption«. Aufgabe der Konzeption ist, das Projekt und die geplante Website greifbar zu machen, bevor man ein Rudel Programmierer, Designer und Content-Manager auf sie loslässt.

Teilkonzepte

Die Gesamtkonzeption besteht aus verschiedenen Teilkonzepten:

1. Projektdarstellung
2. Analyse
3. Ziel und Absichten (Big Picture)
4. Informationsarchitektur, bestehend aus:
   Struktur
   Inhaltliches Konzept
   Navigationskonzept
   Visuelles Konzept
5. Technisches Konzept
6. Zeitplan
7. Risiko- und Problemanalyse

Diese letzten drei Teile haben nichts mit der Gestaltung einer Site zu tun, sondern gehören zur Projektverwaltung. Ich erwähne sie deshalb an dieser Stelle nur der Vollständigkeit halber.

Als Designer obliegt Ihnen normalerweise alles, was das Informationsdesign betrifft, und damit nur ein Teil der Aufgaben. Die vorangestellten Teile sind aber für Ihre Arbeit wichtig und sollten damit auch Ihre ganze Aufmerksamkeit erhalten.

In umfangreichen Projekten ist es zudem ratsam, einen so genannten »Konzepter«, dessen Aufgabe die Koordination und das Erstellen der einzelnen Teile und deren Zusammenfügen zu einer Gesamtkonzeption ist, einzuplanen.

Projektdarstellung

Die Projektdarstellung ist eine Zusammenfassung des Umfangs und Inhalts des Projektes. Hier sollte kurz und knapp dargestellt werden, was überhaupt im Projekt gemacht wird und welche Ergebnisse geplant sind. Hier kann auch stehen, was nicht Teil des Projektes ist bzw. in anderen parallel laufenden Projekten umgesetzt wird. Zudem werden die verantwortlichen Teilnehmer am Projekt mit Namen, Zuständigkeiten und Adressen aufgelistet.

Analyse

Keine Konzeption ohne Vorgaben. Sammeln Sie zu Beginn des Projektes so viele Informationen wie möglich, auch wenn Sie der Meinung sind, schon alles über das Web und die gestellte Aufgabe zu wissen.

Denn: Das Internet bringt immer wieder neue Kuriositäten hervor. Besonders beliebt sind die schnellen Webseiten für jedermann und jedes Unternehmen. »Bauen Sie sich Ihren eigenen Webshop, ohne unnötig Geld an Berater und Designer bezahlen zu müssen! Nutzen Sie unseren individuellen Baukastenservice.« Derartiges liest man immer mal wieder, und was man dort für € 19,99 bekommt, kann sich sehen lassen – stellt man keine allzu hohen Ansprüche an Design und Funktionalität.

Nicht, dass mich diese Angebote ärgern, sind sie doch die beste Begründung für professionelle Beratung und Dienstleistung – eine Webseite kann man nicht aus dem Baukasten schaffen, jeder Auftrag und jedes Unternehmen stellt neue Herausforderungen an den Webdesigner.

Sicherlich lassen sich Webseiten in verschiedene Kategorien einordnen, innerhalb dieser Kategorien ist aber jede Webseite eine individuelle Lösung, die auf einer klassischen Pro-

Alle ziehen an einem Strang

Schön, wenn man in einem Projekt einen Verantwortlichen Konzepter im Team hat – allerdings sollte man hier auf der Hut sein und kritisch mit den Ergebnissen umgehen. Schon die Bezeichnung zeigt, dass diese Menschen viel mit Nachdenken und Strategien zu tun haben, aber weniger mit Design. Konsens ist das Zauberwort – bringen Sie früh in der Konzeptionsphase Ideen ein, wie man die gestellte Aufgabe visuell lösen könnte, Informationen über aktuelle Trends oder Probleme, die aus grafischer Sicht entstehen könnten. Helfen Sie dem Konzepter, es ist im Sinne des Designs wichtig.

Gleiches gilt für das technische Konzept. Ich habe in acht Jahren viele Entwürfe gemacht, für die mich Techniker gehasst haben, weil diese nur mit ein wenig Hirnschmalz und Handarbeit umsetzbar waren. Es gab aber in der gesamten Zeit keinen Entwurf, der nicht umgesetzt werden konnte. Wichtig ist aber immer, die technischen Randparameter im Vorfeld zu klären. Ein Beispiel: Ist aus technischer Sicht ein Frameset notwendig und befindet sich in einem der Frames die Navigation, kann man keine Aufklappmenüs machen, da diese technisch nicht realisierbar sind – auch wenn es besser aussieht.

blemfindung, Analyse und Entwicklung einer Lösungsstrategie basiert.

Ohne eine genaue Analyse der technischen Vorgaben, Zielgruppen und der zu erfüllenden Aufgaben kann man kein gutes Design entwickeln.

Im Folgenden möchte ich die verschiedenen, den Auftritt beeinflussenden Faktoren auflisten.

Die Zielgruppe

Sie ist das wichtigste Glied in der Kette, der Grund schlechthin und Motor für die Erstellung einer Webseite. Die Zielgruppe bestimmt über den Erfolg oder Misserfolg Ihrer Arbeit – auch wenn die Seite noch so schön und funktional ist, ohne Besucher waren alle Anstrengungen umsonst.

Führen Sie sich vor Augen, weshalb sich nur einer der Besucher Ihrer Webseite die Mühe machen soll, einen Computer anzuschaffen, ein Modem anzuschließen und dann auch noch die Online-Kosten zu tragen? Sicherlich nicht, um sich das Firmengebäude Ihres Kunden, den Chef beim Telefonieren oder die Mitarbeiter vor der Fahrzeugflotte anzuschauen! Dazu genügt der Griff zum Telefon und die Bestellung einer Imagebroschüre. Das Zauberwort heißt: **Mehrwert**.

Wie die Dolomiten den Wanderer mit einer schönen Aussicht für die Anstrengung beim Aufstieg belohnen, liefern Sie einem Besucher, was er wirklich sucht: Informationen, Unterhaltung, Downloads – oder notfalls auch nur die Telefonnummer, unter der er sich die Imagebroschüre bestellen kann. Was an erster Stelle steht, hängt von Ihrer Zielgruppe ab. Versuchen Sie deshalb möglichst viel über diese in Erfahrung zu bringen. Folgende Liste hilft Ihnen dabei:

1. **Alter der Zielgruppe**

   Welche Altersgruppen greifen auf die Site zu? Nutzen Sie diese Information für die Gestaltung der Inhalte und der Navigation, die Tonalität der Texte, die Bilderauswahl. Eine junge Zielgruppe wird Neuem und Unbekanntem gegenüber aufgeschlossener sein als eine ältere Zielgruppe. Letztere verfügt zudem noch über weniger technisches Wissen und ist unsicher im Umgang mit dem Internet bzw. nutzt ungerne neue unbekannte Techniken.

2. **Geschlecht der Zielgruppe**

   Achten Sie auch auf das Geschlecht Ihrer angepeilten Besucher. Frauen nutzen das Internet anders als Männer. Webseiten mit einer rein weiblichen Zielgruppe müssen inhaltlich und auch visuell anders gestaltet werden als Auftritte mit einer rein männlichen Zielgruppe. Es mag verallgemeinernd klingen, aber auch hier spielt das technische Wissen, der männliche Spieltrieb und die Aufgeschlossenheit gegenüber Neuem eine wichtige Rolle. Platt gesagt: Emotionalität versus Technik.

3. **Bildungsniveau der Zielgruppe**

   Es ist allgemein bekannt, dass sowohl Bildungsniveau als auch Einkommen der Surfer im Schnitt höher sind als im allgemeinen Bevölkerungsdurchschnitt. Nutzen Sie diese Tatsache nicht nur bei der Preisgestaltung Ihres Webshops, sondern vor allem bei der Entwicklung der Navigation und der Struktur der Inhalte. Ich bin immer ein Freund von Standards, vor allem in puncto Bedienung, gleichzeitig aber auch der Meinung, dass Anwender nicht dumm sind und intelligente Websites mehr Anwender ansprechen. Nutzen Sie die Neugier der Anwender, und bieten Sie Ihnen immer wieder Erweiterungen, die einen weiteren Mehrwert bieten.

4. Motivation der Zielgruppe

Welche Motivation führt einen Surfer auf Ihre Website? Weshalb sollte er gerade Ihre Webseite besuchen?

Ein Beispiel: Ich hatte das Glück, am Design und der konzeptionellen Entwicklung der neuen Webseiten von Gardena, Hersteller von Produkten rund um die Planung, Gestaltung und Pflege des Gartens, mitzuwirken. Kernfrage war dabei: »Weshalb soll der Kunde (die Zielgruppe) bei schönem Wetter vor dem PC sitzen und die Gardena-Webseiten besuchen, wenn er doch zur gleichen Zeit in seinem Garten arbeiten bzw. ausspannen kann?« Eine interessante Frage, auf die es eigentlich nur eine Antwort gibt: »Er hat keinen Grund, nicht im Garten zu sein.« Versuchen Sie also nicht, Unmögliches möglich zu machen, suchen Sie stattdessen einen Weg, beide Welten zu verbinden, im Fall Gardena die reale Welt des Gartens und die virtuelle Welt des Internets. Das Bindeglied beider Welten liegt in der Vorbereitungszeit auf eine neue Gartensaison, in der die Besucher sich mit Informationen über neue Produkte, Betriebsanleitungen oder Ersatzteile beschäftigen. Zusätzlich versucht man bei Gardena, den Reiz des Gartens im Verlauf des Jahres im Kleinen durch die Veränderung der Bilder auf den Seiten zu adaptieren.

Technik und technische Basis

Diese beiden Faktoren spielen heute und wahrscheinlich auch in Zukunft eine wichtige Rolle. Auch wenn es dem Designer manchmal nicht passt, wenn die Botschaft nicht abgerufen werden kann, wird sie nie beim Anwender ankommen. Die wichtigsten technischen Fragen:

1. Browsertypen

Welche Browsertypen kommen zum Einsatz? Sicherlich verwenden die Anwender in der Mehrheit heute den Internet Explorer von Microsoft, zumeist ab Version 5, wir werden aber in einem späteren Kapitel (Seite 206) noch auf die Besonderheiten so genannter »barrierefreier« Systeme eingehen.

2. Plattformen

Welche Plattformen müssen berücksichtigt werden? Auch hier ist mit Microsoft Windows in der Mehrheit der Fälle die größte Anwendergruppe zu erreichen. Zählen die Besucher aber zum grafischen Gewerbe oder entwickeln Sie eine Site über Architektur, gehen Sie von einer breiten Installation von Apple-Rechnern unterschiedlichster Bauart und Browsertypen aus.

3. Hardware

Welche Hardware kommt zum Einsatz? Gehen Sie nicht davon aus, dass Besucher immer die schnellsten und neuesten Rechner verwenden – eine Tatsache, die besonders bei interaktiven Anwendungen, beispielsweise Flash, eine wichtige Rolle spielt. Gehen Sie bei der Entwicklung im B-2-B-Sektor von einer sehr inhomogenen Installationsbasis aus, die in vier bis fünf Jahreszyklen ausgetauscht wird. Oft trifft man hier noch auf Pentium 2-CPUs. Interessanterweise nutzen Privatanwender oft schnellere Rechner als Anwender in Unternehmen (danken Sie hierfür den Billigdiscountern und der Spieleindustrie).

4. Bandbreite

Das entscheidende K.O.-Kriterium für so manchen Entwurf ist die übertragene

Datenmenge, die abhängig von der verfügbaren Bandbreite ein schnelles oder langsames Surferlebnis ermöglicht. Sitzen Ihre Besucher in Großunternehmen, gehen Sie von einer hohen Bandbreite (2 MBit) aus, während im Endkundenbereich die Zahl der 65K-Modembesitzer noch hoch ist. Aber auch hier herrschen regionale Unterschiede.

5. Zugriffszeiten

Finden Sie heraus, zu welchen Spitzenzeiten Ihre Zielgruppe surft. Manche Webseiten, beispielsweise Nachrichtenportale, zeigen deutliche Performance-Einbußen, wenn um die Mittagszeit halb Deutschland mal kurz die neuesten Nachrichten checkt. Eines unserer Projekte, eine Kino-Website, zeigt klare Spitzen an Tagen, an denen neue Filme starten, und in den frühen Abendstunden, kurz vor Beginn der Vorstellungen. Erfassen Sie diese Daten, verwenden Sie diese im technischen Konzept der Serverarchitektur.

6. PlugIn

Kann man bei ambitionierten Kinogängern noch davon ausgehen, das neueste QuickTime-PlugIn vorzufinden, trifft man bei Anwendern in den großen Konzernen – aufgrund von Sicherheitsbedenken der IT – nicht einmal auf ein Flash 3-PlugIn. Zwingen Sie Ihren Besuchern keine unbekannten technischen Zusätze aus dem Netz auf. Viele Anwender schrecken hiervor zu Recht zurück. Bieten Sie stattdessen eine einfache Alternative Ihrer Site ohne zusätzliche Software – eventuell in reduzierter Form oder nicht mit allen Inhalten.

Benchmark

Webdesigner zeichnen sich manchmal durch ein Repertoire an Begriffen aus, die Eindruck schinden, bei denen sich aber keiner traut, nach dem Sinn zu fragen. Hierzu gehört auch das schöne Wort »Benchmark«. Wer an dieser Stelle »Vergleich oder Orientierung am Wettbewerb« sagt, hat zwar auch Recht und würde von jedem verstanden werden, wäre aber bei weitem nicht so schick.

Zurück zur Praxis. Heute betreten Sie – egal mit welcher Lösung – im Netz kein Neuland, das Gros der Mitbewerber ist in den meisten Fällen bereits dort und hat viele Fehler – die Sie vermeiden können – schon gemacht. Weshalb also nicht von anderen lernen? Und auch hierbei können Sie Informationen sammeln, wie Sie die Webseiten auf eine Zielgruppe und deren Umfeld optimieren können.

Die Frageliste aus der nebenstehenden Tabelle sollten Sie zu Rate ziehen.

Machen Sie bei Ihren Streifzügen nicht nur Screenshots der Homepage, sondern auch von wichtigen Folgeseiten. Stellen Sie die Seiten in einem Dokument zusammen, und erarbeiten Sie Konsequenzen für das eigene Projekt. Hier kann man keine genauen Vorgaben machen, da starke Unterschiede zwischen und innerhalb der Branchen herrschen.

Ein Beispiel für ein Benchmark: Bei der Überarbeitung der Seiten www.buero-fuer-gestaltung.de haben wir einen Vergleich mit anderen Design- und Internetagenturen durchgeführt. Wir stellten hierbei fest, dass sich viele unserer Kollegen im Web sehr unzureichend präsentieren. Nach dem Motto »der Schuster hat die schlechtesten Schuhe« findet der Kunde kaum Beispiele der Arbeit der jeweiligen Agentur, wird oftmals durch eine wirklich wegweisend neue, aber nicht bedienbare

Tabelle 1: Fragen für den Benchmark

Frage	Mögliches Ergebnis
Welche Wettbewerber sind bereits im Netz?	Fragen Sie den Vertrieb und das Marketing nach einer Liste, recherchieren Sie zusätzlich selbst über eine Suche nach Branchenbegriffen.
Auf welchem Stand sind die Seiten der Mitbewerber? Seit wann sind sie im Netz?	Checken Sie die News und Veranstaltungsseiten, diese zeigen deutlich, auf welchem Stand die Seiten sind und in welchen Abständen diese gepflegt werden.
Welche Inhalte werden präsentiert?	Nur allgemeine Informationen oder Produktspezifika, Supportinformationen u.Ä.
Entspricht die Präsentation der Marke?	Hierzu benötigen Sie Informationen aus anderen Medien, beispielsweise Image- oder Produktbroschüren.
Was ist schlecht gelöst (wie könnte man es besser machen)?	Lernen Sie aus den Fehlern anderer.
Was ist gut gelöst?	Und aus deren Stärken. Man kann alles noch ein wenig besser machen.
Welche Alleinstellungsmerkmale finden sich auf den Seiten?	Vermeiden Sie ein Nachplappern der Argumente des Wettbewerbs.
Geschwindigkeit/Bedienbarkeit?	Wie schnell laden die Seiten, wie gut ist die Navigation?
Was können wir aus den Seiten lernen?	Ziehen Sie ein Fazit aus der Untersuchung der Seiten.
Werden die Seiten beworben?	Hierzu benötigen Sie den Input Ihres Kunden, der sicherlich eine Wettbewerbsbeobachtung durchführt.
Wie sind die Seiten in Suchmaschinen zu finden?	Testen Sie verschiedene Schlüsselwörter.

Navigation von weiteren Inhalten abgehalten. Er findet weder Informationen über Mitarbeiter, noch an wen er sich wenden darf, wenn er denn etwas kaufen möchte. Oder er muss drei zusätzliche PlugIns installieren, bevor er überhaupt die Seite betreten kann. Ergebnis für uns und klare Vorgabe beim Relaunch war deshalb: möglichst umfangreiche und transparente Informationen, viele praktische Beispiele und eine einfache Navigation. Das klingt jetzt wenig spannend, und viele Kollegen werden sagen: »Das weiß ich auch ohne ein Benchmark« – fragt sich nur, weshalb es dennoch so oft falsch gemacht wird!

The Big Picture – Ziel der Website formulieren

Jede Webseite hat eine Geschichte, man muss sie nur spannend erzählen. Nachdem Sie alle Informationen gesammelt haben, beginnen Sie mit der eigentlichen Konzeption. Wie schon zu Beginn des Kapitels gesagt, entscheidet der Projektumfang über die genaue Form und den Inhalt der Konzeption. Bei **kleinen Projekten** genügen oft eine Struktur, die Navigation, eine Inhaltsbeschreibung und ein visuelles Konzept zur Darstellung des Gesamtprojektes. Mehr ist aber auch in diesem Fall besser, vor allem wenn Sie nicht alle Beteiligten des Projektes kennen und auf deren Wissen und Professionalität vertrauen können.

Nachdem Sie die Ergebnisse der Analysephase zusammengefasst haben, kommen Sie dann zum ersten wesentlichen Teil des Konzepts, dem so genannten »Big Picture«. Dieses beschreibt das »hohe« Ziel der Site in einem Satz: »Was wollen wir mit der Webseite erreichen, welche Ideen, Gedanken und Absichten stehen hinter der Seite, woran lassen wir uns im Ergebnis messen?« Dabei muss das Big Picture nicht in seitenlange Prosa ausarten.

Hier einige Beispiele für die Formulierung des Ziels:

1. »Wir schaffen den größten und schnellsten preiswerten Online-Handel in Europa!«

2. »www.xyz.de wird das kundenfreundlichste Serviceportal und wird dem Unternehmen ein neues Marktsegment mit Zukunft eröffnen!«

3. »Der Besucher erreicht auf www.abc.de jede Information mit maximal drei Klicks. Alle dargestellten Informationen sind tagesaktuell und werden von einer Redaktion auf Relevanz geprüft. Die Seiten sind auf allen gängigen Ausgabegeräten abrufbar, die Inhalte passen sich dem Ausgabegerät an.«

4. »Wir schaffen eine durchgängige technische Plattform für die Abbildung der gesamten Wertschöpfungskette unseres Unternehmens. Wir werden in vier Jahren kein Papier mehr verwenden, und 30% unserer Transaktionen werden über das Internet stattfinden.«

5. »Wir werden die am schnellsten wachsende Online-Community Deutschlands, mit den höchsten Besucherfrequenzen und den meisten registrierten Benutzern. Wir bieten den Besuchern Mehrwert durch zusätzliche Leistungsangebote über das eigentliche Chatten hinaus.«

Klingt übertrieben und unerreichbar? Macht nichts, wenigstens wissen Sie an dieser Stelle, wo das Ziel aller Aktivitäten steht. Auch wenn es banal klingt: Strategien lassen sich leichter entwickeln, wenn man ein Ziel hat! Heute werden leider viele Strategien ohne Ziel entwickelt – selbst von erfahrenen Profis. Man kann aber ein Ziel nicht erreichen, das man sich nicht gesteckt hat.

Die Aussage zum »Big Picture« hilft Ihnen, aktuelle Positionen und Zwischenergebnisse mit dem einmal gesteckten Ziel zu vergleichen. Sie wollen der führende Anbieter in Ihrem Segment werden? Nutzen Sie dieses Ziel, und versuchen Sie möglichst viel über den derzeitigen Marktführer in Erfahrung zu bringen. Betrachten Sie dessen Stärken und Schwächen, und versuchen Sie zu ergründen, weshalb gerade er und nicht Sie die Nummer eins ist. Lassen Sie sich nicht durch Gegenargumente wie »der hat auch zehnmal mehr Etat als wir!« aus der Ruhe bringen. Auch Amazon war anfangs nur die Idee »Wir verkaufen Bücher über das Internet!«, von »Größter« und »Erster« war damals sicher nicht die Rede und von Geld anfangs auch nicht.

Selbstverständlich müssen Sie das Big Picture noch ein wenig ausformulieren, um sich nicht in Allgemeinplätzen zu verlieren. Das stellt aber in der Regel kein Problem dar. Merken Sie sich: Dieser Teil des Konzeptes ist die Kür, die Informationsarchitektur des nächsten Kapitels ist eher die Pflicht, wenn auch nicht weniger wichtig. Stellen Sie das Big Picture an den Anfang Ihres Konzeptes, und bauen Sie den Rest der im nächsten Kapitel beschriebenen Informationsarchitektur darauf auf.

◀ **Abbildung 1**
www.cebus.biz

Das Verhältnis von Größe und Website

Für das Selbstvertrauen sei Folgendes gesagt: Nicholas Negroponte, einer der Vordenker des Internets und Mitbegründer des MIT Media Labs, sagte einmal: »Im Internet weiß niemand, dass du ein Hund bist!« Gilt diese Aussage vor allem für die Schilderung körperlicher Merkmale in Chat Rooms oder Erfahrungen mit Werbebannern, kann man sie auch auf das Design von Webseiten anwenden.

Die Stärke des Netzes ist, dass alle zuerst einmal gleich sind: Ein Unternehmen mit drei Mitarbeitern kann eine größere, bessere Website unterhalten als ein Unternehmen mit 400 Mitarbeitern. Größe drückt sich im Internet nicht mehr nur durch materielle Dinge wie Gebäude oder die Anzahl der Mitarbeiter aus, sondern und vor allem durch die Qualität der Information, die Besucher auf der Webseite finden. Diese müssen, wenn sie das Unternehmen nicht kennen, dem ersten Eindruck folgen, und der ist bekanntermaßen entscheidend.

Ich möchte das an einem Beispiel zeigen:

Welches der beiden Unternehmen, deren Webauftritt wir in Abbildung 1 und 2 sehen, hat mehr Mitarbeiter, ist länger am Markt und verfügt über mehr Kompetenz?

Abbildung 1 zeigt die Webseite von CEBUS-Software, ebenfalls ein Hersteller von Agentursoftware. CEBUS ist mehr als 20 Jahre alt, die Website vermittelt aber keinen besseren Eindruck als die von P2 in Abbildung 2, einem Hersteller für Softwarelösungen für Agenturen. P2 hat sieben Mitarbeiter und ist fünf Jahre alt.

Abbildung 2 ▶
www.phasezwei.de

Es ist natürlich bei einem solchen Beispiel klar, dass das kleinere Unternehmen größer und kompetenter aussieht – wo wäre sonst der Lerneffekt? Aber: Weshalb entscheiden wir so? Da ich nicht alle Leser meiner Bücher kenne, gehe ich einfach von meiner Erfahrung aus. Ich möchte an dieser Stelle betonen, dass die Beispiele nicht aufgrund des Inhalts der Seiten ausgewählt wurden, noch dass damit irgendeine Aussage über die jeweiligen Unternehmen getroffen werden soll (ich kenne keines der beiden Unternehmen).

Das Beispiel CEBUS wirkt altmodisch, schon zu lange im Netz und wenig attraktiv, eben wie von der IT selbst gemacht. Wenige Bilder, schnelle Ladezeiten, Headlines verwenden die installierten Systemschriften, keine Corporate-Schrift, die Farben sind nicht aufeinander abgestimmt und wirken eher zufällig gewählt.

Insgesamt würde man hinter diesem Unternehmen nicht eine 20-jährige Geschichte vermuten. Die Headlines sind sehr werblich.

Das Beispiel P2 macht einen professionellen Eindruck, die Navigation ist nicht überfrachtet, und man findet sich schnell zurecht. Die Bildwelten zeigen den Alltag derer, die die Software einsetzen, ansprechend, wenn auch nicht überraschend neu – was aber auch nicht immer sein muss. Die Leiste mit den Programmsymbolen macht klar, um was es auf dieser Seite geht, und sie sehen auch noch gut aus. Ob dieses Produkt auch gut ist, kann ich nicht sagen, ich habe aber bei dieser Seite – als Kreativer – ein gutes Gefühl.

Hier siegt das Design, basierend auf dem besseren Konzept über Größe. Die Zielgruppe einer Software für Agenturen sind Kreative, und die legen zuerst einmal Wert auf Optik

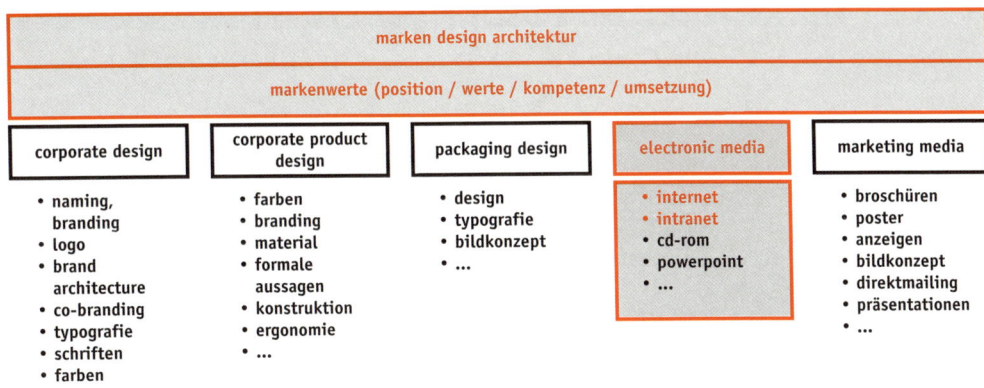

marken design architektur				
markenwerte (position / werte / kompetenz / umsetzung)				
corporate design	**corporate product design**	**packaging design**	**electronic media**	**marketing media**
• naming, branding • logo • brand architecture • co-branding • typografie • schriften • farben • ...	• farben • branding • material • formale aussagen • konstruktion • ergonomie • ...	• design • typografie • bildkonzept • ...	• internet • intranet • cd-rom • powerpoint • ...	• broschüren • poster • anzeigen • bildkonzept • direktmailing • präsentationen • ...

▲ **Abbildung 3**
Internet und Intranet sind nur ein Teil einer Marke. Es wird hier in Zukunft immer wichtiger, die Markenwerte konsistent über alle Medien und Anwendungen zu kommunizieren. Eine Herausforderung, weil sicherlich nicht alle Corporate Design-Regeln auf das »neue« Medium vorbereitet sind.

und fühlen sich in schlecht gestalteten, wenn vielleicht auch besser programmierten Umgebungen nicht wohl. Aus diesem Grund wird die Mehrzahl der Besucher dem zweiten Unternehmen mehr zutrauen als dem ersten.

Interessanterweise sähe das Ergebnis bei einer Zielgruppe »Buchhalter« oder »IT-Leiter« genau umgekehrt aus. Deshalb sollte man ein gutes Konzept haben.

Die Marke, denke immer an die Marke!

Ein Wort, das in schlechten wirtschaftlichen Zeiten gerne in den Mund genommen wird, ist die »Marke«. Während ich dieses Buch schreibe, befassen sich die Marketingleiter landauf und landab mit diesem Thema. Wie baut man eine Marke auf, und wie lädt man sie anschließend mit emotionalen Werten, damit der Kunde Vertrauen fasst und aus dem Bauch heraus dieser Marke vertraut und über die Markenbindung dies auch in Zukunft tut? Hier gibt es fokussiertere Bücher als dieses

(siehe Anhang Seite 234), ich spare mir deshalb an dieser Stelle eine detaillierte Darstellung, möchte aber dennoch anhand von Abbildung 3 die Position der Webseite innerhalb der Markenstruktur zeigen.

Das Schaubild (Abbildung 3) zeigt, dass eine Website nicht im sinnfreien Raum schwebt, sondern in die vorhandene Markenstruktur integriert ist. Innerhalb der Markenarchitektur herrschen Regeln, und diese bilden den Rahmen für das Design und den Aufbau der Website. Heute ist es leider nicht mehr möglich, das Internet als eigenständiges Medium zu sehen, das von allen anderen Medien getrennt existiert. Besucher finden eine Webseite über einen Fernsehspot, suchen Informationen und laden anschließend eine Produktbroschüre im PDF-Format herunter. Diese Kette darf keine Markenbrüche enthalten, sonst verwirren Sie den Kunden. Und verwirrte Kunden kaufen weniger.

Abbildung 4 ▶
www.google.de: Dass man eine
Marke im Internet einfach nur
durch Qualität schaffen kann, beweist Google ohne Werbung und
viel Tamtam, einfach durch bessere
und schnellere Informationen.

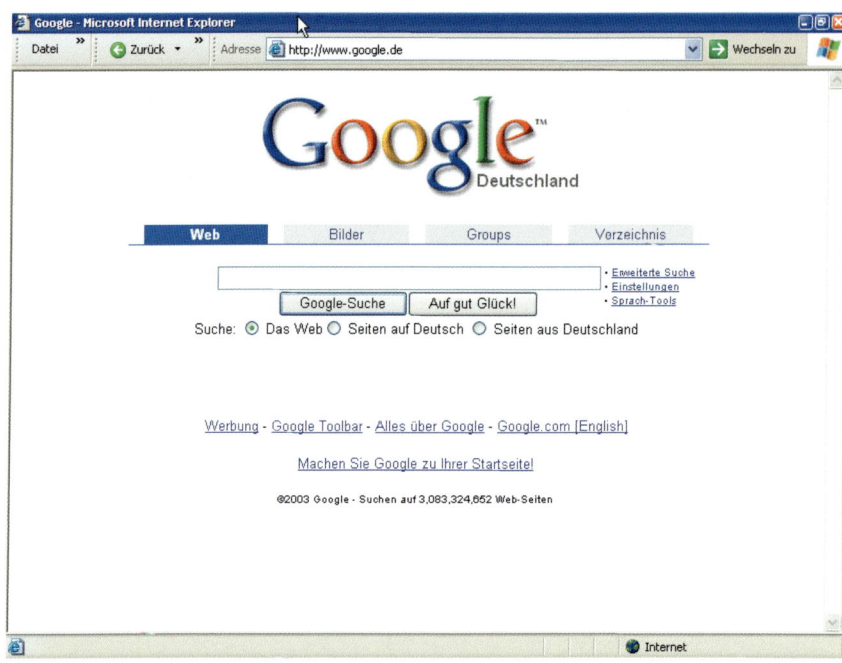

(Konzeptionell) gute Seiten, schlechte Seiten

Zwei Dinge hassen Designer: Sie zeigen ungern anderen Designern ihre Arbeiten und können es noch weniger leiden, wenn andere Designer über die Arbeit anderer Designer reden. Ich breche mit beiden »Tugenden«, schließlich lernt man an guten Beispielen ebenso wie an schlechten. Ich gehe davon aus, dass die Mehrzahl meiner Arbeiten zur ersten Gruppe gehört. Die folgenden Beispiele habe ich unter konzeptionellen, bewusst nicht visuellen Gesichtspunkten ausgewählt. Was schön aussieht, muss nicht immer auch funktionieren, und umgekehrt.

Google

Gleich zu Beginn ein widersprüchliches Beispiel: Google gilt allgemein als herausragendes Beispiel für hervorragendes Webdesign (obwohl die Designer hierfür sicherlich nie einen Preis bekommen werden). Der Grund ist nicht die opulente Optik, sondern das genial einfache Konzept: »Wir werden die schnellste und beste Suchmaschine der Welt und stampfen die Konkurrenz in den Boden.« Die Umsetzung: ein genialer Suchalgorithmus (der sich auch als Basis des Geschäftsmodells eignet und viel Geld einbringt) und Purismus pur, keine Grafik – bis auf das Logo, nur Information und Geschwindigkeit.

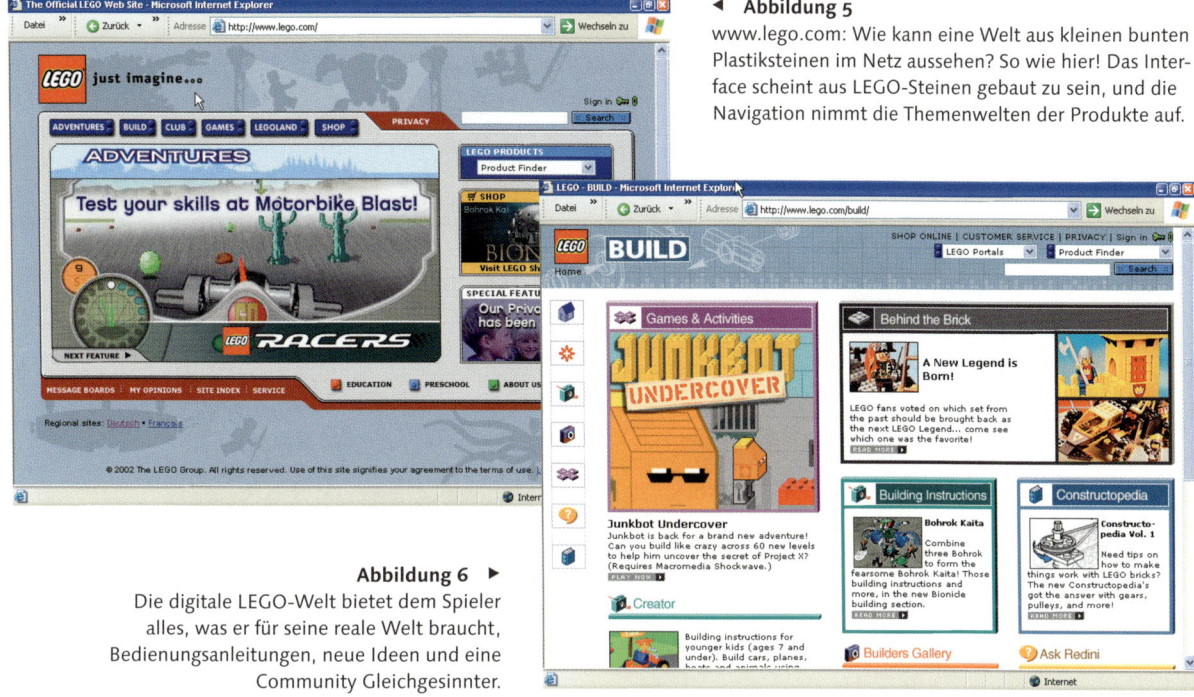

◀ **Abbildung 5**
www.lego.com: Wie kann eine Welt aus kleinen bunten Plastiksteinen im Netz aussehen? So wie hier! Das Interface scheint aus LEGO-Steinen gebaut zu sein, und die Navigation nimmt die Themenwelten der Produkte auf.

Abbildung 6 ▶
Die digitale LEGO-Welt bietet dem Spieler alles, was er für seine reale Welt braucht, Bedienungsanleitungen, neue Ideen und eine Community Gleichgesinnter.

Warum das so gut funktioniert: Der Besucher erwartet von Google nur eines: Schnell die gesuchte Webadresse zu finden, und dies in der bestmöglichen Suchqualität. Alles, was hier zusätzliche Ladezeiten verursacht, lenkt nur vom Sinn der Seiten ab. Die Designer von Google schlagen gleich mehrere Fliegen mit einer Klappe.

1. Geschwindigkeit
2. Hohe Wiedererkennung: Auch wenn das seltsam klingt, gerade die Reduzierung auf das Logo führt zu einer maximalen Wiedererkennung. Es gibt nichts, was den Anwender ablenken könnte, nur das Logo.
3. Marke und Markenwerte: Google steht für Purismus und gilt als eines der besten Markenkonzepte im Netz – gerade wegen des Purismus.

LEGO

LEGO (Abbildung 5 und 6) geht mit der wachsenden Digitalisierung der Kinderzimmer schweren Zeiten entgegen. Während Väter vermehrt mit den kleinen bunten Steinen spielen, sitzen die Kinder immer öfter vor dem Rechner und spielen im Internet. Ist das also das Ende der Fantasiewelt aus Kunststoffspritzguss?

Die Herausforderung für LEGO liegt, ähnlich wie bei vielen traditionellen Produkten, in der eigenen Weiterentwicklung und der Transformation der Marke in ein neues Medium, das nichts mit dem angestammten Umfeld zu tun hat. LEGO lebt von der Haptik, der dritten Dimension, von der Suche nach dem einen fehlenden Stein. Lassen sich diese Dinge ins Web übertragen? Wohl kaum. Es muss also

▲ **Abbildung 7**

www.sat1.de: Eigentlich wollte ich nur wissen, was heute Abend im Fernsehen kommt, aber das habe ich dann doch nicht gefunden. SAT 1 vermischt Werbung und Information und wirkt deshalb unglaubwürdig.

etwas Neues her. Die gesamte Entwicklung von LEGO geht in den letzten Jahren stark in Richtung »Themenwelten«, man kauft nicht mehr einen Eimer verschiedener bunter Steine, sondern die Ritterburg, das Indianerdorf oder den Sternzerstörer. Das Konzept für den Webauftritt könnte folglich heißen: »Wir erzählen online die Geschichten dahinter und erwecken damit die Themenwelten ihrer Figuren zum Leben. Zusätzlich bieten wir erweiterte digitale Anwendungen für Planung und Ausbau der LEGO-Welt.«

Betrachtet man die Strategie von LEGO, so ist klar zu erkennen, dass man nicht mehr nur eine junge, sondern verstärkt auch eine ältere »jung gebliebene« Zielgruppe anspricht, die mit LEGO aufgewachsen ist und immer noch auf der Suche nach dem ultimativen Baukasten ist.

Noch ein Medium, das durch das Internet ernsthaft Konkurrenz bekommen hat. Der Mensch verbringt immer weniger (trotzdem noch zu viel) Zeit passiv vor dem TV-Schirm, um mehr Zeit aktiv vor dem PC-Schirm im Web zu verbringen. Wie geht ein Medium mit dieser Verschiebung der Aufmerksamkeit um? Abgesehen von der Frage, welches der beiden Medien im jeweils anderen aufgehen

◀ **Abbildung 8**
www.aldi.de: Thrashig und Marke zugleich. Wer hätte gedacht, dass es in Australien ALDI-Märkte gibt?

wird, stellt sich die Herausforderung für einen Sender, mehr als nur reine Programmankündigungen zu präsentieren. Wie andere Sender auch, versucht man bei SAT 1 online den Spagat zwischen kostenlosem Mehrwert und Geld bringenden Werbebannern. Es geht nur leider in diesem Fall schief. Der Besucher der Site wird in den seltensten Fällen die Information, die er eigentlich sucht, finden. Das Design der Site drängt ihm den entscheidenden Klick auf eines der zahlreichen Werbebanner geradezu auf. Das Konzept dahinter ist schwierig: »Wir schaffen eine neue Vermarktungsplattform für unsere Werbekunden, eingebettet in eine online Fernsehfamilie, die der Besucher kennt. Für Mehrwertangebote muss sich der Anwender registrieren, was die Möglichkeit einer noch besseren Vermarktung der Angebote schafft.«

Nichts gegen werbefinanziertes Web, es muss nur nicht in dieser Form passieren. Als Besucher akzeptiere ich Werbung, ich sollte sie aber vom redaktionellen Teil unterscheiden können. Suchen Sie doch einfach auf dieser Seite den Klick zum heutigen Abendprogramm. Mit ein wenig Glück finden Sie selbigen auch innerhalb einer mehr oder weniger intensiven Suche links oben in der Kopfleiste (Abbildung 7). Hier ließe sich einiges verbessern, wie man bei der Konkurrenz sieht.

ALDI

Noch ein Beispiel, wie sich eine Marke im Netz präsentiert: ALDI – eine der bekanntesten und am besten geführten Marken Deutschlands. Das Konzept hinter ALDI: Es sieht vom Logo über die Filialen und die Produkte alles billig aus, es ist auch alles billig – nur an der Qualität der Produkte wird nicht gespart. Wie sieht

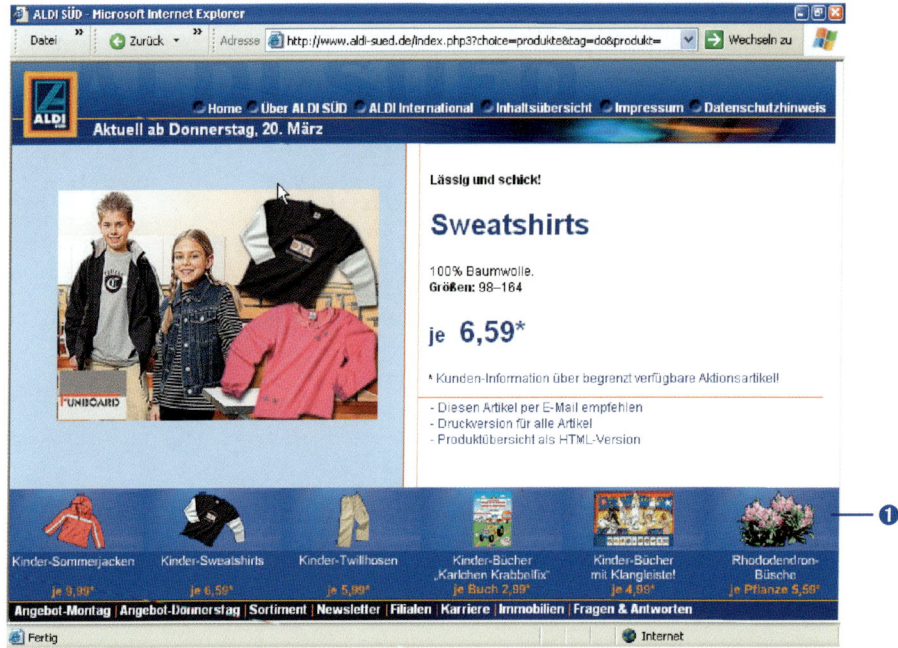

▲ **Abbildung 9**
Im Druck leider nicht zu simulieren, die Produktleiste am unteren Bildrand sorgt bisweilen
für Übelkeit beim Betrachter. Für eine Billigmarke etwas zu viel Hightech auf einer Seite.

folglich das Konzept hinter dem Webauftritt von ALDI aus? »Billig und ein wenig wie
selbst gemacht«. Bereits auf der ersten Seite
verströmt die Site den spröden Charme einer
ALDI-Filiale und erfüllt damit die Erwartungen voll.

Auf den Folgeseiten findet der Besucher
dann ein anderes, auf den ersten Blick besseres
Layout vor. Hier steckt der Trash im Detail, besonders schlimm ist der Sortimentsrollbalken
am unteren Rand ❶, der sich als »interaktives«
Element vom Anwender anschubsen lässt und
ihm dafür ein flaues Gefühl in der Magenge-
gend verschafft.

Ich finde die Folgeseite hätte trotzdem noch
ein wenig mehr »Marke« verdient und kommt
letztlich doch zu hochwertig für einen echten
ALDI-Kunden daher.

◄ **Abbildung 10**
www.schlecker.com: Nichts von
Trash und dem Flair der schlichten
Regale im Netz: Schlecker ganz
schick im Netz. Ob der Anwender
das versteht?

Schlecker

AS-Schlecker, auch eine Marke im Niedrig-
preissegment, die vor allem durch das Einspa-
ren aller Dinge, die außer Regalen für die Präsentation von Waren wichtig sind, bekannt
wurde. Mehr als ALDI geht diese Webseite an
den Erwartungen des Kunden vorbei. Die Site
wirkt wie eine überdimensionale werbefinan-
zierte Wurfsendung, das Sortiment findet der
Besucher erst nach einem Klick auf das entsprechende Banner (Abbildung 10).

Man könnte hier fragen, was soll die Kritik?
Der Anwender ist doch sicherlich froh, wenn
er auf den Webseiten hochwertig empfangen
wird? Was ist aber, wenn der Anwender zuerst
die Webseiten sieht und anschließend den
Laden betritt? Man kann bei der Konzeption
von Webseiten, wie bereits am Anfang des Buches erklärt, die Medien und Kanäle nicht mehr
voneinander trennen. Wenn dies auch für viele
von uns ungewöhnlich erscheinen mag: Nicht
wenige Kunden werden Schlecker in den nächsten Jahren nur online kennen lernen.

Jeep

Wer nun – aufgrund der Beispiele – denkt,
Bücherschreiben macht nicht reich, hat im
Grunde Recht. Bevor Sie das Buch nun aufgrund der wenig optisch ansprechenden Beispiele (siehe Einleitung zu diesem Teil) weg-
legen, ein paar »schöne« und konzeptionell
gelungene Beispiele. Da ist einmal die Website
von www.jeep.de (Abbildung 11 und 12). Noch
ein Unternehmen mit einer schwierigen Zielgruppe. Sicherlich fahren die wenigsten Inter-
net-User, die gerne im Halbdunkeln vor dem
Bildschirm sitzen, ein Offroad-Fahrzeug, das
vor allem dort Spaß macht, wo die Straße auf-

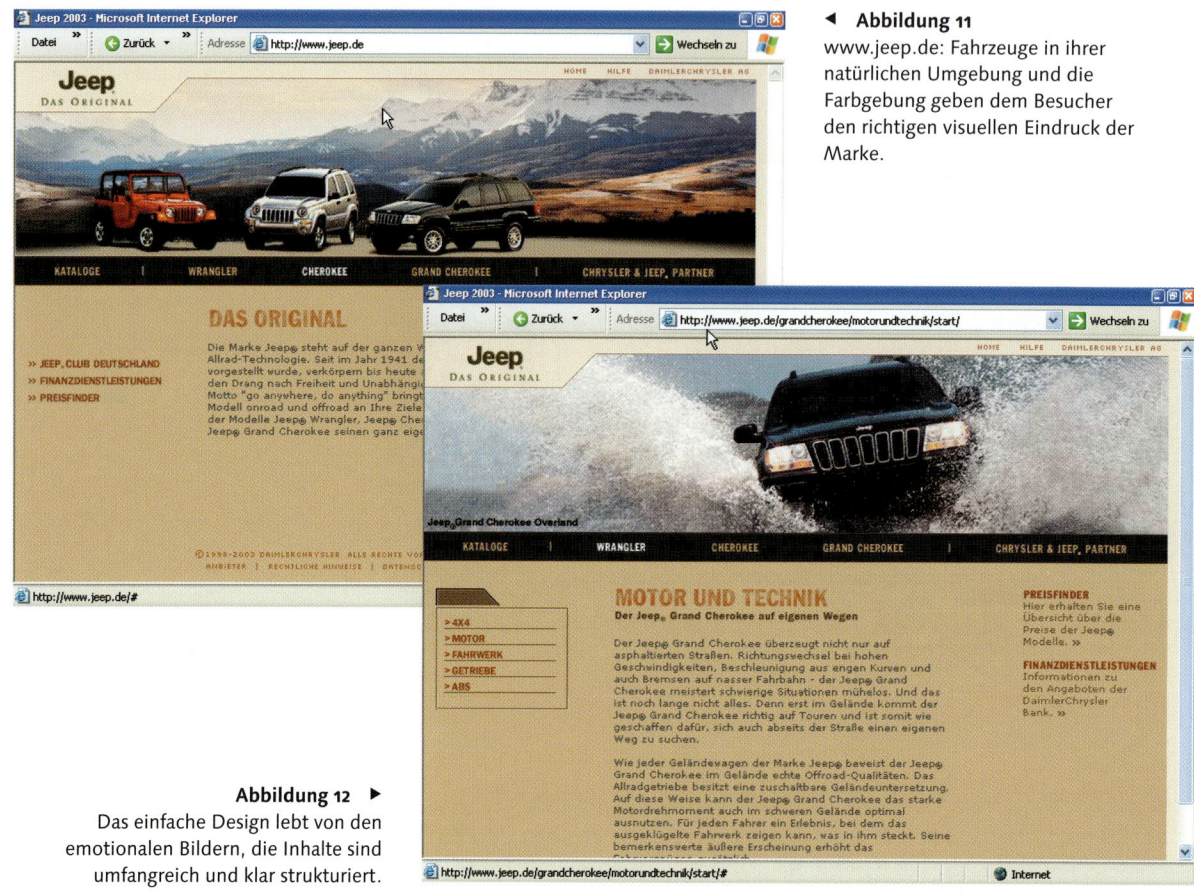

◄ **Abbildung 11**
www.jeep.de: Fahrzeuge in ihrer
natürlichen Umgebung und die
Farbgebung geben dem Besucher
den richtigen visuellen Eindruck der
Marke.

Abbildung 12 ►
Das einfache Design lebt von den
emotionalen Bildern, die Inhalte sind
umfangreich und klar strukturiert.

hört. Das Konzept hinter Sites, die konkrete
Produkte präsentieren, ist relativ einfach:
Optimale Präsentation des Produktes, umfassende Information des Besuchers und damit
Schaffung zusätzlicher Kaufanreize über Mehrwertangebote. Bei einer Webseite für Autos sicherlich schwierig, weil man das Fahrzeug online nur betrachten, nicht aber fahren kann.
Dennoch sind es gerade die Automobil-Hersteller, die ihre Sites in den letzten Jahren konsequent und gelungen ausgebaut haben.

Das erste Beispiel »Jeep« habe ich gewählt,
weil das Konzept hier einfach und überzeugend lautet: »Lasst uns einfach die Markenwerte mit umfangreichen Informationen ins
Netz bringen.« In der Umsetzung bedeutet
das, mit Hilfe des Designs der Site den Charakter des Fahrzeugs und den Spaß abseits
der Straße zu kommunizieren. Dies gelingt
der Site optimal: Braun- und Grüntöne und
verwaschene Headline-Schriften unterstreichen zusammen mit emotionalen Bildern den
Offroad-Charakter der Marke. Wer ein solches
Fahrzeug fährt, verliert nicht viele Worte und
erwartet auch von der Website eine einfache,
aber klare Struktur.

Abbildung 13 ▶

www.bmw.de: BMW gelingt mit den
Webseiten die Transformation der klas-
sischen Markenwerte und des Corporate
Designs in das neue Medium.

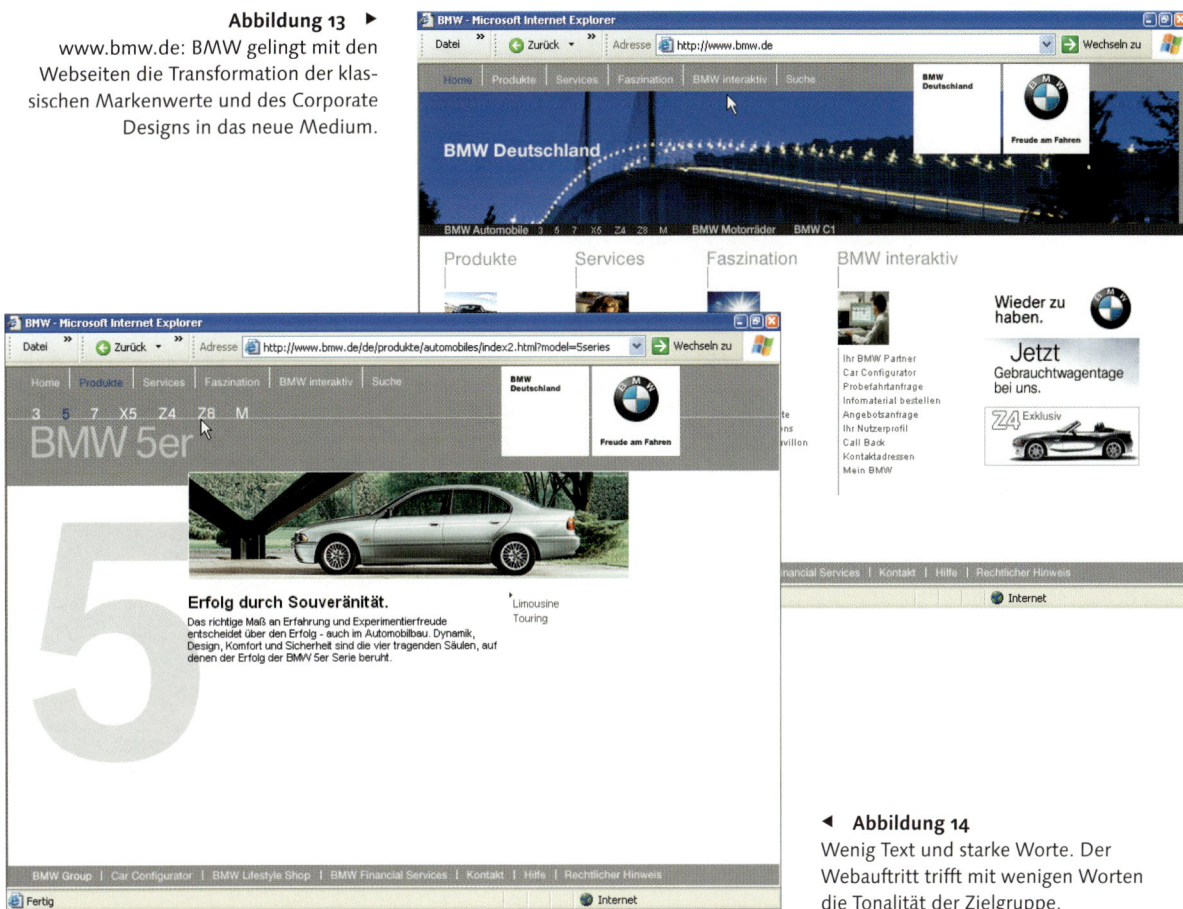

◀ **Abbildung 14**
Wenig Text und starke Worte. Der
Webauftritt trifft mit wenigen Worten
die Tonalität der Zielgruppe.

BMW

Als Schwabe aus dem Großraum Stuttgart hat man mehr als ein Problem mit der bayrischen Automarke, als kosmopolitischer Designer sicher nicht. Die Webseiten folgen einem Konzept des Markentransfers (Abbildung 13 und 14). Der Betrachter fühlt sich sofort zu Hause, erkennt die Bildwelten, die Farben, Schriften und damit alle emotionalen Werte, die sich ins Web übertragen lassen. Zusätzlich wird mit technischen Erklärungen und interaktiven Inhalten Mehrwert angeboten, der die techni-

sche Kompetenz des Herstellers unterstreicht. Gut gelöst, trotz umfangreicher Inhalte kann man an beinahe jeder Stelle der Site auf die eigentlichen Produkte zugreifen.

Kleines Manko der Seiten: Die Ladezeiten sind teilweise aufgrund der Bilder und der in manchen Teilen umfangreichen interaktiven Elemente sehr hoch. Zudem kommt man an einigen Stellen ohne aktivierte Cookies nicht weiter. Das ist prinzipiell nicht tragisch, allerdings sollte man vom System darüber informiert werden.

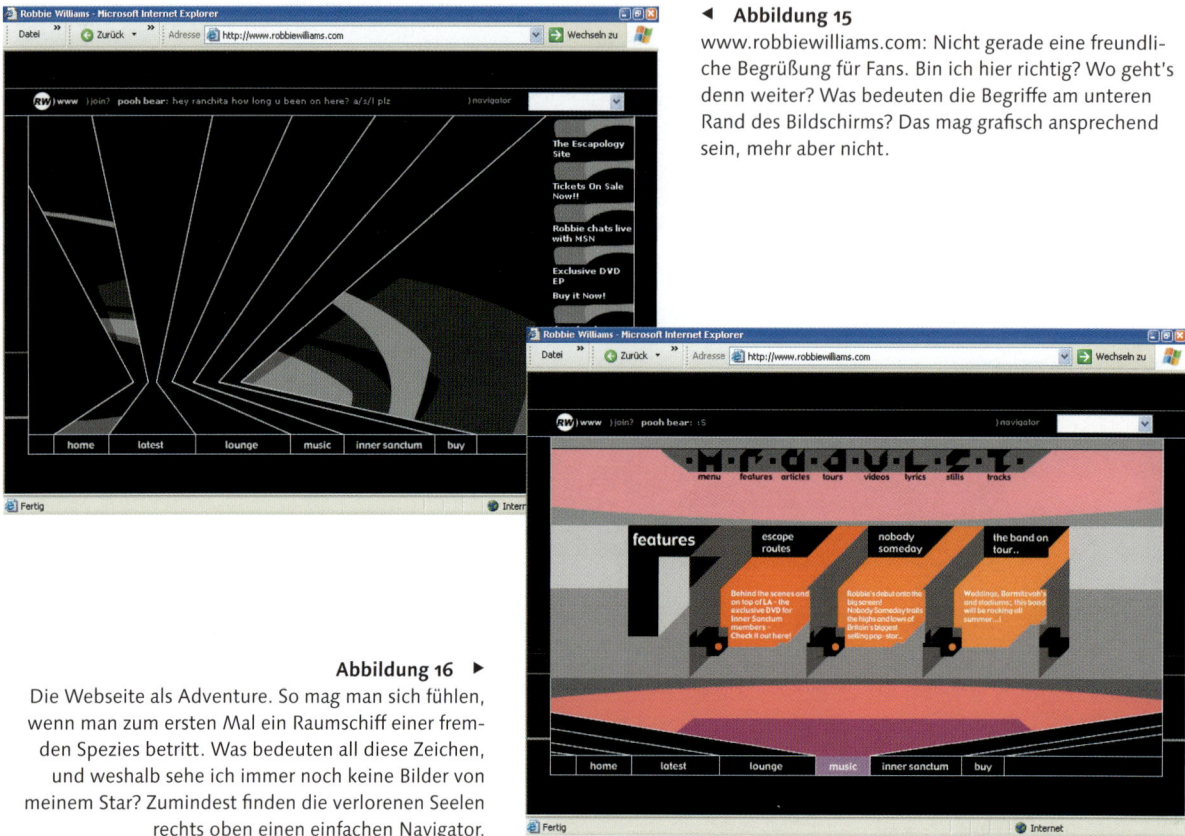

◀ **Abbildung 15**
www.robbiewilliams.com: Nicht gerade eine freundliche Begrüßung für Fans. Bin ich hier richtig? Wo geht's denn weiter? Was bedeuten die Begriffe am unteren Rand des Bildschirms? Das mag grafisch ansprechend sein, mehr aber nicht.

Abbildung 16 ▶
Die Webseite als Adventure. So mag man sich fühlen, wenn man zum ersten Mal ein Raumschiff einer fremden Spezies betritt. Was bedeuten all diese Zeichen, und weshalb sehe ich immer noch keine Bilder von meinem Star? Zumindest finden die verlorenen Seelen rechts oben einen einfachen Navigator.

Robbie Williams

Nun zu einer ganz anderen Sorte Webseite und der Frage nach dem Konzept hinter Seiten aus der Unterhaltungsbranche (Abbildung 15 und 16). Ich habe das folgende Beispiel ausgesucht, weil ich es trotz aller visueller Raffinessen für nicht gelungen halte. Die Seiten von Robbie Williams sind eine Sache nur für hart gesottene Fans, normale Anwender werden sich sicherlich nicht die Mühe machen und versuchen, hinter das Konzept der Navigation und Gestaltung der Site zu gelangen.

Wie könnte das Konzept lauten? »Wir machen die coolste Musikseite, die man für einen Typen wie Robbie machen kann. Wem das nicht passt, kann sich ja die Seiten von U2 anschauen.« So dürfte das Big Picture der Seiten sein. Leider war das auch alles, was an Konzept entwickelt wurde.

Das Bedienkonzept fehlt meiner Ansicht nach völlig, ebenso eine Analogie zum sehr klaren Offline-Design des Künstlers. Die Webseite steht als eigenständige Lösung im Netz, und der Anwender trifft ohne jede Vorwarnung auf sie. Selbst nach mehreren Besuchen klicke ich immer wieder ziellos in der Gegend herum und verliere schnell den Überblick.

Abbildung 17 ▶

Wer den Heineken-Club tagsüber betritt, findet eine Chillout-Atmosphäre vor, die Angebote sind aber dieselben und per Klick auf die Personen oder die Navigation am unteren Bildschirmrand abrufbar.

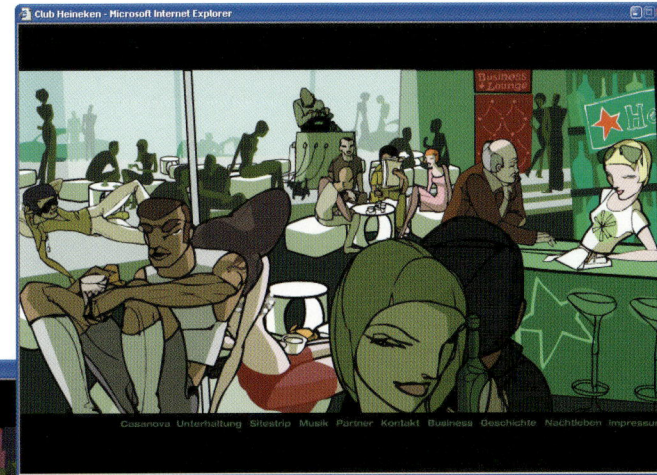

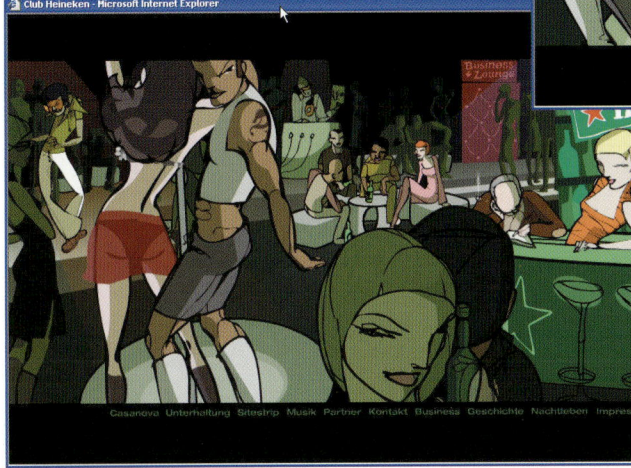

◀ **Abbildung 18**

Derselbe Club nach Einbruch der Dunkelheit. Dieselben Menschen, aber weniger gelangweilt. Eine schöne Idee, die den Clubgedanken unterstreicht und damit richtig »cool« ist.

Heineken – Microsite

Dass man es anders machen kann und trotzdem nicht langweilig sein muss, zeigt die Microsite der Biermarke Heineken. Auch hier war das Konzept sicherlich: »Cool sein und Bier trinken, Mehrwert über Informationen und witzige interaktive Anwendungen.« Neben Informationen über aktuelle Events findet man unter anderem einen Tanz-Simulator, ein DJ-Pult und eine Flirtschule. Obwohl hier alle Regeln über Bord geworfen wurden, erkennt man die Marke allein schon an der Farbgebung, und cool ist das Ganze ungemein.

Einziges Manko, das man an dieser Stelle anführen konnte, ist die Navigation am unteren Bildschirmrand, die dort nicht unbedingt leicht zu finden ist. Sie wurde wohl aber mit Rücksicht auf den Besucher, der sich mit dem ungewohnten Bedienprinzip nicht zurechtfindet, integriert. Zudem ließe sich vortrefflich darüber streiten, ob der Inhalt ein ausreichender Ersatz für die Ladezeit ist.

Technisches Konzept

Das technische Konzept beschreibt die Entwicklungsumgebung, die eingesetzten Server- und Datenbanktools und die Programmierung und den Ablauf jeder einzelnen Funktion der Site. Glücklicherweise sind Sie als Designer hier außen vor, weswegen ich auch nicht im Detail auf das technische Konzept eingehen möchte.

Zeitplan

»Unmögliches wird sofort erledigt, Wunder dauern 24 Stunden!« Der Zeitplan gehört in die Zuständigkeit der Projektmanagements, hier haben Sie als Designer auch nur ein begrenztes Mitspracherecht. Wichtig bei der Erstellung eines Zeitplans ist der Faktor »Realität«. Auch wenn es banal klingt, werden viele Zeitpläne nach dem Motto »gebet dem König, was des Königs gebietet« entwickelt und sind nur mit Hilfe massiver Nachtschichten realisierbar.

Hierzu ein Beispiel. Ihr Kunde möchte gerne an Weihnachten online gehen. Sie erklären ihm voller Freude, das wäre kein Problem, weil Sie nach dem vorliegenden Zeitplan bereits am 30. Oktober mit allen Arbeiten fertig sind. Wie das Leben so spielt, schaffen Sie es aber nicht und gehen erst am 15. Dezember online. Ef-

fekt? Der Kunde geht zwar rechtzeitig online, ist aber ziemlich sauer, weil Sie den Plan eineinhalb Monate überzogen haben. Sagen Sie dem Kunden aber, mit der richtigen Planung wäre es möglich, bereits am 20. Dezember mit allen Arbeiten fertig zu sein (obwohl Sie insgeheim vom 30. Oktober ausgehen), wird er am 15.12. mit Ihnen anstoßen und Ihnen ewig dankbar sein, weil alles so super geklappt hat.

Planen Sie zudem genügend Pufferzeit ein, weil nicht nur Sie den Zeitplan nicht einhalten, sondern auch der Kunde regelmäßig und deutlich alle gesetzten Termine überzieht.

Risiko- und Problemanalyse

Auch dieses Thema liegt in den Händen des Projektmanagements. Probleme und Risiken im Vorfeld zu sehen hilft nicht immer, sie zu vermeiden, man ist aber darauf vorbereitet und kann Alternativen planen. Wenn ein Risikofaktor erkannt ist, werden die möglichen Konsequenzen aufgelistet und mit dem Kunden abgesprochen. Mögliche Risiken treten beispielsweise durch Datenbanken auf, die verwendet werden sollen, deren Inhalt bei der Planung aber noch nicht bekannt ist. Ein Problem kann die Überarbeitung von Texten werden, wenn die zuständigen Mitarbeiter nicht die notwendige Zeit zur Überarbeitung haben.

Getretener Quark wird breit, nicht stark!
Was haben Webdesign und Konzeption mit Goethe zu tun? Konzepte werden nicht besser, nur weil sie 200 Seiten haben. Das gilt in Grenzen für die Informationsarchitektur, aber sicher für eine gute Idee. Versuchen Sie deshalb eine Idee so knapp wie möglich zu

formulieren. Wenn Sie hierfür mehr als eine DIN A4-Seite benötigen, sollten Sie sich kürzer fassen. Demzufolge werde ich dieses Kapitel beschließen und im nächsten ausführlich das spannende Thema der Informationsarchitektur beleuchten.

Für Ihre Notizen

Informationsarchitektur

Beschreibung von Struktur und Aufbau

Wir wissen genau, was wir auf unserer Webseite zeigen möchten, jedenfalls denken wir das – oder vielleicht auch nicht. Wo Kreativität endet, beginnt die Struktur, und umgekehrt. Beim Webdesign müssen beide Seelen in der Brust des Designers miteinander harmonieren.

SIND WEBDESIGNER INFORMATIONSARCHITEKTEN oder umgekehrt? Bisweilen verliert man sich in den unzähligen Begriffen, die uns die New Economy im wöchentlichen Wechsel in den letzten Jahren beschert hat. War man an einem Tag noch »Junior Content Contributor«, konnte man am nächsten schon »Assistent Director Information Structuring« oder »Chief of Information Architecture« sein. Heute dagegen sind viele der damaligen Direktoren froh, wenn sie überhaupt noch einen Job haben – kein Problem, das wir in diesem Kapitel lösen können.

Im Folgenden geht es vielmehr um den Begriff Informationsarchitektur, wie ich ihn verstehe, zuerst in der Definition und anschließend an praktischen Beispielen illustriert.

Was ist Informationsarchitektur?

Die Informationsarchitektur einer Site beschreibt die Struktur und den Aufbau einer Website, erfasst dabei sowohl die verschiedenen Seitentypen, das Navigationskonzept als auch detailliert die tatsächliche Navigation und die Inhalte. Dabei werden alle Seiten – sofern nicht redundant – inhaltlich erfasst und aufgeführt.

Es geht nicht um die Zusammenstellung der tatsächlichen Inhalte, sondern die Definition von Inhaltstypen und ihre Abfolge auf der Seite. Abhängig von der technischen Plattform der späteren Umsetzung legt die Informationsarchitektur zusätzlich fest, welche Seiten statisch oder dynamisch erzeugt und welche Seitenvorlagen hierfür benötigt werden. Eine optimal ausgearbeitete Informationsarchitektur ist ein exaktes Abbild der späteren Site, allerdings ohne schmückendes Beiwerk, wie beispielsweise Design, Bilder oder Texte. Teil der Informationsarchitektur ist auch das Design, dem ich aber ein eigenes umfangreiches Kapitel widme (siehe Seite 86, »Das Design«).

Sie halten damit den Plan Ihrer Site inklusive der Statik in Händen. Wie im richtigen Leben müssen Sie das Haus anschließend »nur« noch bauen respektive die Seiten umsetzen.

Wozu dient die Informationsarchitektur?

Wie zuvor aufgezeigt, gibt die ausgearbeitete Informationsarchitektur alle Teile der Site wieder und dient damit für alle Projektbeteiligten als Hauptbauplan. Während der Erstellung der Informationsarchitektur werden alle relevanten

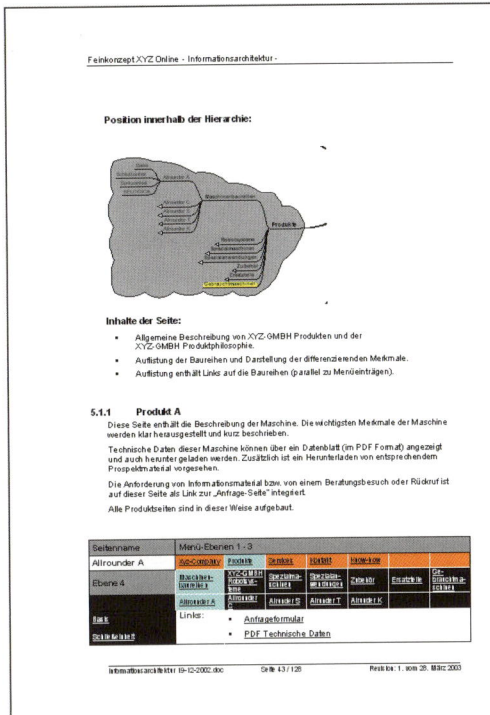
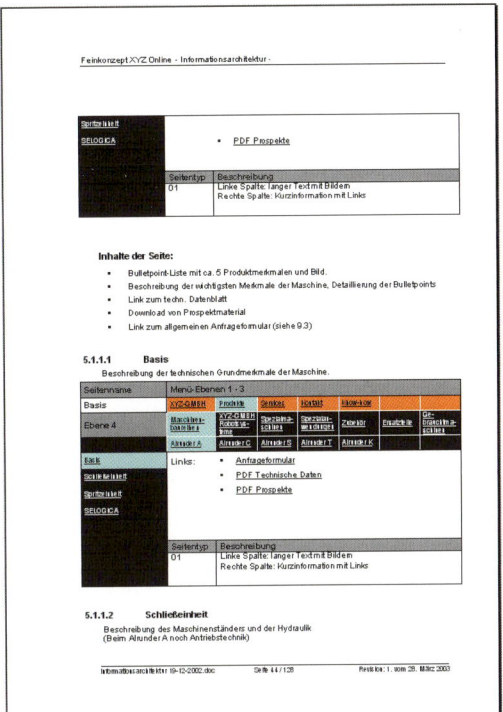

▲ **Abbildung 1**
Der Bauplan für die Webseite. Die Informationsarchitektur bringt Ordnung ins Chaos und schafft die Basis fürs Design.

Daten über die späteren Inhalte, deren Anordnung innerhalb und auf den Seiten, das Verhältnis der Information und der Seiten zueinander, die Abstraktionsebenen, die Tiefe der Information und nicht zuletzt die Seitenstruktur und die Navigation im Detail festgelegt. Nun gilt es nur noch in der richtigen Reihenfolge mit den Arbeiten zu beginnen.

Der Designer hat nun alle relevanten Daten gesammelt, um das Design der Seite im Detail zu entwickeln. Sicherlich macht man sich bereits im Vorfeld Gedanken über einen groben Aufbau der Seiten, alle Eventualitäten lassen

sich aber erst jetzt erfassen und umsetzen. Da die Struktur der Information definiert ist, können die weiteren Schritte ohne den noch zu erstellenden Inhalt erfolgen. Nur wenn alle Daten richtig gesammelt wurden, hat der Webdesigner alle relevanten Informationen, die er für die Ausgestaltung der Seiten und die Erstellung eines Design-Guide benötigt.

Der Kunde weiß nun, welche Daten für die Umsetzung benötigt werden, und kann darauf basierend mit der Erstellung der Inhalte, weitgehend unabhängig vom Stand der technischen Umsetzung, beginnen. Er weiß an dieser Stelle endlich detailliert, welcher Aufwand tatsächlich in der Realisierung des Projektes steckt.

Die Technik weiß nun, welche Inhalte in welcher Form und Menge umgesetzt werden müssen, und kann aufbauend auf diesen Ergebnissen das technische Konzept verfeinern. Sicherlich werden bereits im Vorfeld Entscheidungen über grundlegende Techniken oder Programme getroffen, diese fließen nun über die Informationsarchitektur zurück und werden damit auf ihre Richtigkeit überprüft. Damit ist auch klar, dass die Informationsarchitektur nichts mit Technik im engen Sinn zu tun hat, technisches Konzept und Informationsarchitektur aber in einem engen Verhältnis stehen.

Die Projektleitung kann endlich mit den Planungen für die Umsetzung beginnen, Kostenpläne zusammenstellen und Meilensteine der Realisierung festlegen.

Alle Projektbeteiligten haben mit der Informationsarchitektur die Möglichkeit, den Stand der Realisierung der Seiten zu überprüfen.

Es ist z.B. auch möglich, aus der Informationsarchitektur ein Word-Dokument zu entwickeln, auf Basis dessen alle Beteiligten den Inhalt erarbeiten und den aktuellen Stand der Realisierung ersehen konnten.

Die Phasen der Informationsarchitektur

Struktur beginnt dort, wo Kreativität endet. Am Anfang einer Informationsarchitektur steht aber immer noch Kreativität, gefolgt von einigen Phasen Fleiß, wie im Folgenden gezeigt wird. Drei Phasen lassen sich bei der Informationsarchitektur unterscheiden:

▶ Phase 1: Definition von Inhalt und Struktur
▶ Phase 2: Definition von Navigation und Seitentypen sowie Inhaltsbeschreibung
▶ Phase 3: Umsetzung und regelmäßige Aktualisierung

Phase 1: Definition von Inhalt und Struktur mittels Mindmaps

Ein klassisches Mittel bei der Ideenfindung in Brainstorming-Sitzungen sind so genannte Assoziationsketten oder auch »Mindmaps«. Diese Technik zur Strukturierung kreativ-chaotischer Gedanken bildet auch die Basis bei der Entwicklung der Informationsarchitektur. Was früher mühsam auf einem Flipchart stattfand, wird heute am Rechner erstellt. Die Strukturen lassen sich auf diese Weise Stück für Stück optimieren, nicht benötigte Teile werden einfach ausgeblendet und abgeschlossene Themenbereiche in eigenen Maps ausgegliedert. Einmal gefundene Ergebnisse lassen sich so auch in anderen Projekten wieder verwenden. Der große Vorteil digitaler Mindmaps liegt aber in der Übergabe der Daten in andere Programme, beispielsweise Word oder PowerPoint.

Von der Idee zur Architektur – ein einfaches Beispiel für eine Mindmap

1. Chaosphase

Zuerst erfassen wir alle Elemente, die uns zum Thema »Unsere Website« in den Kopf kommen. Die verschiedenen Zweige zeigen die Abhängigkeiten der Begriffe und entsprechen später dem Navigationspfad.

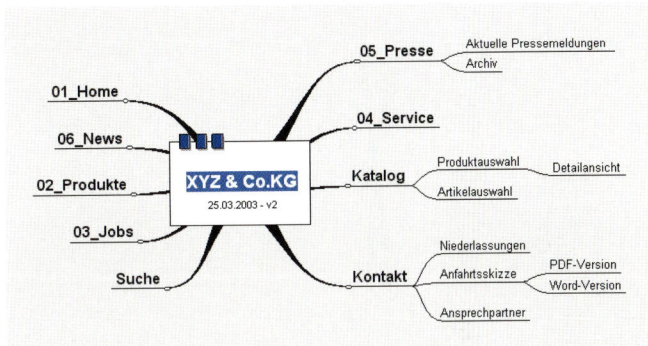

2. Ordnungsphase

Nach dem »Brainstorming« bringen wir Ordnung ins Chaos und ordnen die Begriffe auf den verschiedenen Zweigen logisch und strukturiert an. Jeder Zweig entspricht einem Themenbereich der Website, und idealerweise sitzen alle Elemente einer Navigationsebene auch auf einer Ebene in der Mindmap.

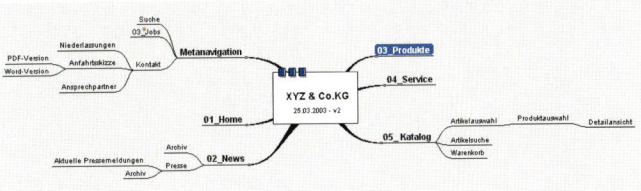

3. Ausbauphase

Auf die Kreativität folgt nun die wenig spannende, aber notwendige Fleißarbeit, fehlende Teile zu ergänzen, beispielsweise das Einordnen des Produktspektrums in die Mindmap. Nehmen Sie sich die Zeit (oder geben Sie diese einer weniger kreativen, aber zuverlässigeren Person), Sie schaffen mit der Mindmap die Grundlage aller folgenden Arbeiten.

4. Optimierungsphase

Abschließend geht der Kunde die Daten durch und macht seine Anmerkungen und Änderungen. Machen Sie Ihrem Kunden klar, welche Bedeutung die Mindmap hat und weshalb der notwendige Aufwand sich anschließend auszahlt.

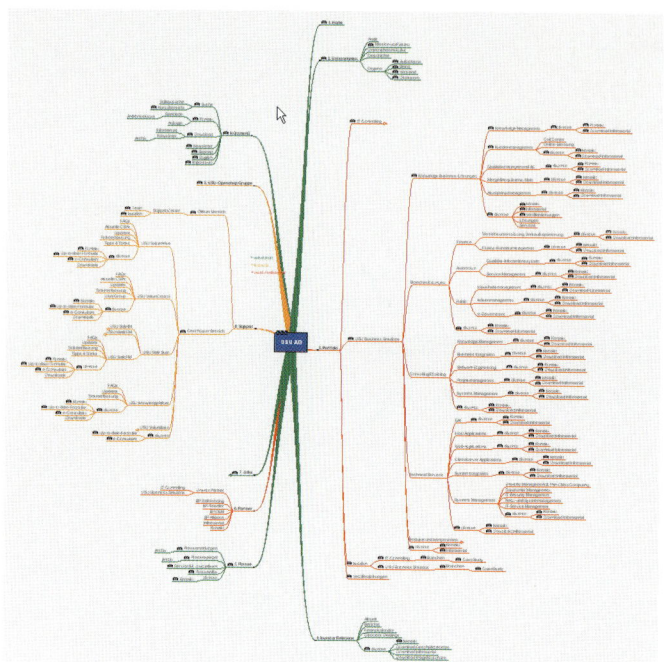

In der nebenstehenden Abbildung beeindruckt die Mindmap wie so oft schon durch ihre Größe. Hier das Beispiel einer durchschnittlichen Corporate Site aus dem IT-Bereich. Die Farben stehen für die verschiedenen Realisierungsstufen. Für bessere Übersichtlichkeit lassen sich auch Teile der Struktur ausblenden.

Nach der Freigabe der Mindmap folgt der nächste, relativ »trockene« Schritt, das Füllen der leeren Inhalte in Phase 2.

Phase 2: Definition von Navigation und Seitentypen sowie Inhaltsbeschreibung

Hat man in der ersten Phase die Inhalte und die Struktur der Site identifiziert, gilt es diese mit einer Inhaltsbeschreibung anzureichern. Vorher muss aber die Seitenaufteilung und die Navigation definiert werden. Ohne das Design der Seite vorwegzunehmen, findet sich hier bereits die Art und Anordnung der Navigation und die Aufteilung der Seiten in unterschiedliche Inhaltsbereiche. Zusätzlich legen Sie die

Nur die Beschreibung bitte!

Im Bezug auf den Inhalt werden in dieser Phase keine konkreten Texte geschrieben, sondern lediglich die Art festgelegt, beispielsweise: »Hier steht ein Text über die Geschichte des Unternehmens.«

Zahl und Art der Seitentypen fest. Dies ist ein wichtiger Punkt für die spätere Entwurfsphase, weil Sie damit abschätzen können, wie viele verschiedene exemplarische Seiten benötigt werden (Abbildung 2).

Anschließend werden die Inhalte der Seiten detailliert erfasst, die Position der Seiten innerhalb der Mindmap und die Querverbindungen zu anderen Teilen der Site oder externe Links.

Übrigens: Was sich in einem Satz zusammenfassen lässt, dauert oft am längsten! Wie auch hier. Diese Arbeit kann der Designer (glücklicherweise!) nur in begrenztem Umfang leisten, hier wird sehr viel Fachwissen von Seiten des Kunden benötigt – eine Tatsache, die auch deutlich macht, wie schwierig und umfangreich diese Phase bei größeren Auftritten werden kann. Denkbar ist eine Aufteilung in aufeinander folgende Phasen. Diese Art sei

Seitenname	Menü-Ebenen 1 - 3						
Basis	XYZ-GMBH	Produkte	Services	Kontakt	Know-how		
Ebene 4	Maschinen-baureihen	XYZ-GMBH Robotvsysteme	Spezialma-schinen	Spezialan-wendungen	Zubehör	Ersatzteile	Ge-brauchtma-schinen
	Alrunder A	Alrunder C	Alrunder S	Alrunder T	Alrunder K		

Basis	Links:	• Anfrageformular
Schließeinheit		• PDF Technische Daten
Spritzeinheit		• PDF Prospekte

Seitentyp	Beschreibung
01	Linke Spalte: langer Text mit Bildern Rechte Spalte: Kurzinformation mit Links

◄ **Abbildung 2**
Eine Struktur der Seite. Man sieht noch kein Design, hat aber bereits jetzt schon eine genaue Beschreibung der Navigation, des Inhalts und des Aufbaus der Seite.

aber mit Vorsicht zu genießen, weil hierbei gerne entscheidende Inhalte vergessen werden, die dann zusätzlichen Änderungsaufwand in allen Projektgruppen erfordern.

Das beste Beispiel hierfür ist das Thema Internationalisierung bei global agierenden Unternehmen. Diese wird gerne auf die Phase nach dem Launch der deutschen Version verschoben, nur um dann festzustellen, dass es weder eine Lösung für die Adresse der internationalen Seite noch einen Weg von dort auf die Landesseiten respektive zurück gibt.

Ein weiterer Teil der Informationsarchitektur besteht aus der Darstellung der häufigsten **Wege eines Besuchers** durch die Daten, beispielsweise die verschiedenen Wege zum Kontaktformular oder die Verknüpfung einer Bestellseite innerhalb verschiedener Detaillierungsstufen eines Shops.

Phase 3: Umsetzung und regelmäßige Aktualisierung

Ist die Informationsarchitektur vom Kunden abgenommen, fängt die Arbeit eigentlich erst richtig an, und die Projektteilnehmer wissen konkret, was zu tun ist.

Die Erfahrung zeigt jedoch, dass die Beschreibung der Architektur ein lebendes

Keine halben Sachen
Vergessen Sie nicht, dass Sie mit dem Entwurf der Struktur bereits eine Aussage über das spätere Design machen – zumindest in den Augen des Kunden. Änderungen müssen gut begründet werden, da sie sich auf alle Seiten auswirken. Nehmen Sie sich also die entsprechende Zeit, und spielen Sie verschiedene Lösungen anhand der Mindmap auf ihre Logik und Bedienbarkeit durch.

Zu jeder Regel gibt es eine Ausnahme, so auch hier: Es liegt in der Entscheidung des Projektmanagers und des Designers, schon in früheren Phasen weitgehend endgültige Entwürfe und Ideen zu präsentieren; das kann gut gehen, muss aber nicht.

Abbildung 3 ▶
Viele Wege führen auf einer Seite oft zu einem Ziel. Hier kann man sehen, welche Wege den Kunden zum Produkt führen. Wichtig vor allem, wenn man innerhalb dynamischer Systeme redundante Datenhaltung vermeiden möchte.

11.6 Kunde sucht Produkt

Home	Produkte			
		Maschinenbaureihen		
			Alrunder	
				Basis
				Spritzeinheit
				Schließeinheit
		Systeme		
				INTEGRAL H
				INTEGRAL V
				MULTI H
				MULTI V
		Spezialmaschinen		
			Mehrkomponenten	
				2-Komponenten
				3-Komponenten
				4-Komponenten
			Optical Systeme	
				VeryDISC
				Know-how
		Spezialanwendungen		
			Anwendung A	
			KFR	
				Maschinentechnik
			Durolas	
				Maschinentechnik
		Zubehör		
			Produktionsptimierung	
				COPYLOGGER
				BST
	Sitemap			
	Suche			
		Suchergebnis		
				Produktdetails

Dokument ist, das in regelmäßigen Abständen aktualisiert werden muss. Ähnlich wie beispielsweise beim Schreiben einer Dokumentationen fügt man einen zusätzlichen Statusbalken vor jeder Seite ein, in dem Verantwortlichkeiten und Zustand erfasst werden Eine entsprechende Versiertheit und genügend Disziplin vorausgesetzt, wird dieses Dokument zum wichtigsten Informationsträger in kleinen bis mittleren Projekten.

Als Designer können Sie nun endlich an die eigentliche Arbeit gehen. Und darum geht's im nächsten Kapitel.

Kleiner Exkurs: Mindmaps erstellen mit Mindjet MindManager

Wie bereits erwähnt, ist es für einen kreativen Menschen anstrengend, seine Gedanken zu ordnen und für andere greifbar zu machen. Wenn er dies nicht gerne tut, sollte es zumindest keine umständliche Angelegenheit sein, schließlich ist die Erstellung von Mindmaps und der Ausbau zur Informationsarchitektur ein wichtiger Teil der Arbeit. Ich kenne nur wenige Kollegen, die hierfür die richtigen Programme einsetzen.

Deshalb gehe ich im Folgenden beispielhaft auf das Programm ein, das ich verwende: Mindjet MindManager. Es bietet vielfältige

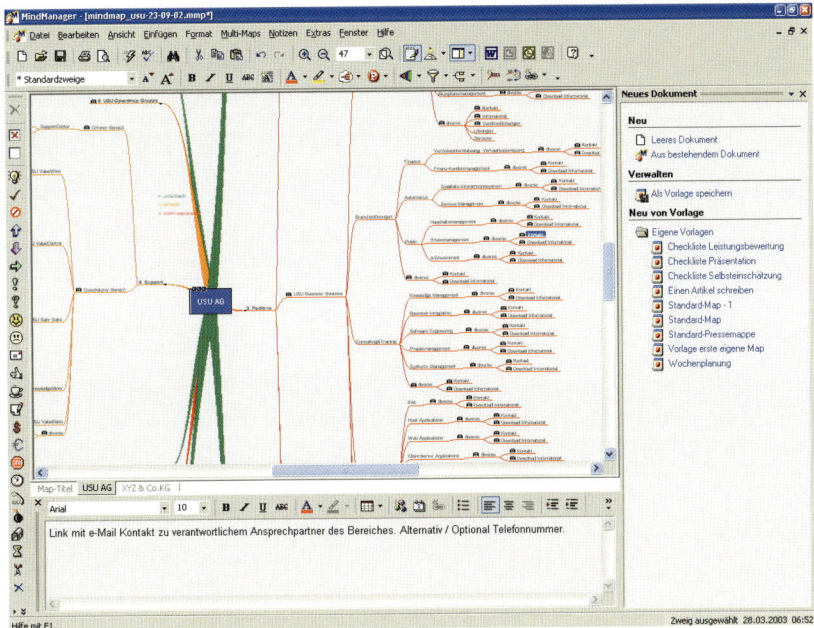

◄ **Abbildung 4**
Noch ein Tool? Auf den ersten
Blick sicherlich gewöhnungsbe-
dürftig, nach der Einarbeitung
aber unverzichtbares Tool für
Kreative: Mindjet MindManager.

Möglichkeiten, schnell Ordnung in unstruktu-
rierte Ideen zu bringen und diese übersichtlich
darzustellen. So eignet es sich nicht nur für
die Erstellung der Informationsarchitektur, ich
setze MindManager zwischenzeitlich auch zur
Projektplanung und Strukturierung interner
Abläufe ein. Mehr unbezahlte Werbung will
ich an dieser Stelle aber nicht machen: Eine
kostenlose 21-Tage-Testversion finden Sie unter
www.mindjet.de.

Nachdem Sie MindManager gestartet
haben, beginnen Sie direkt mit der Eingabe der
Daten. Es ist nicht wichtig, hierbei schon eine
endgültige Struktur zu definieren, geben Sie
einfach die Daten ein, die Ihnen in den Kopf
kommen. Verknüpfen Sie zusammenhängende
Daten zu einem Baum.

Sicherlich ist es toll, die eigenen Daten
so einfach zu strukturieren, leider muss anschließend ein armer Content-Manager mit
dem Befüllen der Struktur beginnen, um eine
klare Inhaltsbeschreibung zu erhalten. Ohne
die werden Sie es nicht schaffen, ihren Inhalt
einfach und schnell zu sichten und zu erfassen,
geschweige rechtzeitig ins Netz zu bringen.

MindManager hilft Ihnen hier mit einem
»einfachen« Export der Struktur in eine Word-
Datei, die direkt mit Inhalten gefüllt werden
kann. Es ist sicher nicht das einzige Programm
auf dem Markt, beispielsweise kann man
Mindmaps auch mit Visio von Microsoft oder
einem reinen Grafikprogramm erstellen, allerdings nicht so komfortabel und schnell.

Wie man innerhalb weniger Schritte von einer groben Idee zu einer Struktur kommt, zeige ich im folgenden Beispiel.

1. Ideen eingeben

Wir entwickeln eine einfache Webseite für ein Unternehmen aus der IT-Branche. Hierfür öffnen wir Mindmanager und geben alle Begriffe ein, die wir mit dem Thema assoziieren. Bestehen zwischen den Begriffen Verbindungen, setzen wir sie auf einen Ast.

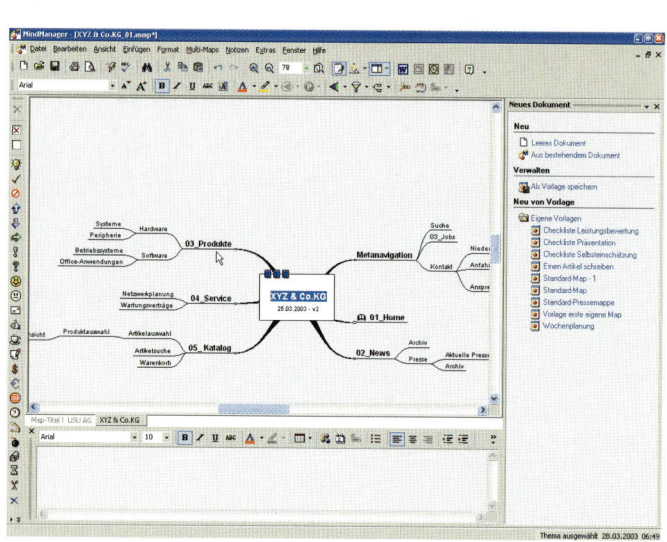

2. Ideen ordnen

Nachdem wir alle Informationen eingegeben haben, ordnen wir diese. Hierbei sollte man auf die richtige Reihenfolge achten und eine zusätzliche Nummerierung einfügen, die wir in der späteren Bearbeitung nutzen.

3. Details ergänzen

Ist die Struktur geordnet, geben wir zu den einzelnen Punkten auf den Zweigen noch Informationen über den Inhalt ein. Dies können wir auch im nächsten Schritt im Word-Dokument erledigen, die zusätzlichen Informationen machen die Struktur aber für den durchschnittlichen Betrachter verständlich.

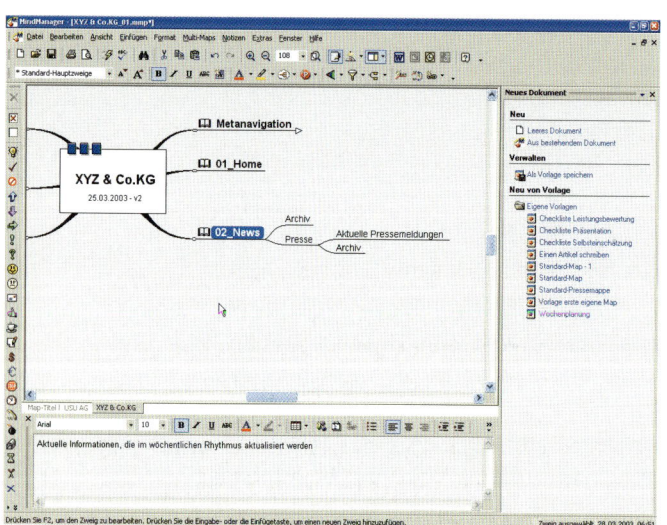

4. Kunden einbinden

Zur Überprüfung schicken wir die Datei an den Kunden, der diese mit dem kostenlosen Reader öffnen kann. Zur Bearbeitung benötigt er aber eine Vollversion der Software.

5. Export

Ist der Inhalt freigegeben, exportieren wir die Mindmap per Knopfdruck in eine Word-Datei. Diese ist bereits gegliedert und entsprechend formatiert, so dass direkt mit der Erfassung der eigentlichen Inhalte begonnen werden kann.

Das Design wird übrigens vom Programm vorgegeben (auch wenn man auswählen kann).

Alternativ können wir die Struktur einer ersten Überprüfung unterziehen. Wir exportieren sie im HTML-Format als vollständige Website und überprüfen am Ergebnis, ob die Struktur logisch und durchdacht ist. Es gibt eigentlich keinen besseren Weg, Fehler und Probleme schon in einer frühen Projektphase zu entdecken.

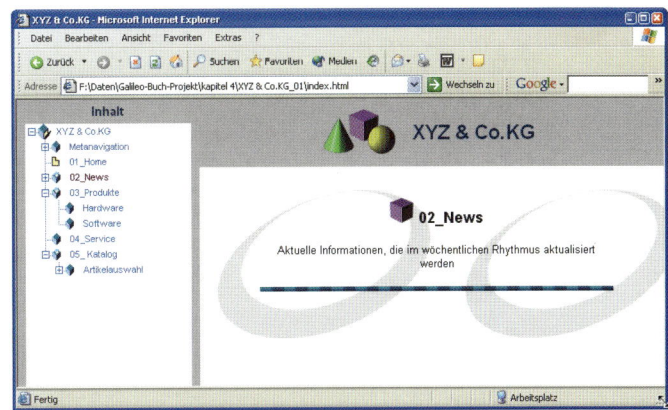

Exkurs: Die Änderungsdokumentation

Als ich vor kurzem in einem Workshop saß, dessen Inhalt die Freigabe des Feinkonzeptes war, musste sich die Projektleitung vom IT-Leiter den sicherlich richtigen Satz anhören: »Unser Vorstand prüft ein Dokument mit 250 Seiten nur einmal. Ich habe es mir jetzt schon zweimal durchgelesen und auch keine Lust mehr, das Ganze nun noch mal zu lesen, nur weil Sie 20 Änderungen eingefügt haben.«

Moderne Textverarbeitungsprogramme verfügen für diesen Fall über eine lebensrettende Funktion beim Abgleich umfangreicher Inhalte: die so genannte Änderungsdokumentation.

Sicherlich nicht weltbewegend neu, aber von vielen nicht bemerkt, bieten Microsoft Word, OpenOffice und Co. die Möglichkeit,

Änderungen an einem Dokument hervorzuheben, manchmal auch in Abhängigkeit vom Autor. Hat man sich an die Darstellung gewöhnt, kann man mit diesen Funktionen auch die dicksten Dokumente gezielt bearbeiten.

Wichtig ist hierbei, dass nur eine Version des Dokuments existiert – sonst wird die Angelegenheit ein wenig komplizierter, und zusätzliche Tools für die korrekte Versionsverwaltung werden angeschafft.

Eine preiswerte und einfache Variante ist die zentrale Ablage eines Dokuments in einem gemeinsamen Verzeichnis, womit in den meisten Fällen eine doppelte Bearbeitung ausgeschlossen ist.

Abbildung 5 ▶
Erinnert den einen oder anderen vielleicht an die
Schulzeit: eine Informationsarchitektur (noch ohne
Strukturdarstellung) mit Anmerkungen und Ände-
rungen verschiedener Bearbeiter

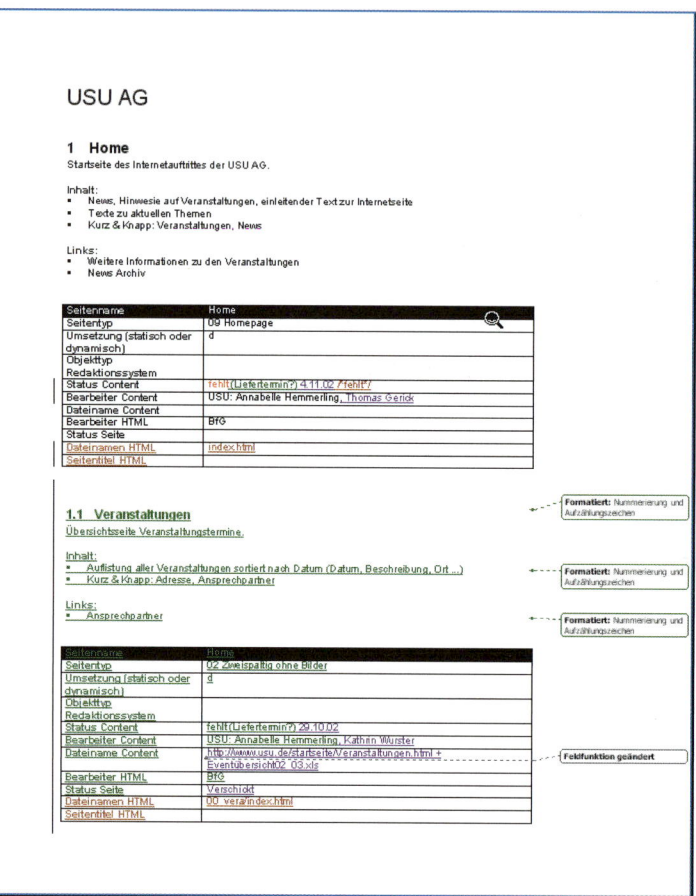

Informationsarchitektur light

Aus den verschiedensten Gründen macht die
Erstellung einer umfangreichen Informationsarchitektur nicht immer Sinn. Oft reichen
weder Zeit noch Etat aus, oder es ist einfach
nicht notwendig, weil nur ein überschauba-
rer Umfang zu entwickeln ist. Ich erstelle in
einem solchen Fall die »Informationsarchitektur light«, auch Anwendungskonzept genannt.

Das Anwendungskonzept ist damit eine
Untergruppe der Informationsarchitektur, da
hier nur ein Teil der Informationen dargestellt
wird. Eine entsprechende Projektstruktur und
-teilnehmer vorausgesetzt, kommt man hier
sehr zügig ans Ziel.

Das Anwendungskonzept besteht aus einer
schematischen Darstellung der für spezifische
Aktionen notwendigen Abläufe, beispielsweise

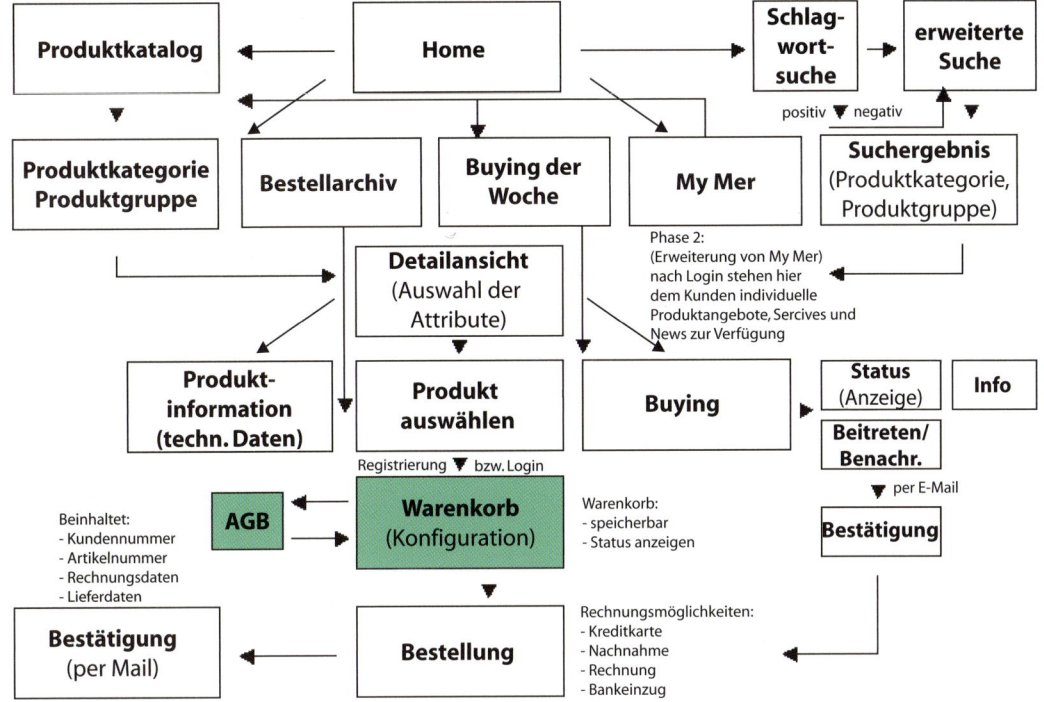

▲ Abbildung 6
Welche Wege geht der Anwender, wenn er auf der Seite etwas einkaufen möchte? Auch wenn auf den ersten Blick unübersichtlich, gibt die Grafik doch alle möglichen Wege wieder. Die grün hinterlegten Teile sind auf der nächsten Grafik ...

Auswählen eines Artikels, Ablegen im Warenkorb und Gang zur Kasse. Ergänzt werden die Schemata durch die Strukturdarstellung der Seiten, die bei der beschriebenen Aktion durchlaufen werden. Man spart hierbei eine Menge Prosa, läuft aber Gefahr, wichtige inhaltliche Details zu übersehen. Aus diesem Grund sollte man diese Technik nur verwenden, wenn man den Inhalt aus der Erfahrung heraus kennt oder bereits ähnliche Problemstellungen gelöst hat.

In einer Abwandlung dieser Vorgehensweise integriert man bereits in dieser Phase des Projekts konkrete Seitenentwürfe statt der Schemata. Obwohl aufwändiger, weil mehr Entwurfsleistung notwendig ist, hat der Kunde ohne Programmierarbeiten schon früh alle Seiten vor Augen. Freigabeprozesse können auf diese Weise drastisch abgekürzt werden; ein Vorteil bei schwierigen Kunden, die sich mit einer abstrakten Strukturdarstellung der Seite nicht anfreunden können oder gerne und oft ihre Meinung ändern.

Abbildung 7 ▶

… als reale Beispiele vorhanden.
Der Kunde erhält auch auf diese
Weise eine konkrete Darstellung der
späteren Site; bei kleinen Sites oder
bekannten Problemstellungen sicherlich ein schneller Weg zum Ziel.

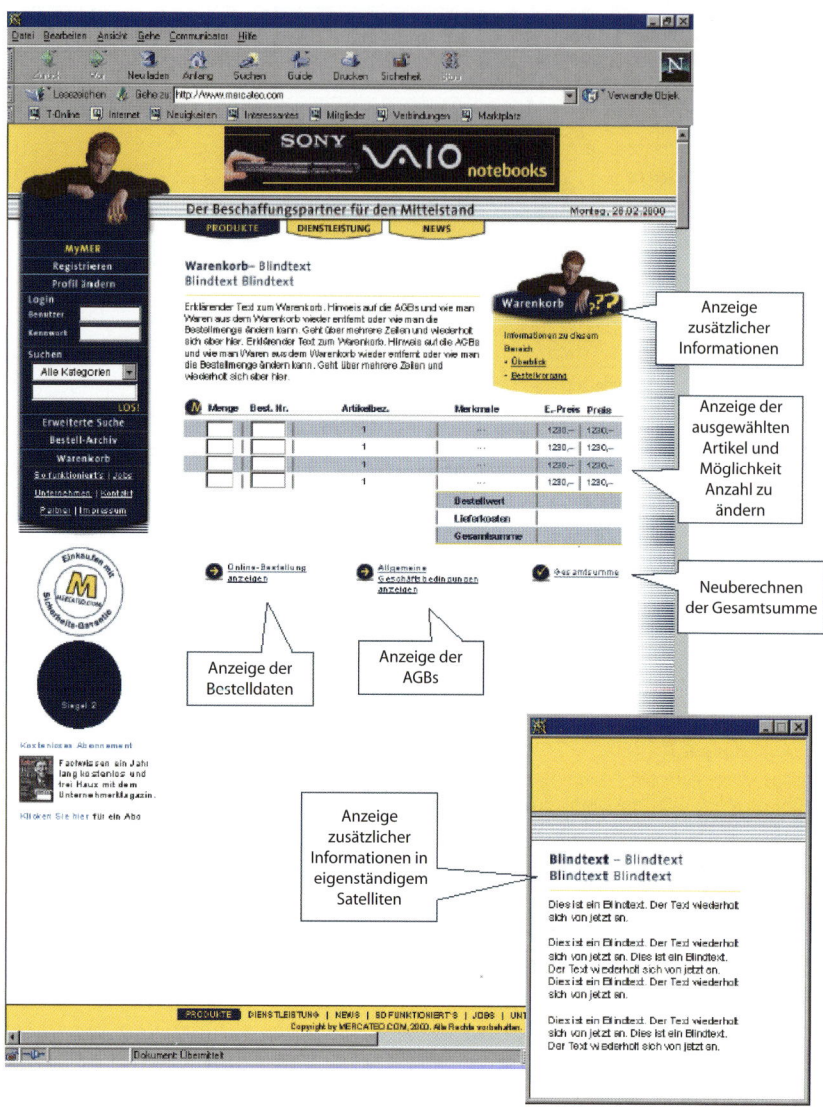

Ich nutze zur Erstellung eines Anwendungs-
konzepts PowerPoint, weil ich damit sofort
präsentationsreife Daten habe, alternativ kann
man hier auch Adobe InDesign oder Quark
XPress einsetzen.

Der Entscheider am Tisch erspart den Therapeuten

Gibt es Menschen, die noch chaotischer und weniger strukturiert arbeiten als wir Kreative? Ja – unsere Kunden.

Um diese aber schon vorweg in Schutz zu nehmen: Die Erstellung der Informationsarchitektur ist ein Knochenjob für das gesamte Team, und eigentlich macht das niemand gerne. In dieser Phase des Projektes werden so viele verschiedene Informationsquellen angezapft, abgefragt und abgestimmt wie in keiner anderen. In dieser Phase fallen die meisten und wichtigsten Entscheidungen.

Wenn Sie also nicht wie ein Karussell bei jeder Frage fünfzehn Runden drehen wollen, sorgen Sie in regelmäßigen Abständen für Entscheider am Tisch, die im Idealfall möglichst oft nicken. Dieses Nicken halten Sie anschließend in einem gemeinsamen Protokoll, untermauert mit Brief und Siegel, fest. Erst dann sind Sie vor einer erneuten Diskussion grundlegender Entscheidungen sicher – zumindest können Sie diese dann als Mehraufwand abrechnen.

Das Design

Grundsätzliches zur Gestaltung

Oder: Wie man Ideen auf den Pixel bringt

Endlich, nach all der Mühe, sich durch die Theorie zu arbeiten, können Sie mit Ihrer eigentlichen Aufgabe beginnen. Schließlich ist es das Einzige, was der Besucher nach aller Arbeit zu sehen bekommt.

NACHDEM WIR UNS DURCH DIE VORIGEN KAPITEL und alle graue Theorie und das Sammeln aller relevanten Daten gekämpft haben, müssen wir eigentlich nur noch ein paar schicke Seiten entwerfen – und fertig. Aber genau hier beginnt dann das Problem mit dem weißen Blatt Papier und der Leere im Kopf.

Wie funktioniert Design? Gibt es den einen Weg?

Ich habe mich bereits im ersten Kapitel mit den Hauptunterschieden zwischen klassischem Design und dem Entwurf von Webseiten beschäftigt (siehe Seite 14).

Vergleicht man einmal den Aufwand, der in der Gestaltung einer Broschüre mit 32 Seiten steckt, mit dem Aufwand, der in der Gestaltung einer Webpage mit 250 Seiten steckt,

zeigt sich das Problem relativ deutlich. Gerade umfangreiche Sites erfordern ein viel systematischeres Herangehen an das Design, als dies bei traditionellen Aufträgen oder kleinen Seitenumfängen der Fall ist. Nachdem wir in den vorigen Phasen die Inhalte identifiziert haben, gilt es nun, diesen eine Form, besser eine Systematik zu geben.

Eines vorneweg: Ich werde Ihnen auf den folgenden Seiten viel über Design erzählen und wie man an eine Aufgabe herangeht. Das macht aber noch keinen echten Designer aus. Nur wenn Sie die Theorie beherrschen und das Handwerk gelernt haben, werden Sie aus den Informationen der vorigen Kapitel genügend Wissen ziehen. Und am Ende dieses Kapitels finden Sie dann, kurz zusammengefasst, die zehn wichtigsten Regeln fürs Webdesign.

 Interviews

Damit nicht alles nur aus einer Feder stammt, habe ich einige Kollegen, deren Arbeit ich schätze, um ihre Lieblingsbeispiele aus der täglichen Arbeit gebeten und ihnen allen dieselben Fragen gestellt – damit die Antworten im Kontext vergleichbar sind. Die Beispiele sind lose in diese Kapitel eingeflochten. Danke noch einmal an dieser Stelle für die Unterstützung.

Scribbles, Skizzen und Entwurf

Mit was fängt man denn nun am besten an, mit der Homepage oder den Folgeseiten? Ich halte es bei Webseiten genau umgekehrt wie beim Design von Printmedien – ich fange mit der Homepage – der Titelseite – an.

Damit endet auch schon die Analogie mit dem Offline-Medium. Ist der Titel bei einer

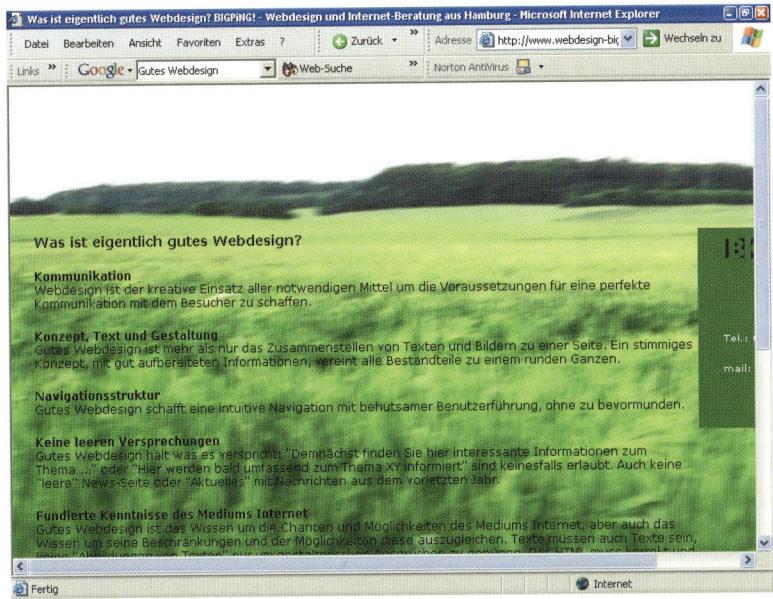

◄ Abbildung 1
http://www.webdesign-bigping.de/
gutes_webdesign: … das frage ich
mich manchmal auch, liebe Kollegen!

Broschüre, einem Buch oder einer Zeitschrift der Aufmacher, der abgesetzt vom eigentlichen Layout den Leser empfängt, hat die **Homepage** neben diesen weitaus wichtigere Aufgaben. Die Homepage einer Website definiert alle relevanten Teile.

Sie ist Zentrale, wenn wir nicht mehr weiter wissen, und definiert das Gesicht, den Duktus des Auftritts. Das steht für Seitenaufteilung und Navigation. Die Homepage ist in den meisten Fällen das Erste, das der Besucher von Ihrer Webseite sieht. Wenn Sie ihn damit nicht fesseln, ist er mit dem nächsten Klick schon auf einer anderen Site.

Ich entwerfe die Seiten zuerst auf Papier, es sei denn, es gibt konkrete Vorgaben, die sich direkt umsetzen lassen. Wichtig ist für mich hierbei die Gesamterscheinung – wo sitzt die Navigation, wie sehen die grafischen Elemente aus, wie stehen die Spalten zueinander usw.

Oft genügen einige wenige Striche, um hier das »Big Picture« der Seite zu entwerfen.

Gibt das Scribble die grobe Richtung vor, setze ich eine erste Version direkt am Rechner um. Diese erste Umsetzung dient dazu, das Scribble auf Machbarkeit zu überprüfen und eventuelle Schwachstellen aufzudecken.

Auf diese erste Umsetzung folgen sich wiederholende Runden, die die erste Idee immer wieder einer kritischen Prüfung unterziehen und in denen Verbesserungen eingebracht werden. Liegen anschließend brauchbare Ergebnisse vor, entwickele ich das Gestaltungsraster und überarbeite die Entwürfe noch einmal auf Basis der Vorgabe. Diese erneute »Runde« nutze ich zu weiteren Verbesserungen an Details. Bei der Arbeit mit dem Gestaltungsraster kommt dann der Faktor »Effektivität« ins Spiel. Ich versuche möglichst viele Elemente zu standardisieren oder aus wenigen Basiselementen aufzubauen, mit Hinblick auf

▲ **Abbildung 2**
Ein Entwurf

die folgende Medienaufbereitung bzw. Programmierung. Auch hierzu später noch etwas mehr.

Gleichzeitig, und das ist eigentlich die Kunst, variiere ich die vorhandenen Themen, weil das Design der Site sonst langweilig wird. Wichtig ist aber eines, und das kann man nicht in Regeln fassen, das beruht auf Erfahrung und Intuition: man muss den richtigen Absprungpunkt finden, an dem man mit dem Variieren aufhört, sonst wird das Ganze barock und überladen. Hierzu folgt eine kleine Fingerübung (Seite 91).

Was hat das aber mit Webdesign zu tun? Alles:

▶ Entwerfen Sie zuerst das »Big Picture«, und arbeiten Sie dann an den Details.
▶ Versuchen Sie bei der Arbeit an einer Site mit so wenigen Elementen wie möglich auszukommen, verwenden Sie stattdessen Varianten des Ausgangsmaterials.
▶ Arbeiten Sie erst am Ende die Details aus. Ich habe am Beginn meiner Arbeit oft den Fehler gemacht, mich um Lichtkanten, Schatten und Details zu kümmern, anstatt zuerst einmal das Big Picture zu entwerfen.

Eine kleine Fingerübung

Eine Typoaufgabe: Ordnen Sie die Elemente an, damit Spannung entsteht.

1. Wie?

Ich verwende meist drei, maximal vier unterschiedliche Größen, die ich im ersten Schritt aufbaue. Hierbei achte ich auf das richtige Verhältnis der einzelnen Elemente.

2. Wie viel?

Dann erstelle ich die eigentlichen Elemente in verschiedenen Mengen. Logischerweise nimmt man von den größten Elementen die geringste Anzahl, bei den kleineren sollte man ein ähnliches Verhältnis zwischen Größe und Menge bilden. Bitte aber nicht wie ein Mathelehrer.

3. Wohin?

Abschließend ordne ich die Elemente an. Wichtig: Versuchen Sie nicht, vom Gesamteindruck auszugehen, sondern schaffen Sie Inseln, indem Sie die Elemente mit den umgebenden in Kontext bringen. Arbeiten Sie also »Bottom-up« vom Kleinen ins Große. Sie werden automatisch, wenn Sie von einem zum anderen Element gehen, das Gesamtbild erschaffen. Wenn Sie damit zufrieden sind, treten Sie einen Schritt zurück, und bearbeiten Sie abschließend den Gesamteindruck.

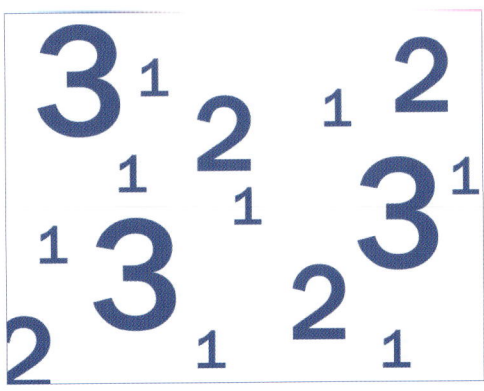

4. Was noch?

Noch eine Variation dieser Aufgabe ist, die Zahlen so zu verwenden, dass sie ihre eigentliche Form als Zahl verlieren und über die Interaktion mit den anderen Zahlen zu neuen Formen gelangen.

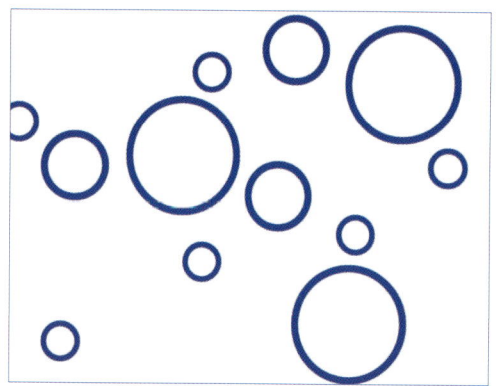

Noch eine Fingerübung

Gleiche Aufgabe wie oben, aber mit drei Kreisen:

Andere Elemente, dasselbe Prinzip – aber mit Variationen. Zuerst wieder die drei Größen, mehr Varianten sind zu viel.

Dann die Anordnung. Ist in diesem Fall ein wenig schwieriger, weil die Kreise alle dieselbe Form haben.

In einer weiteren Variante zerlege ich die Kreise und nutze die Segmente. Damit verwende ich immer noch das Ausgangsmaterial, habe aber plötzlich eine Vielzahl von Elementen.

Schließlich variiere ich nun noch mit drei Farben und habe mir damit aus einer schlichten Grundform eine Vielzahl von Varianten und Möglichkeiten geschaffen. Damit ist auch klar, dass Reduktion auf ein Minimum an Grundelementen nicht langweilig sein muss, wenn man sein Handwerk beherrscht.

Entwurf prüfen

Mit Entwürfen für Webseiten ist es wie mit gutem Wein: Man sollte sie ein paar Tage liegen lassen. Bestehen Sie dann immer noch vor dem strengen Auge des Designers, kann man mit der Ausarbeitung beginnen. Die Kunst bei der Beurteilung eines Entwurfes ist es, die Folgeseiten und das System dahinter zu erkennen. Ein Design, das auf der Homepage atemberaubend ist, muss auf den Folgeseiten noch lange nicht funktionieren. Ich habe schon manchen Entwurf aufgrund dieser fehlenden Substanz verworfen und überarbeitet.

Machen Sie deshalb auch nicht den Fehler, nur die Homepage und eine Folgeseite zu entwickeln. Sie wissen aus den Vorarbeiten, welche Seitentypen benötigt werden. Suchen Sie sich die Extremfälle: Funktioniert das Design auch bei viel Text und wenigen Bildern? Und bei vielen Bildern und wenig Text? Gibt es überhaupt genügend Elemente und Abbildungen, die sich nicht wiederholen? Wie sieht eine Seite im Investor Relation-Bereich aus, hält das Design auch Tabellen und Grafiken aus? Was passiert auf Navigationsebene 4, wenn wir in der Detailansicht des Produktkatalogs sind?

Nur wenn Ihr Entwurf all diesen Anforderungen standhält, wird er auch in der Realität des World Wide Web funktionieren.

Nutzerverhalten im Web

Webseiten sind keine Broschüren

Sind Webseiten nicht einfach nur elektronische Broschüren? Sicher nicht. Viele Unternehmen machen es sich an dieser Stelle einfach, gehen dabei aber den falschen Weg. Zwar haben viele Marketingabteilungen erkannt, dass die klassische Kommunikation ohne »Medienbruch«

ins Internet übertragen werden muss, es reicht aber nicht, einfach die vorhandenen Broschüren und Materialien per »Drag and Drop« ins Web zu stellen.

Hier scheitert man schon am Beginn an formalen Dingen – oder wie schafft man es sauber, eine DIN A4-Hochformatbroschüre in einem extremen Querformat darzustellen? Die Informationsaufnahme ist im Web auch anders als in der realen Welt – niemand käme beispielsweise auf die Idee, 768 Seiten Harry Potter auf dem Bildschirm zu lesen. Wenn wir eine Webseite »lesen«, springen wir von einem Element zum anderen und versuchen möglichst schnell die relevanten Inhalte zu finden, um dann auf den entsprechenden Link zu klicken und in die Tiefe zu gehen. Dieses »Surfen« ist die Reaktion auf die ungeheure Informationsflut, die täglich über uns hereinbricht. Wer hier nicht in der Lage ist, schnell die wichtigen von den unwichtigen Daten zu trennen, hat schnell verloren. Ich werde mich aber später in diesem Kapitel mit der richtigen Portionierung einer Webseite beschäftigen.

Was sehen eigentlich die Anwender?

Es wird seit Anbeginn des Webdesigns immer wieder über das User-Verhalten doziert, und unzählige Studien widersprechen sich oft in dem, was die Anwender auf einer Seite machen und was nicht. Ich will mich in diese Diskussion nicht einmischen, nur so viel: Das Benutzerverhalten ändert sich permanent. Konnte man vor Jahren noch von wenigem oder keinem Wissen über die Bedienung von Browsern und Internetseiten ausgehen, ist heute sogar die Generation der über 50-Jährigen erfolgreich im Netz unterwegs. Viele Anwender, die 1995 nichts oder wenig über Windows und die Bedienung mit der Maus

Abbildung 3 ▶

Scrollen bis der Arzt kommt – oder die Größe spielt doch eine Rolle. Auf www.salon.com sind die Nachrichten so wichtig, dass man auch schon mal ganz nach unten scrollt. Aber auch bei dieser Länge sind die wirklich wichtigen Inhalte – die aktuellen Nachrichten – im sichtbaren Bereich angeordnet.

wussten, gehen heute wie selbstverständlich mit den Werkzeugen und Programmen um (wobei immer noch die wenigsten ihren Videorekorder programmieren können).

Ein Beispiel für die Veränderung ist das immer wieder auftauchende Argument »Anwender scrollen nicht!« Webseiten dürfen nicht länger als der Bildschirm sein. Ich widerspreche hier schon lange, weil Anwender erstens heute ein Rad an ihrer Maus haben, was Scrollen auf Seiten sehr vereinfacht, und zweitens Anwender gerne scrollen, wenn es sich lohnt, und man auch einfach wieder nach oben kommt. Vielleicht fanden viele einfach nicht den Schalter, mit dem der untere Teil der Seite zugänglich war! Dies ist nur ein Beispiel für das neue Benutzerverhalten.

Abgesehen davon ist es aber ratsam, den (ohne zu scrollen oder zu skalieren) sichtbaren Teil der Seite mit den notwendigen Informationen und Hinweisen für ein erfolgreiches Weiterlesen zu versehen – denken Sie immer daran, dass der Besucher mit einem Klick auf der Seite eines Mitbewerbers ist!

Ordnen Sie also Highlights immer in einem Feld von 700 x 400 Pixel an. Bei der Recherche zu diesem Buch habe ich festgestellt, dass die Mehrzahl der Seiten auf eine Bildschirmgröße von 800 x 600 optimiert ist (zumindest die Breite). Man kann aber davon ausgehen,

dass die Mehrzahl der Anwender heute über 17"-Monitore verfügt, die eine Standardauflösung von 1024 x 768 Pixel unterstützen. Ich verwende deshalb oft das größere Format – einfach weil es mehr Gestaltungsraum bietet. Ich nutze es aber nicht in vollem Umfang, sondern optimiere auch hier auf eine Fläche von ca. 900 x 700 Pixel. Es ist nicht sinnvoll, noch größere Layouts zu verwenden, auch wenn in Zukunft Bildschirme mit höheren Auflösungen Standard werden sollten. Wird das Layout zu breit, werden die Inhalte schwer erfassbar und Zeilen zu lang und nicht mehr lesbar.

Bildschirmgröße und Auflösung

Auch wenn Ihr Kunde vollmundig 800 x 600 Pixel Fläche für Ihre Kreation genehmigt, heißt das nicht, dass Sie auch diesen Raum nutzen können. Abbildung 3 zeigt die verfügbare Fläche in den drei am häufigsten verwendeten Browsern. Es stehen lediglich 780 x 390 Pixel für die eigentliche Webseite zur Verfügung, den Rest nimmt der Browser ein. Auch wenn ein solch extremes Querformat reizvoll ist, sollte man sich doch überlegen, dass ca. 40% des Schirms nicht verfügbar sind. Die Werte sind realistisch, da nur wenige Anwender die Leisten des Browsers abschalten. Die zusätzli-

Scrollen statt Blättern

Wieder so eine Analogie zum Buch, die im Web keinen Sinn macht. Untersuchungen belegen, dass die Lesegeschwindigkeit wesentlich höher liegt, wenn der Text vom Anwender gescrollt wird, anstatt über einzelne Seiten zu blättern. Der Grund liegt auf der Hand und hängt mit dem anderen Leseverhalten im Netz

zusammen. Wir scannen einen Text, lesen ihn quer und hangeln uns von Hyperlink zu Hyperlink – das geht mit einem Text, der sich über eine Seite erstreckt und gescrollt wird, viel schneller, als wenn man immer wieder aufs Neue klicken muss und auf das Laden der neuen Seite wartet.

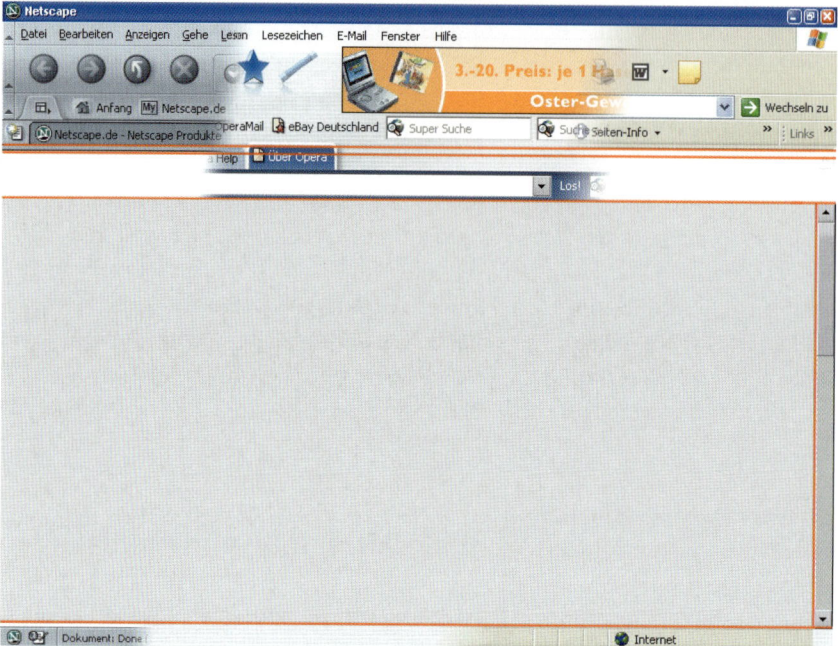

▲ **Abbildung 4**
Weniger Freiraum als man denkt. Die verfügbare Fläche bei einer Auflösung von 800 x 600 Pixel
beträgt gerade 60% des Gesamtschirms. Die Linien markieren die Begrenzungen der Browser,
von links: Netscape 7, Opera 7 und Internet Explorer.

che browsereigene Navigationsleiste, die links
zusätzlichen Raum beansprucht, habe ich aber
bewusst eingeklappt (diese sind normalerweise
auch eingeklappt), schließlich entwerfen wir
Seiten und keine Postkarten.

Was, wenn der Anwender den Browser aufzieht?

Designer lieben festgeschriebene Formate,
auch wenn sie es nicht zugeben mögen. Nichts
ist schöner, als Dinge in den Anschnitt zu stellen oder den goldenen Schnitt auf einer Seite
auszuloten. Leider setzt das Web diesen schönen Dingen ein jähes und tragisches Ende. Mit
einem Klick und einer kurzen Mausbewegung

ist der Anschnitt nur noch ein Aufschnitt, und
aus dem goldenen Schnitt wird ein goldener
Shit. Was ist passiert?

Wie das Nutzerverhalten, so ändert sich
auch die Technik permanent. Die Bildschirme
werden größer, die Auflösungen höher. Heute
ist auch auf einem Laptop eine Auflösung von
1280 x 1024 Pixel keine Seltenheit mehr. Wie
geht man mit dieser Problematik um?

Auswege zeigen die Abbildungen 5 bis 8 in
den drei Auflösungen 800 x 600, 1024 x 768
und 1280 x 1024 Pixel. Letztere wird sich wohl
in den nächsten Jahren als Standard etablieren.
Ich denke, man kann die Tatsache, dass der
Anwender das Browserfenster sowohl in Größe

▲ **Abbildung 5**

www.heise.de in 800 x 600 ❶, 1024 x 768 ❷ und 1280 x 1024 ❸: Der Inhalt wird breiter und breiter, bis er nicht mehr lesbar ist. Auch im Web gilt: Mehr als 45 Zeichen in einer Zeile machen das Lesen schwer. Auch wenn die Zielgruppe hier meist einen Dr.rer.nat. hat und deswegen eher Fakten als Form bevorzugt, ist die Zeilenlänge doch ein wenig lieblos und anachronistisch.

als auch Seitenverhältnis verändern kann, nicht ignorieren. Gefragt sind flexible Layouts, die in jedem Seitenverhältnis und (fast) jeder Auflösung funktionieren. Das Ignorieren durch die Verwendung einer fixen Fenstergröße mag in Einzelfällen sinnvoll sein, aber auch nur, wenn die Menge der dargestellten Informationen nicht zu groß ist. Gilt es, umfangreiche Inhalte und komplexe Strukturen zu visualisieren, muss das Design flexibel sein.

Abbildung 6 ▶

www.tagesschau.de: Bei der Tagesschau steht die dargestellte Informationsmenge im Bezug zur Auflösung, wobei die Breite sinnvollerweise fix ist. Die zentrierte Ausrichtung des Layouts sorgt zusätzlich für ein ausgeglichenes Bild auch auf großen Schirmen. Nicht aufregend – aber dafür gibt's ja die neuesten Nachrichten.

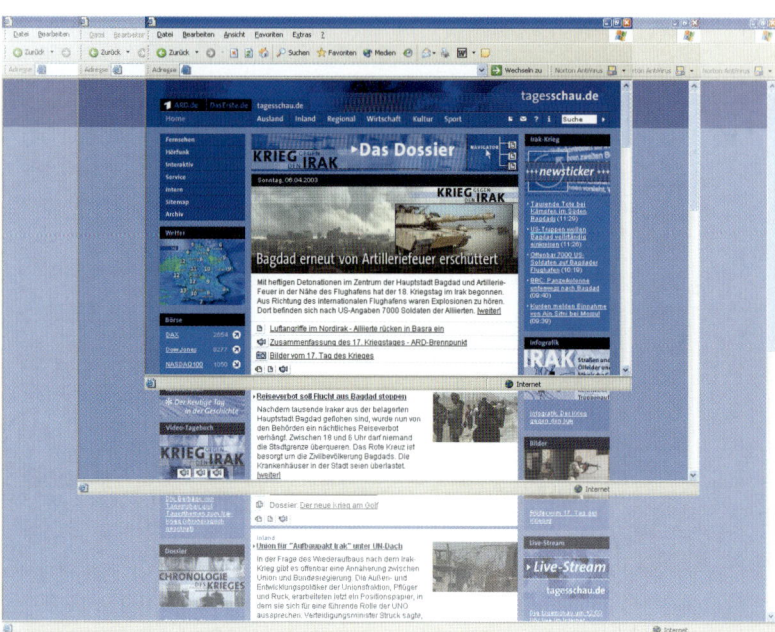

Abbildung 7 ▶

www.zdf.de: Das ZDF verwendet dasselbe Inhaltskonzept wie die Tagesschau, richtet das Layout jedoch am linken Rand aus. Damit auf großen Schirmen kein optisches Ungleichgewicht auftritt und alles nach links wegkippt, verwenden die Designer hier einen optischen Trick. Mit Hilfe einer zum Thema passenden Hintergrundgrafik erreicht man auch bei hohen Auflösungen ein ausgeglichenes Layout – eine sehr gelungene Lösung.

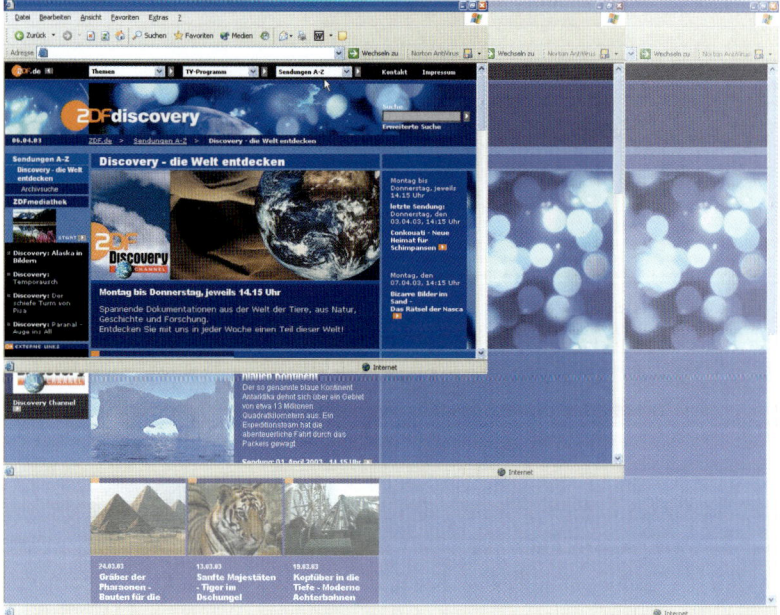

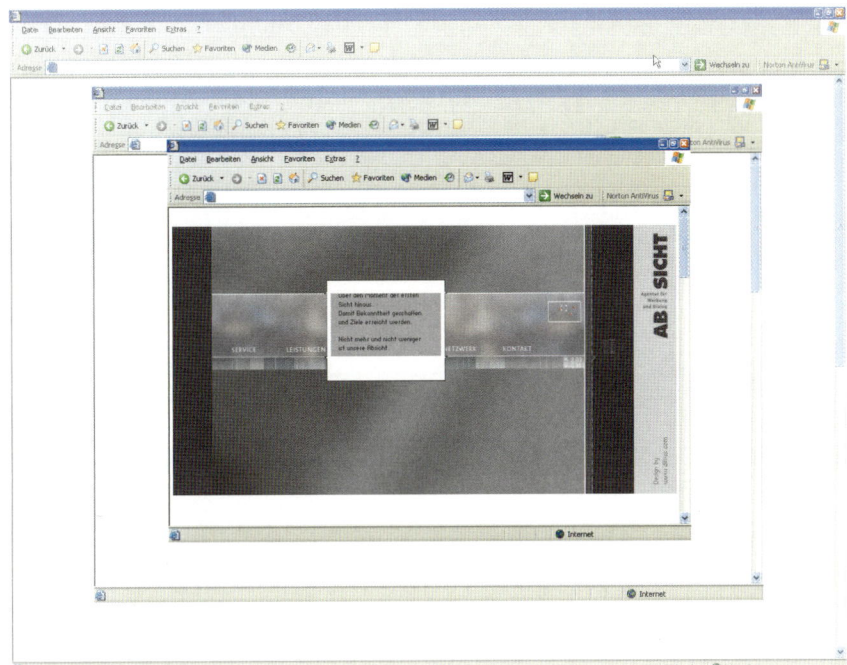

◄ **Abbildung 8**

www.absicht-ag.de: Keine Angst vor dem Weißraum oder: »unverrückbar steht die Seite« in der Mitte des Schirms und will sich einfach nicht anpassen. Das mag schön und ästhetisch sein, leider aber auch die einfachste Lösung (= Ignorieren) des Problems der unterschiedlichen Auflösungen. Für kleine Auftritte und Microsites sicherlich sinnvoll, aber auch nur dort.

Im Rahmen bleiben

Ein Faktor, der meist ignoriert wird, ist der Browserrahmen. Auf Seiten der Entwickler dieser Programme läuft ein permanenter Wettbewerb um noch mehr Features und einen noch besseren, cooleren, eigenständigen Look. Man findet inzwischen Seiten, die viel langweiliger aussehen als der Browser, in dem sie angezeigt werden – und die Entwicklung geht weiter. Für den Designer bedeutet das nicht, dass er das Design dem Browserrahmen, oder besser dem Seitenkopf, anpassen muss. Es gilt vielmehr, einen optischen Abstand zwischen den Elementen »Steuerung und Browserrand« und dem Inhalt einer Seite zu schaffen. Weißraum oder einfache Flächen reichen hier völlig aus. Vermeiden Sie auch, Hyperlinks und Texte direkt an den oberen Rand des Browsers zu stellen, diese werden dort aufgrund des übermächtigen Daches gerne übersehen.

Um zu verdeutlichen, welche Auswirkungen der Browserrahmen auf das spätere Design hat, in Abbildung 9 die bekanntesten Browser ohne Inhalt In der Gegenüberstellung der neuesten Versionen.

▶ **Netscape 7/Windows**

Stahlgrau und ein wenig plastisch präsentiert sich die neueste Version des ehemaligen Marktführers. Der Browser wirkt massiv und »erdrückt« alles, was unterhalb angeordnet ist. Nicht unbedingt gelungen. Ein Grund, nach unten Abstand zu halten.

▶ **Opera 7/Windows**

Die neue Version schießt nicht nur einen Vogel in puncto »Funktionen, auf die wir gewartet haben« ab. Der Anwender kann

Abbildung 9 ►
Egal welchen Browser Ihre Zielgruppe verwendet, er wird in
jedem Fall mit dem Design der
Seite konkurrieren – von Stahlgrau
bis bunt verspielt und von oben
nach unten: Netscape 7, Opera 7,
Internet Explorer 6.

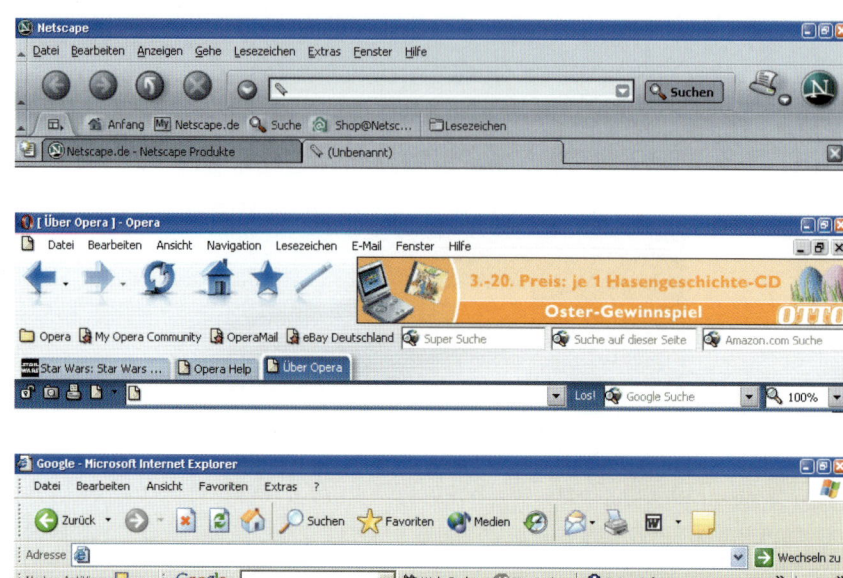

nicht nur in einen ATARI-Modus umschal-
ten, sondern – ähnlich wie in einigen MP3-
Programmen – auch eigene »Skins«, also
»Aussehen« verwenden. So lässt sich der
Look des Browsers noch extremer verän-
dern. Zudem stört – wenn auch verständlich
– das Werbebanner in der kostenlosen
Version (wer kauft sich einen Browser?).
Zusätzliche Verwirrung schaffen die vielen
Eingabefelder und Symbole.

► **Internet Explorer 6/Windows**
Der Marktführer präsentiert sich zurück-
haltend und versucht nicht, optische
Akzente zu setzen. Lediglich die bunten
Icons lenken vom Inhalt ab. Durch die de-
zente Farbgebung des Fensters ordnet sich
dieser Browser visuell im Hintergrund an.
Microsoft geht hier den richtigen Weg und
setzt, dank der großen Verbreitung dieses
Browsers, auch einen guten Standard.

Zehn Regeln für gutes Webdesign

Nageln Sie sich die folgenden Regeln an den
Bildschirm, und vergessen Sie sie nie:

1. Du sollst den Besucher führen, nicht verwirren.
2. Du sollst den Besucher nicht für dumm halten.
3. Du sollst die Funktion vor die Form stellen.
4. Du sollst dich kurz fassen.
5. Du sollst mit wenigen Farben auskommen.
6. Du sollst Schriften verwenden, die zum
   Thema passen.
7. Du sollst Standards beachten.
8. Du sollst nicht zu viel Werbung zeigen.
9. Du sollst nicht langweilig sein.
10. Du sollst für Deinen Kunden arbeiten, nicht
    für die Preisrichter.

Interview: Dorten – den schwäbischen Mittelstand fördern

Nina Grams ist Projektleiterin bei Dorten.

F.: Gab es klare Designregeln, die als Basis dienten?

A.: Bei der grafischen Entwicklung des Investor Companion lagen keine direkten Designrichtlinien vor, lediglich eine Vorgabe der Wirtschaftsförderung: Das Logo der WRS (Wirtschaftsförderung der Region Stuttgart) sollte enthalten sein. Das Grafik-Design, die Gestaltung und die Anmutung waren selten so wichtig wie in diesem Projekt. Die Anmutung sollte alle positiven Merkmale der Region Stuttgart unterstützen: Hightech & innovative Informationsvermittlung & Lebensfreude. Das richtige Prinzip für den Investor Companion.

F.: Gab es bereits eine bestehende Website, auf die aufgesetzt wurde?

A.: Der www.investor-companion.de war bereits zuvor ein Angebot für potenzielle Investoren: Diese Domain wurde aber mit dem neuen Investor Companion einem kompletten Relaunch unterzogen.

F.: Wie groß war das Projektteam, und wie waren die Rollenverteilungen?

A.: Über die Dauer des kompletten Projektes bestand das Projektteam aus acht Personen, zusammengesetzt aus den Kerndisziplinen wie Kreation (Konzept, Text und Design), Technik (Client- und Servertechnologie) und Projektmanagement.

F.: Welche Entwicklungsphasen gab es, wie lange hat es gedauert?

A.: Die Projektdauer betrug drei Monate. Die einzelnen Entwicklungsphasen waren die Grobkonzeption inklusive der Konzeption der Gestaltungsrichtlinien. Parallel zur Gestaltung wurde der Inhalt weiterentwickelt.

Die grafische und die technische Produktion nahmen eine weitaus kürzere Zeit ein. Der Schwerpunkt lag in diesem Projekt auf dem Design.

F.: Welche Probleme gab es im Projektverlauf?

A.: Das Projekt verlief ohne nennenswerte Probleme. Eine große Herausforderung für die Grafik war die inhaltliche Trennung des Investor Companion in die unterschiedliche funktionale Bereiche: das Informationsangebot, ein explorativer Cluster Builder, ein intuitiver Webindex und ein Flash-animierter »Lookaround«.

F.: Was war das Schönste am Projekt?

A.: Inhaltlich: der Umgang mit den schwäbischen Klischees und den Fakten rund um die Region Stuttgart.
Das Ineinandergreifen der einzelnen Disziplinen wie Konzept, Grafik und die herausfordernde technische Umsetzung haben den Projektverlauf auf positive Art geprägt. Ein ebenso angenehmer Aspekt war die Zusammenarbeit mit dem Kunden, die auf Vertrauen und gestalterischer Freiheit basierte.

F.: Was macht Eure Agentur?

Dorten verwirklicht anspruchsvolle E-Business-Lösungen durch den Einsatz fortschrittlicher Technik und außergewöhnlicher Kreativität. Das Ziel ist die Generierung maximalen Werts für unsere Kunden. Das 24-köpfige Kern-Team arbeitet zumeist seit mehreren Jahren für Unternehmen und Marken wie Boehringer Ingelheim, Cegelec, DaimlerChrysler, GEHE, HypoVereinsbank, LBS, PAYBACK, PONS und Topdeq. Wir sind erfahren in der Organisation

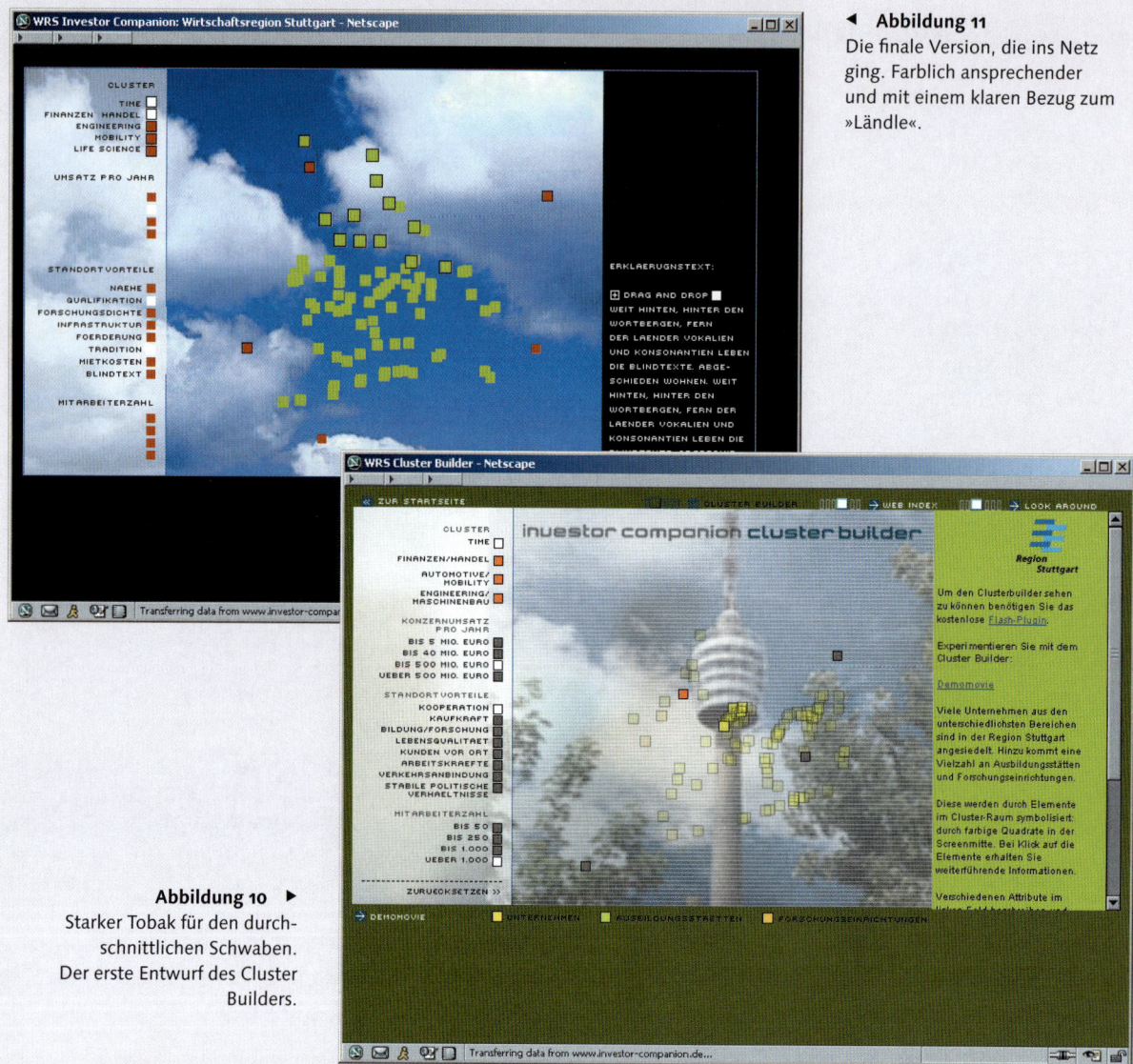

◄ Abbildung 11
Die finale Version, die ins Netz
ging. Farblich ansprechender
und mit einem klaren Bezug zum
»Ländle«.

Abbildung 10 ►
Starker Tobak für den durch-
schnittlichen Schwaben.
Der erste Entwurf des Cluster
Builders.

komplexer Projekte und in der Integration
unterschiedlichster Disziplinen auf Kun-
den- wie auf Dienstleisterseite. Unsere
Leistungen orientieren sich ausnahmslos
an den vier kundenrelevanten Bereichen
Strategie, Funktion, Akzeptanz und Ren-
tabilität.

Das Beispiel findet sich unter: http://
www.investor-companion.de beziehungs-
weise .com
Die Agentur unter: www.dorten.de

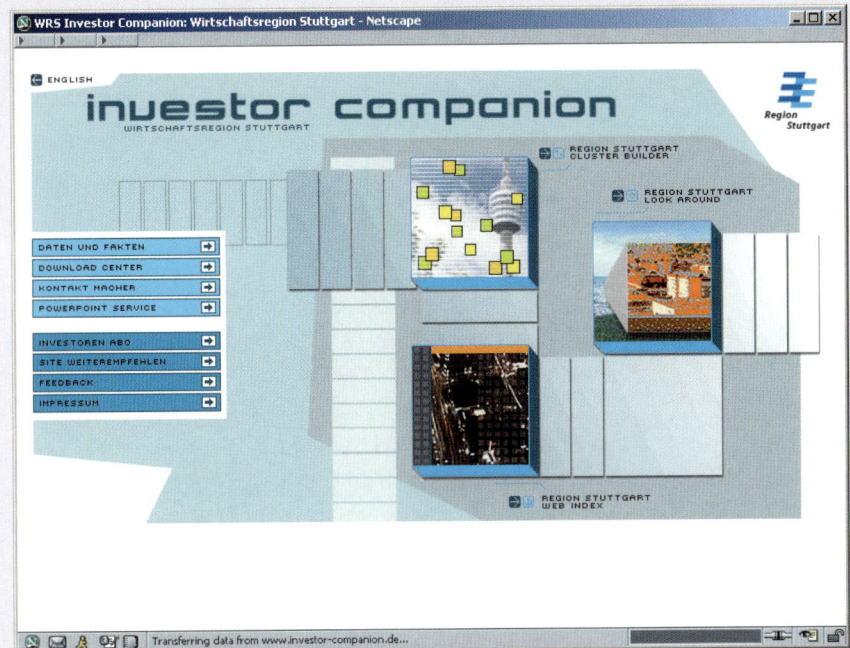

◀ **Abbildung 12**
Die Eingangsseite. Der Look positioniert die Region als progressiv und Neuem gegenüber aufgeschlossen. Auch wenn es auf den ersten Blick nicht scheint, findet der Anwender sich schnell zurecht.

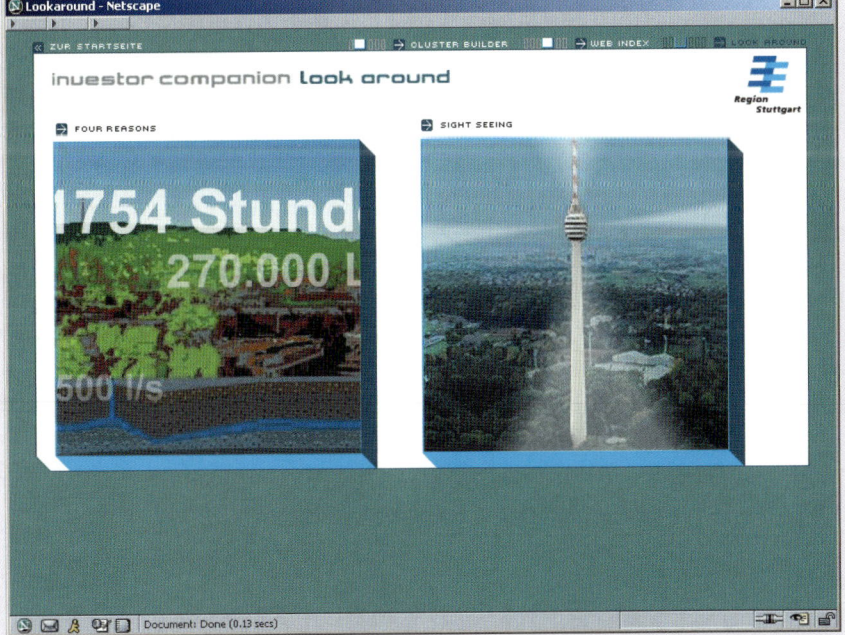

◀ **Abbildung 14**
Der virtuelle Rundblick vom Stuttgarter Fernsehturm und Fakten über die Region. Ungewöhnlich, aber charmant verpackt.

Navigation und Layout

Ohne gute Navigation keine gute Site

Eine Webseite steht und fällt mit ihrer Navigation. Bei der Gestaltung der Navigation kommt es auf Struktur, Anordnung und Form an. Aber erst unter Einbeziehung der Bedürfnisse der Zielgruppe kann wirklich Benutzerfreundlichkeit erreicht werden.

ALS ICH 1995 MIT DER ENTWICKLUNG VON WEBseiten begann, war das größte Problem die Geschwindigkeit, mit der die Daten aus dem Netz abgerufen wurden, die so genannte **Bandbreite**. Privilegierte Surfer freuten sich damals schon über ein 28,8-K-Modem, das in der Sekunde maximal 28800 KBit übertragen konnte, was in etwa 3,6 KByte entspricht. Heute surft die Mehrzahl mit einer ISDN-Leitung durchs Netz, die immerhin schon 7,8 KByte in der Sekunde ins Haus bringt. Besonders Fortschrittliche verwenden einen DSL-Anschluss, der es auf 95 KByte je Sekunde bringt. Was ich damit sagen möchte? Nun, Bandbreite stellt heute kein Problem mehr dar und damit bewahrheitet sich auch meine Aussage von 1996: »Wer Bandbreite spart, wird langfristig nicht überleben!«

Mit der täglich steigenden Zahl von Webseiten und zunehmenden Informationen innerhalb einer Site drängt sich immer mehr die Frage nach dem einfachen Zugang, der richtigen Navigation in den Vordergrund und wird damit zum entscheidenden Kriterium für den Erfolg oder Misserfolg einer Site.

Regeln der guten Navigation

Ausgehend von der Einführung aus dem Teil »Die Planungsphase« stelle ich hier noch einmal zusammen, welche Vorgaben eine gute Navigation erfüllen muss:

► **Einfache Bedienung**
Sie sollte zudem schnell erlernbar sein. Im besten Fall beruht die Navigation auf bekannten Erfahrungen der Zielgruppe. Konnte man bis vor ein paar Jahren noch nicht davon ausgehen, dass ein Anwender mit dem Begriff »Home« etwas anfangen kann, ist heute allgemein bekannt, dass sich hinter diesem Begriff die Homepage verbirgt.

► **Konsistenz**
Die Elemente der Navigation müssen auf ein Minimum beschränkt sein. Ein Schalter muss immer ein Schalter sein. »Nach oben« muss immer »Nach oben« heißen und auch diese Funktion ausführen. Ein festgelegtes einfaches Farbschema hilft dem Anwender, die Navigation vom Inhalt zu unterscheiden. Die Navigation muss sich immer an derselben Stelle auf der Seite befinden.

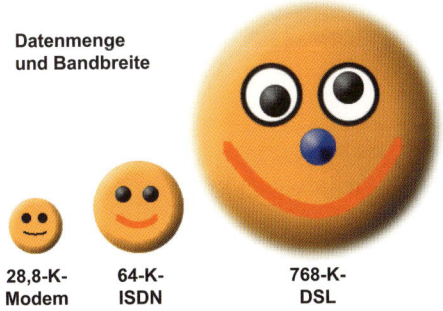

Datenmenge und Bandbreite

28,8-K-Modem

64-K-ISDN

768-K-DSL

▲ **Abbildung 1**
Die Datenmenge spielt nicht mehr die entscheidende Rolle bei der Gestaltung von Webseiten, wie dieses Schaubild zeigt.

▶ **Sichtbarkeit**

Die Navigation muss immer sichtbar sein. Nichts ist schlimmer als eine Navigation, die verschwindet und den Anwender nach einem Ausweg statt nach Informationen suchen lässt. Man stelle sich vor, nach Betreten eines Raumes verschwindet die Tür und taucht erst wieder auf, wenn man ein Buch aus dem Regal nimmt. Eine Website darf nicht wie ein Adventure aufgebaut sein – Nutzer interessieren sich nicht für die Navigation, sondern den Inhalt einer Seite, und ihr Spieltrieb ist meist ebenso begrenzt wie ihre Zeit.

▶ **Klarheit**

Anwender kommen immer mit einem vorgefertigten Erfahrungsschatz auf eine Seite. Bewerber suchen sicherlich einen Punkt »Jobs« und nicht »Opportunities« oder »Join us«. Eine Anfahrtsskizze findet sich einfacher unter »Niederlassungen« als unter »Downloads«. Neues erfinden macht sicherlich Spaß, aber nicht immer Sinn – lassen Sie Ihrer Kreativität an anderer Stelle freien Lauf.

▶ **Orientierung**

Nichts ist schlimmer, als die Orientierung zu verlieren. Der Anwender muss immer wissen, wo er sich befindet und wie er die anderen Teile der Seite findet. Webseiten stellen eine für den Anwender nicht klar definierte Informationsmenge dar – helfen Sie ihm, sich hier zurechtzufinden.

Und nun das Ganze ein wenig detaillierter und der Reihe nach.

Zielgruppenspezifisch denken

Mit diesem Thema haben Sie sich hoffentlich schon während der Konzeptionsphase beschäftigt. Unterschiedliche Anwendergruppen verhalten sich im Web anders. Das heißt aber nicht, dass die unterschiedlichen Gruppen nicht auf demselben Erfahrungsschatz aufbauen – schließlich leben alle in mehr oder weniger derselben realen Welt (wenn auch in unterschiedlichen Verhältnissen).

Trotzdem muss eine Site für Freunde guter Flash-Programmierung eine andere Navigation und Struktur haben als eine Seite für Büroartikel, die regelmäßig von Sekretärinnen mittleren Alters besucht wird. Hierzu zwei Beispiele, die ich beide für gelungen halte, die unterschiedlicher aber nicht sein könnten.

Bei der Entwicklung der Webseite »büroplus« stand ein Punkt im Vordergrund: »einfache Bedienung, kein Schnickschnack und nicht gerade Premium«. Übersetzt heißt das:

▶ Die Zielgruppe der Site, vorrangig Sekretärinnen, hat wenig Zeit und auch nicht die Motivation, sich mit komplexen Seiten im Netz zu beschäftigen.

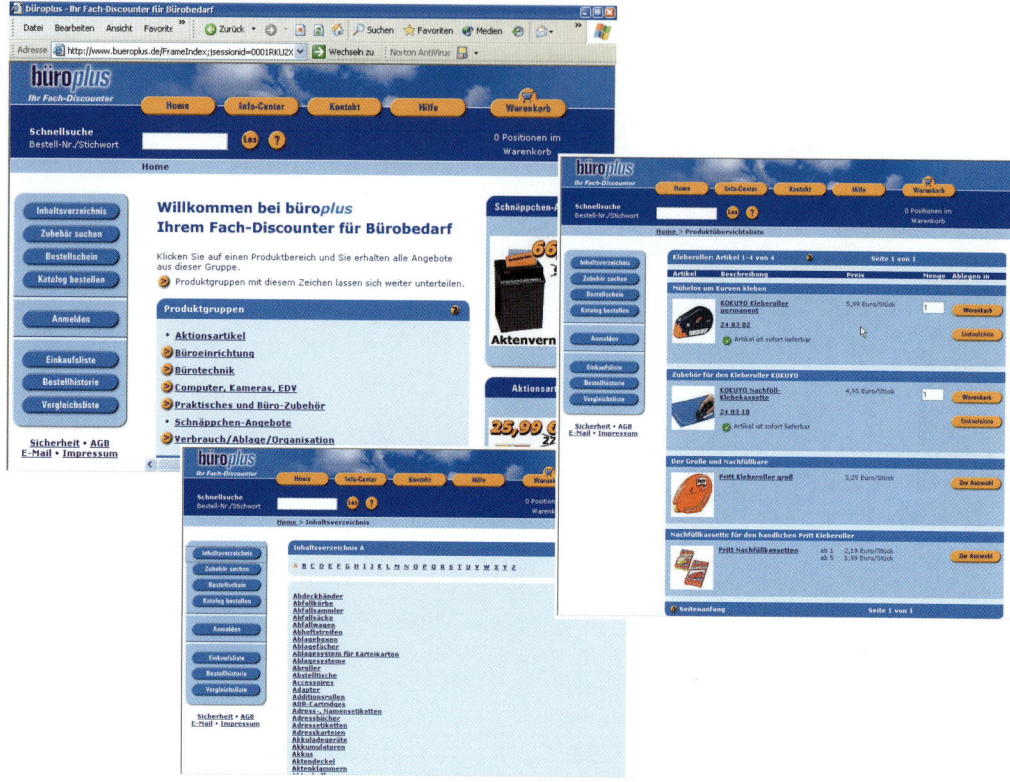

▲ **Abbildung 2**
Nicht aufregend neu, aber exakt auf die Zielgruppe »Sekretariat und Einkauf« optimiert. Die Seite greift bewusst Standards auf, was Navigation und Orientierung erleichtert und nachweislich auch auf Zustimmung bei Kunden stößt. Immerhin ist man mit drei Klicks schon beim Bestellen, weniger geht nicht.

▶ Die Zielgruppe will eines: preiswert kaufen, ohne lange zu suchen.

▶ Der Funktionsumfang muss sich direkt diesem Ansinnen unterordnen.

▶ Der Look muss der Positionierung des Produktes im unteren bis mittleren Preisbereich entsprechen.

Aber auch diese gestalterische Herausforderung will gelöst sein, schließlich ist die übersichtliche Benutzerführung, ob billig oder nicht, in einem Shopsystem kein Zuckerschle-

cken. Die Entscheidung fiel dann in Richtung einer farblich vom Inhalt getrennten globalen Navigation am linken Rand und einer übergeordneten Metanavigation (Abbildung 2). Auf eine lokale Navigation oder eine zweite Ebene wurde vollständig verzichtet, eine Vorgabe, die durch Nutzerbeobachtung belegt wurde. Der Anwender startet mehr oder weniger direkt in der Produktnavigation des Inhalts.

Die Site »Tokyoplastic« (Abbildung 3) ist mehr ein Experiment als eine Site, die Inhalte transportieren möchte. Entsprechend expe-

◄ **Abbildung 3**
Auch zielgruppenorientiert, aber eben für eine andere.
Die Seiten www.tokyoplastic.com zeigen, was man aus
Flash in der dritten Dimension alles rausholen kann.

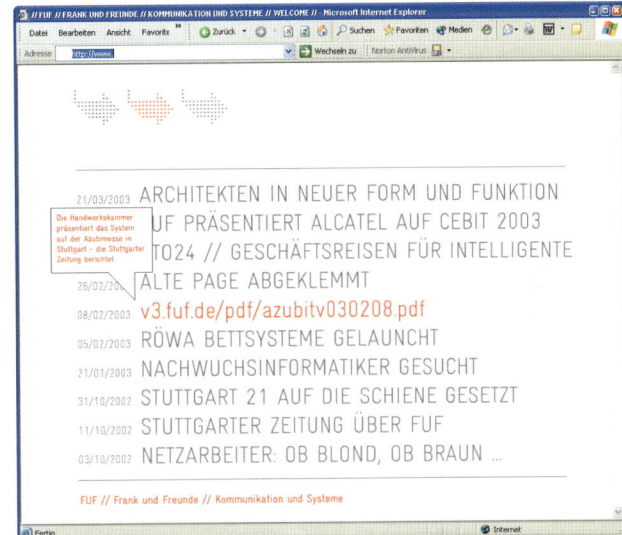

Abbildung 4 ►
Mal etwas anderes: www.fuf.de. Eine Seite völlig ohne Navigation. Zusätzlich verschwindet der Mauszeiger, wenn er sich
über einem Eintrag befindet. Hier stellt man hohe Anforderungen an die meist mittelständische Kundschaft. Wo geht's
eigentlich zum Unternehmen?

rimentell kommt die Sache auch daher, keine
Erklärungen oder bekannten Symbole, die
dem Anwender die Orientierung erleichtern,
stattdessen ein aggressives Design und über-
raschende Effekte, wenn die Navigation von
einem riesigen roten Punkt gefressen wird.

Minimalismus pur zeigt auch das dritte
Beispiel (Abbildung 4). Unter www.fuf.de
bekommt der Anwender nur die News und
sonst nichts, keine Navigation und auch keinen
Hinweis auf das Unternehmen (nur unten links
gelabelt, das muss man aber auch erst einmal
finden). Der letzte Hinweis auf die Navigation,
der Mauszeiger, verschwindet dann auch noch,
wenn man sich direkt über einem der Einträge
befindet. Einerseits finde ich die Seite innova-
tiv, betrachtet man aber die Zielgruppe, halte
ich das Ergebnis für nicht gelungen. So schlagen eben zwei Herzen in meiner Brust.

Als Anwalt Ihrer Anwender sollten Sie wissen, wie diese denken. Sinnvoll ist es nicht nur,
schon während der Erstellung der Informationsarchitektur über die späteren Anwender nach-
zudenken– hier können Begrifflichkeiten und
Inhalte noch einfach ausgetauscht werden –,
sondern auch, die Entwürfe schon frühzeitig
einem Zielgruppentest zu unterziehen. Dies
geschieht meistens auf Papier.

Erwarten Sie hier bitte keine Wunder, nur
die wenigsten Anwender können von einem
Blatt Papier auf eine Webseite abstrahieren.
Ich fand in einigen Projekten völliges Unver-

ständnis für manche Ideen auf Papier vor. Aussagen wie »Wie komme ich denn hierher?« oder »Jetzt weiß ich gar nicht mehr, wo ich bin!« sind keine Seltenheit, geht man von Papierentwürfen aus. Im späteren Medium wird der Anwender aber immer einen Weg gehen, eine Interaktion ausführen, bis er zu einer spezifischen Seite gelangt. Damit hat die zeitliche und visuelle Abfolge direkte Auswirkungen auf das Navigationsverhalten – und das lässt sich nur schwer auf Papier zeigen.

Wir gehen deshalb – sofern die Etats es erlauben – immer mehr zu einfachen Prototypen über, die nichts weiter sind als mit Hotspots versehene und in HTML-Seiten eingebettete Bilder. Das geht fast so schnell wie auf Papier, hat aber den Vorteil, dass man sich bereits im Medium befindet und die Testperson das Gesehene nicht abstrakt, sondern sehr konkret sieht.

Inhaltliche Navigationsstruktur

Auch dieses Thema wird bereits bei der Erstellung der Informationsarchitektur ausführlich behandelt und oft heiß diskutiert. Hier ist der Designer gefordert, für eine logische und einfach verständliche Navigation verantwortlich zu zeichnen, die sich am Suchmuster der Zielgruppe orientiert. Lassen Sie sich nicht von organisatorischen Vorgaben einschränken, denn die sind oft nicht logisch bzw. für einen Außenstehenden nicht nachvollziehbar.

Bei der Entwicklung eines Konzeptes für eine Stadt stellte sich mir beispielsweise einmal das Problem, dass Heilbäder einem Amt unterstellt sind, Hallen- und Freibäder aber einem anderen. Der Anwender, der nun diese Site besucht, wird das Freibad später aber sicher unter »Freizeit & Erholung« suchen und nicht unter »Gartenbauamt«. Obwohl das eigentlich auf der Hand liegt, wurden von

den Verantwortlichen für die Struktur der Site hier vortreffliche Diskussionen vom Zaun gebrochen. Vielleicht ein Grund mehr, nicht mit öffentlichen Einrichtungen zu arbeiten.

Ähnlich verhält es sich oft auch bei ausländischen Töchtern, Niederlassungen und Vertriebsbüros. In jedem Fall eine organisatorische Herausforderung für das jeweilige Unternehmen – für den Anwender, der gerne etwas kaufen möchte, aber völlig irrelevant. Paradebeispiele sind in diesem Bereich auch Shops, denn hier sind Dinge oft nach Artikelnummern oder Gruppen geordnet, die nichts mit der Welt der Anwender zu tun haben.

Lassen Sie sich hier keinesfalls vom rechten Weg abbringen, und beharren Sie auf Ihre Expertise. Denken Sie daran: Wenn Sie die Struktur im Briefing nicht verstehen, wird der spätere Anwender diese in keinem Fall durchschauen.

Aufbau einer Navigation

Wie ist eine Navigation nun aufgebaut? Dank einer schnell wachsenden und dynamischen Branche gibt es hier viele Begrifflichkeiten, die in der Praxis oft dasselbe meinen, aber unterschiedlich schick klingen. Beispiele, wie die Navigationselemente auf verschiedenen Seiten eingesetzt werden, finden Sie im Anschluss an die Definition.

1. Globale Navigation
   Man könnte diesen Teil auch Navigationsebene 1 oder Hauptnavigation nennen, wie auch immer. Es handelt sich hierbei um die übergreifende, auf allen Seiten verfügbare Hauptnavigation und steht für die Hauptrubriken der Site. Sie ist Dreh- und Angelpunkt aller weiteren Navigationsebenen.

2. **Lokale Navigation**

Auch als Ebene 2 oder Bereichsnavigation bekannt. Diese Navigation wird innerhalb einer Hauptrubrik verwendet und enthält entsprechend auf die Rubrik bezogene »lokale« Einträge.

Die lokale Navigation ist nicht auf eine einzige Ebene beschränkt, oft reihen sich innerhalb einer Rubrik mehrere Ebenen untereinander an.

3. **Kontextnavigation**

Auch wenn der Begriff ein wenig schräg klingt, diese Navigation hängt vom Kontext oder besser auch vom Inhalt einer Seite ab. Während die übergeordneten Navigationselemente immer einen Schema folgen, kann es verschiedene Kontextnavigationen innerhalb einer Site geben. Oft handelt es sich hier um Textlinks.

4. **Unterstützende Navigation**

Auch die Sprache der Dichter und Denker hakt bisweilen. Zu diesem Typ Navigation gehören alle Navigationselemente, die zusätzlich zu den zuvor genannten verwendet werden und außerhalb des normalen Navigationsbaums stehen. Sie haben unterstützende Funktion, wenn der Anwender mit normalen Mitteln nicht weiterkommt.

Zu dieser Art der Navigation zählen beispielsweise Sitemaps oder Suchmaschinen, die in die Site integriert sind, aber auch die Pfadanzeige, die anzeigt, wo man sich innerhalb der Site befindet.

5. **Farbcodes & visuelles Feedback**

Ein weiteres Element einer guten Navigation ist der Farbcode. Das einfachste Beispiel ist die farbliche Veränderung eines Schalters, wenn man den Mauszeiger darauf führt (einfach als »Rollover« bekannt). Dieses »visuelle Feedback« signalisiert dem Anwender direkt, dass sich etwas ändert bzw. dass er hier eine Interaktion ausführen kann. Weitere Beispiele sind der Mauszeiger, der sich ändert, sobald er sich über einem Hyperlink befindet, die unterstrichenen Hyperlinks oder auch farblich unterschiedlich hinterlegte Inhaltsbereiche (siehe auch die folgenden Beispiele).

Navigationsformen

Rechts, links, oben, unten? Wo soll die Navigation strukturiert sein, und wie soll sie angeordnet sein? Auch hier gibt es wieder keinen Kardinalsweg, sondern nur verschiedene, dem Kontext entsprechende Lösungen.

Die Anordnung ist von folgenden Faktoren abhängig:

1. **Anzahl der Rubriken in der globalen Navigation**

Denken Sie daran, dass Sie nur einen begrenzten Raum für die Darstellung der Navigation haben. Im Normalfall sollte nach 600 Pixeln in der Breite das Ende erreicht sein. Wählen Sie also die Rubriken entsprechend aus. Achten Sie aber bei der Entwicklung der Informationsarchitektur darauf, dass innerhalb einer Rubrik nicht zu viele Ebenen entstehen und die Struktur damit zu komplex wird. Mehr als maximal vier Ebenen sollten nicht verwendet werden.

Benennen Sie die Menüpunkte so, dass sie auch ein Normalsterblicher versteht oder er zumindest erraten kann, was sich dahinter verbirgt. »Jobs« sagt mehr als »Zukunft«, »Unternehmen« verstehen viele, »Backend« nur wenige.

Wenn Sie die entsprechende Breite einhalten können, ordnen Sie die erste Ebene, die globale Navigation horizontal an. Diese An-

Abbildung 5 ▶

Der Klassiker in vier Varianten. Die globale Navigation steht am oberen Bildrand horizontal, die lokale Navigation ist direkt darunter angeordnet. Die nächste Ebene der lokalen Navigation wird dann vertikal am Rand der Seite dargestellt. Die beiden unteren Varianten kommen sicherlich nicht so häufig zum Einsatz.

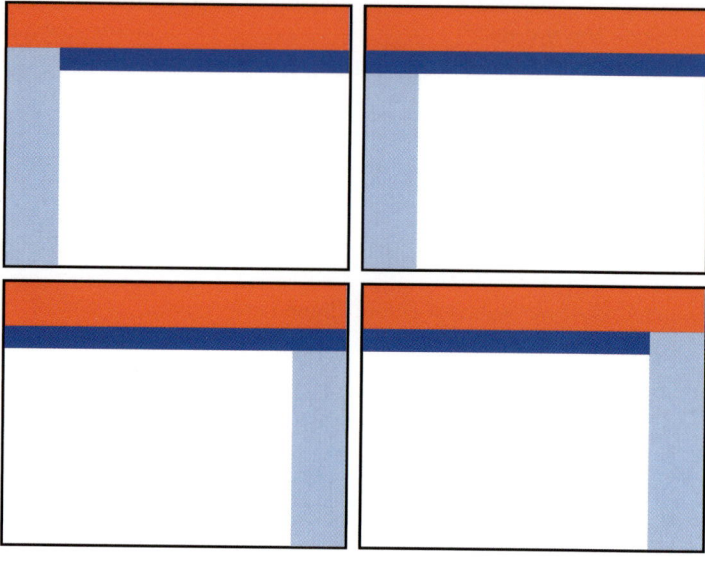

Abbildung 6 ▶

Noch ein Klassiker, zumindest die rechte Variante. Die Navigation baut sich von oben nach unten über die verschiedenen Ebenen auf. Dieses Prinzip lässt sich erfolgreich mit bis zu drei, maximal vier Ebenen realisieren.

ordnung kennt der Anwender und wird das auch entsprechend honorieren.

2. **Anzahl der Punkte in der lokalen Navigation**

   Setzen Sie das eben Gelesene einfach eine Ebene nach unten. Mit dem Unterschied, dass die Begriffe in dieser Ebene nicht so allgemein gehalten werden müssen wie in der ersten Ebene und oft auch länger sind. Planen Sie folglich den notwendigen Raum ein. Bei der Position der lokalen Navigation bieten sich viele Möglichkeiten an, vor

allem wenn es mehrere Ebenen gibt. Ich setze die erste Ebene der lokalen Navigation gerne direkt unter die globale Navigation und untergeordnete Punkte dann an den linken Rand des Fensters.

3. **Anzahl der Ebenen in der lokalen Navigation**

   Die lokale Navigation selbst sollte maximal drei Ebenen haben. Mehr sollten nicht sein, und wenn Bedarf daran besteht, sollte er über die Kontextnavigation gelöst werden.

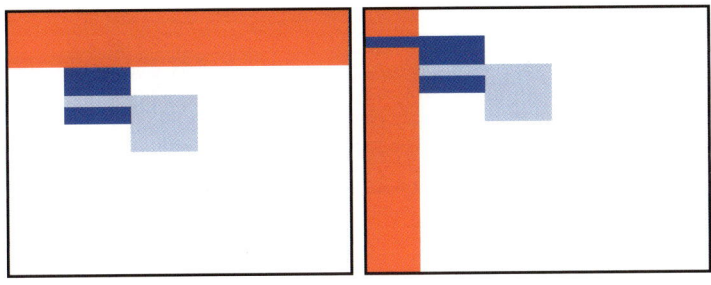

◀ **Abbildung 7**
Diese Variante kommt immer mehr in Mode. Die komplexen Inhalte einer Seite werden über Menüs dargestellt. Aufgrund der zugrunde liegenden Technik mit Java oder JavaScript bedeuten Menüs aber einen deutlichen Mehraufwand in der Programmierung und Anpassung an verschiedene Browsertypen. Zudem gibt es Probleme beim Einsatz innerhalb von Framesets. Die Anordnung am linken Rand ist nicht ratsam, wenn auch möglich. Studien zeigen nämlich, dass Anwender diese Anordnung nicht mögen.

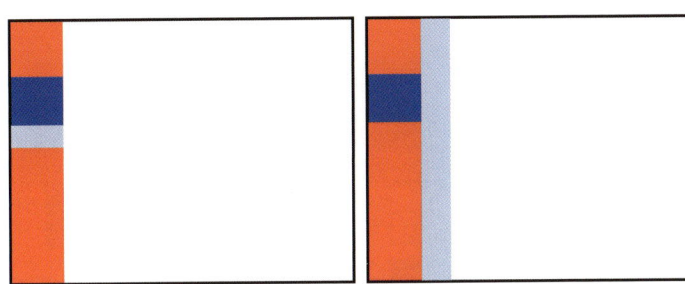

◀ **Abbildung 8**
Eine weniger gebräuchliche Anordnung der Navigation am linken Rand der Seite. Problematisch ist diese Anordnung vor allem, wenn die lokale Navigation innerhalb der globalen aufklappt und weitere Ebenen dann rechts angezeigt werden. Ungeübte Anwender tun sich sicherlich mit dieser Navigation schwer.

4. Skalierbarkeit

Wie heißt es doch so schön? Heute schon an Morgen denken! Planen Sie die lokale Navigation auf Zuwachs, und planen Sie auch bei der globalen Raum ein für eventuelle Erweiterungen. Die kommen mit Sicherheit und sollten dann kein Redesign erfordern.

Anordnung der Navigation

Wie ordnet man die Navigation nun um den Inhalt einer Seite an? Es gibt hier verschiedene Varianten, die ich im Folgenden gegenüberstellen möchte. Welche Variante Sie wählen, hängt vom Inhalt und der Zielgruppe ab.

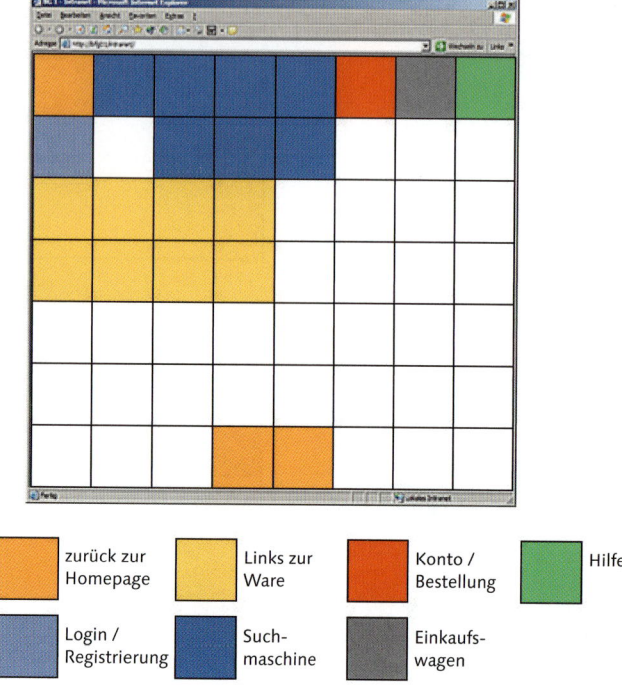

zurück zur Homepage

Links zur Ware

Konto / Bestellung

Hilfe

Login / Registrierung

Such-maschine

Einkaufs-wagen

Usability

Eine Untersuchung der Wichita State Uni-
versity im Jahr 2002 hatte das Ziel, herauszu-
finden, in welchen Bereichen einer Seite die
Anwender welche Navigationselemente vermuten. An der Untersuchung nahmen amerikanische »Surfer« teil, die Ergebnisse im folgenden Schaubild können aber global gesehen
werden.

Aus den Ergebnissen der Studie lassen sich
folgende Regeln ableiten:

▶ **Zurück zur Homepage** steht links oben oder
in der Mitte unten auf der Seite. Zudem ist
es Standard, die Homepage auch über das
Unternehmenslogo zu verlinken.

▶ **Interne Links der Site** stehen am besten im
linken oberen Bereich der Seite.

▶ **Externe Links ins Web** stehen am Rand auf
der rechten Seite oder am Rand links unten.

▶ **Interne Suchmaschinen** erwarten die Anwender meist in der Mitte des oberen Bereichs einer Seite.

▶ **Werbebanner** werden von den Anwendern
immer oben im Kopf der Seite vermutet.

▶ **Login/Registrierung** steht in der Erwartung
des Anwenders in der linken oberen Ecke
der Webseite.

▶ **Der Einkaufswagen** wird meist in der rechten oberen Ecke vermutet und sollte deshalb auch dort zu finden sein.

▶ **Hilfe** wird in den meisten Fällen in der rechten oberen Ecke gesucht, sicherlich eine
Gewohnheit, die mit der Position der Hilfe in
der Menüleiste von Programmen zu tun hat.

◀ **Abbildung 10**

www.zone.com von Microsoft bietet dem Spieler verschiedene Sparten von Online-Spielen. Die Icons sind eindeutig, und wer Spiele kennt, wird auch die Rubriken erkennen. Dennoch verzichten die Designer nicht auf die Unterstützung von kurzen Texten.

◀ **Abbildung 11**

www.disney.go.com: Wenn es ein Unternehmen gibt, das über Bilder kommuniziert, dann Disney. Diese Grafik ist Teil der Homepage, aber auch hier kommt man ohne Text nicht aus, weil die Grafik allein nichts aussagt.

Weshalb Werbebanner ignoriert werden

Wie eben beschrieben, vermuten Anwender Werbebanner meist im Kopfbereich einer Seite. Diese Vermutung führt zu dem Effekt, dass Grafiken in diesem Bereich inzwischen völlig ignoriert werden, auch wenn sie blinken oder anderweitig auf sich aufmerksam machen. Was tun? Die Lösung ist einfach, positionieren Sie Werbebanner einfach an Plätzen, an denen die Anwender sie nicht vermuten oder andere Links erwarten. Auf dem Schaubild gibt es genug »freien« Raum für Werbung. Denken Sie aber daran, dass die Anwender lernfähig sind und sich die neuen Plätze mit Sicherheit innerhalb kurzer Zeit auch einprägen.

Abbildung 12 ▶

Fast alle Symbole von yahoo.com erklären sich von selbst, aber auch nur fast alle. Die rechte Hälfte ist mehrdeutig und führt ohne …

Handy/SMS   Reisen   E-Mail   Chat   Personalisieren   Messenger

Abbildung 13 ▶

… den entsprechenden Text zu Fehlinterpretationen.

Abbildung 14 ▶

Auch unter Computer-Universe.de finden sich einige Bilder in der globalen Navigation, ….

Abbildung 15 ▶

… die fast alle, bis auf das Info-Icon, selbsterklärend sind.

Abbildung 16 ▶

Texte als Bilder präsentiert BOL auf den Webseiten. Die Formen und Farben der Register stehen für das Branding der Site.

Navigation als Text oder Bild?

Das Design von Webseiten hat sich in den letzten Jahren sehr stark entwickelt. Ausgehend vom Anfang als rein textbasiertes Medium über eine Phase, in der verstärkt Bilder in der Navigation eingesetzt wurden, verwenden immer weniger Designer heute eine bildbasierte Navigation. Aus technischen und gestalterischen Gründen treten heute vermehrt Textnavigationen auf (auch wenn diese oft als Bilder gespeichert sind, wie in Abbildung 16).

Das macht so auch Sinn, weil der Mensch zwar Bilder größtenteils emotional wahrnimmt, d.h., er empfindet Sympathie für eine Seite, die »ansprechend« gestaltet ist, Bilder aber in der Navigation nicht ausreichen, weil eben ein Bild mehr sagt als 1000 Worte, und damit eine vieldeutige Interpretation der Bedeutung erlauben. Die Abbildungen zeigen die verschiedenen Facetten.

Desktops
Aktuelle Technik
für individuelle
Einsatzbereiche.

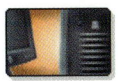
Workstations
Hohe Leistung für
komplexe
Anwendungen.

Notebooks
Wirtschaftlich und
mobil mit neuester
Technik.

Servers
PowerEdge.

Storage
PowerVault &
Dell|EMC

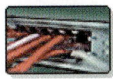
Netzwerke
PowerConnect

Handhelds
Handliche PDAs
zu günstigen
Preisen.

**Software &
Zubehör**
Über 2.000
Peripherie
Produkte.

◄ **Abbildung 17**
Ein Beispiel aus den Webseiten von
Dell. Die Texte alleine genügen völlig,
die Bilder kann man sich getrost
sparen.

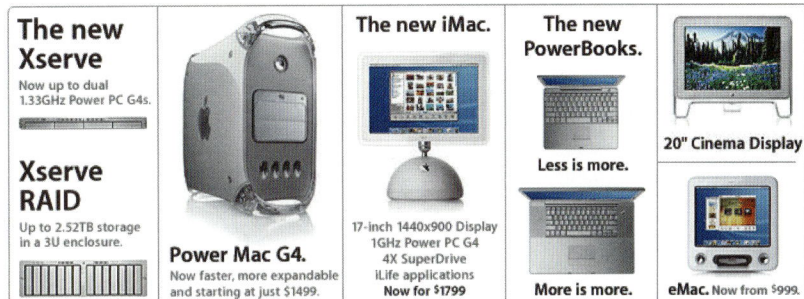

▲ **Abbildung 18**
Noch ein gelungenes Beispiel. Apple setzt auf den eigenen Seiten
diese »Banner« ein, um die Highlights einer Rubrik hervorzuheben.
Der Benutzer kennt die Systeme, der werbliche Eindruck wird aber
durch die Textebene verstärkt.

Erst lesen, dann schauen

Ein weiterer interessanter Effekt, der sich bei
der Beobachtung von Nutzerverhalten zeigt,
ist, dass Besucher einer Site zuerst den Text
lesen und erst im zweiten Durchgang, wenn
der Inhalt für interessant genug erachtet
wurde, auch die Bilder wahrnehmen werden.
Der Mensch ist ein visuelles Wesen, im Web
aber immer auf der Suche nach Informationen,
und hier haben wir im Laufe unserer Entwicklung gelernt, dass wichtige Dinge immer
geschrieben sind und Bilder oft nur Schmuck
oder weitergehende Erklärungen enthalten.
In der Schule lernen Kinder zuerst Lesen und
Schreiben, die visuelle Gestaltung von Information wird – wenn überhaupt – erst in späteren Klassen gelehrt.

Denken Sie bei der Gestaltung Ihrer Homepage an diese Regel. Vielleicht auch ein Grund,
weshalb die meisten Besucher beim Anblick
einer Intro-Animation direkt auf den Button
SKIP INTRO drücken!

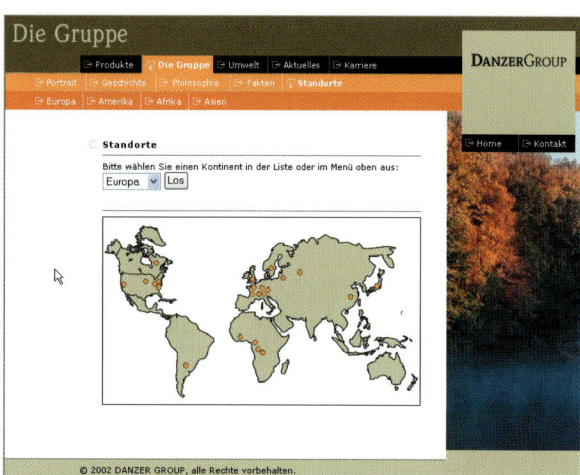

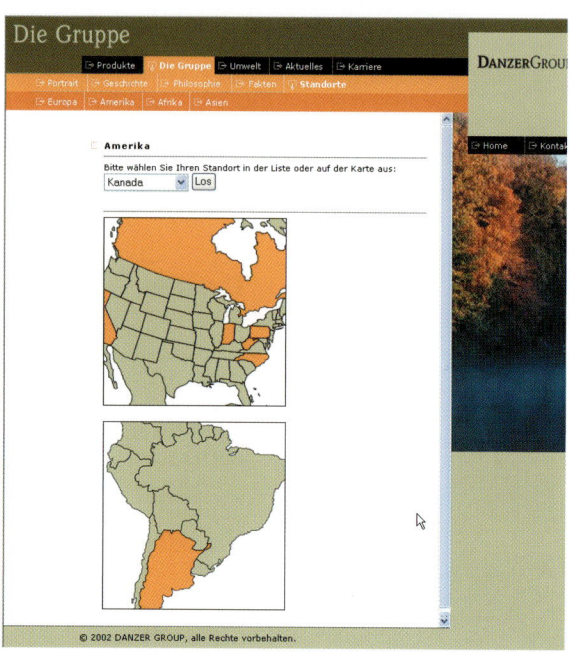

▲ **Abbildung 19**
www.danzer.de: Schnell zum richtigen Land, entweder über den Text oder die Landkarte, was vielen Anwendern lieber ist.

▲ **Abbildung 20**
www.danzer.de: Die Auswahl der Kontinente wandert in die lokale Navigation, zusätzlich werden die Staaten farblich hervorgehoben.

Beispiel für eine Text-Bild-Navigation

Die beste Vorgehensweise ist bekanntlich der Kompromiss, und aus diesem Grund ist eine erfolgreiche Navigation am besten aus Bild und Text aufgebaut, was ich an einem Praxisbeispiel belegen möchte.

Die folgende Sequenz aus dem Webprojekt Danzer-Gruppe zeigt am Beispiel der Länderauswahl, wie man mit Bildern besser navigiert. Ich habe bewusst dieses »triviale« Beispiel gewählt, weil es auf vielen Seiten im Web vorkommt und ebenso oft nicht optimal gelöst wird.

1. Die Standorte (Abbildung 19). Wir haben die Standorte dort angeordnet, wo sie aus Nutzersicht, aber auch aufgrund der organisatorischen Struktur am meisten Sinn machen und deshalb auch am einfachsten zu finden sind: unter dem Punkt »Die Gruppe«.
Der Besucher kann auf zwei Arten auswählen, entweder textuell in einer Liste oder visuell auf einer Landkarte. Ein Entweder-oder macht keinen Sinn, weil die Landkarte in jedem Fall einfacher zu verstehen ist und die Liste keinen unnötigen Raum benötigt.

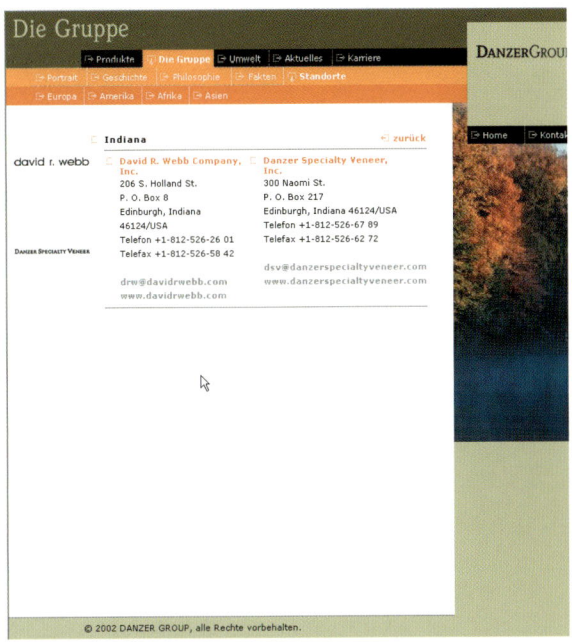

◀ **Abbildung 21**
www.danzer.de: Alle Informationen übersichtlich
auf einen Blick. Sofern vorhanden, finden sich hier
auch noch die Anfahrtsskizzen als PDF-Datei zum
Download.

2. Nach der Wahl des Kontinents wird dieser mit den Ländern, in denen Niederlassungen sitzen, angezeigt, und diese Länder respektive Staaten sind zusätzlich noch in einer Liste aufgeführt. Man beachte die Zeile in der Navigation, die dem Anwender einen schnellen Wechsel zwischen den Kontinenten erlaubt.

3. Ein Klick auf das Land, und auf der letzten Seite werden alle relevanten Informationen angezeigt. Neben der Adresse müssen hier auch die Webseiten und direkten Kontaktadressen stehen (es heißt zwar »Besucher«, das muss aber nicht mit »der Suchende« gleichbedeutend sein).

Navigationsbeispiele aus dem Web

Die folgenden Beispiele sind vor allem aufgrund der Informationsmengen, die in den Seiten stecken und die damit auch eine durchdachte Navigation erfordern, ausgewählt. Es zeigt sich hier, dass auch große Informationsmengen sauber strukturiert nicht langweilig wirken.

Museum of Modern Art

Die Seiten des Museum of Modern Art (Abbildung 22) sind sehr umfangreich, was beim Anblick der Navigation nicht sofort klar wird. Insgesamt sind die Seiten gut strukturiert und die Navigation ist einfach gelöst.

▶ Die globale Navigation ❶ ist vertikal links angeordnet, sinnvoll aufgrund der vielen Menüpunkte. Auf der Homepage ist die lokale Navigation nicht sichtbar.

▶ Die lokale Navigation ❷ klappt innerhalb der globalen Navigation auf – nicht unbedingt ratsam, vor allem bei umfangreichen Inhalten in dieser Ebene. Bei kleinen Bildschirmen kann so schnell die erste Navigationsebene völlig verschwinden.

▶ Die Kontextnavigation ❸ beschränkt sich hier auf Textlinks innerhalb des Inhalts. Aufgrund der umfangreichen Punkte auf der ersten und zweiten Ebene ergibt sich hier auch nicht die Notwendigkeit, weitere Punkte zu verlinken.

▶ Visuelles Feedback: Neben Rollover helfen farbige Balken und wechselnde Bilder bei der Identifikation der Auswahl.

▲ **Abbildung 22**
www.moma.org

CNN-NTV

Die NTV-Site (Abbildung 23) ist trotz der Menge an Informationen sehr übersichtlich gelungen. Die Navigation ist klassisch klar gegliedert, und das Farbschema trennt die Rubriken sauber voneinander.

▶ Die globale Navigation ❶ ist horizontal angeordnet. Die Begriffe orientieren sich am Kontext Nachrichten. Jede Rubrik repräsentiert ein anderes Farbschema.

▶ Die lokale Navigation ❷ ist visuell mit der globalen Navigation verbunden. Markierte Punkte werden farblich hervorgehoben und sind über diesen Farbcode mit dem Inhalt verbunden. Einfach, aber effektiv. Der Anwender kann so die Navigation trotz umfangreicher Inhalte einfach identifizieren.

▶ Die Kontextnavigation ❸ ist umfangreich, aber klar vom Inhalt zu unterscheiden. Themen werden durch Schrift, Grafik oder Flächen voneinander getrennt. Die Orientierung fällt leicht, insgesamt eine sehr gelungene Site.

▶ Visuelles Feedback: Der Farbcode wird konsequent auf allen Seiten durchgehalten, auch bei der Farbgebung der Hyperlinks.

▲ **Abbildung 23**
www.ntv.de

Stuttgarter Zeitung

Die Stuttgarter Zeitung (Abbildung 24) bedient nur ein regionales Publikum, was sich aber nicht in der Gestaltung der Webseiten widerspiegelt. Die Site ist durchdacht strukturiert, und die Navigation ist übersichtlich und schnell erlernbar, allerdings nicht konsequent umgesetzt.

▶ Die globale Navigation ❶ ist horizontal angeordnet. Auch hier kommt eine Farbkodierung zum Einsatz, die die globale Navigation mit der lokalen verbindet. Die Rubriken orientieren sich am Informationsangebot. Die globale Navigation ist redundant angelegt und bietet die lokale Ebene auch über ein Menü an. Zusätzlich findet sich die globale Navigation auch in der Leiste links am Rand. Damit wird man dem Anspruch an unterschiedliche Zielgruppen, wie sie bei einer Zeitung logischerweise vorkommen, gerecht. Ich halte es in dieser Lösung für unproblematisch, wenn auch die Vermischung der ersten und zweiten Ebene den Anwender verwirren kann.

▶ Die lokale Navigation ❷ ist über einen Farbcode mit der globalen Navigation verbunden. Markierte Punkte werden durch einen Pfeil markiert. Ruft man die lokale Navigation über das Menü auf, kann man zusätzlich noch auf Teile der Kontextebene zugreifen.

▶ Die Kontextnavigation ❸ ist einfach und reduziert sich auf zahlreiche Textlinks innerhalb des Angebots. Standardaktionen, beispielsweise »Drucken« oder »Versenden«, sind zusätzlich noch mit Icons versehen.

▶ Visuelles Feedback: Farbcode und Rollover-Effekte sowie unterstrichene und farblich hervorgehobene Hyperlinks helfen bei der Orientierung.

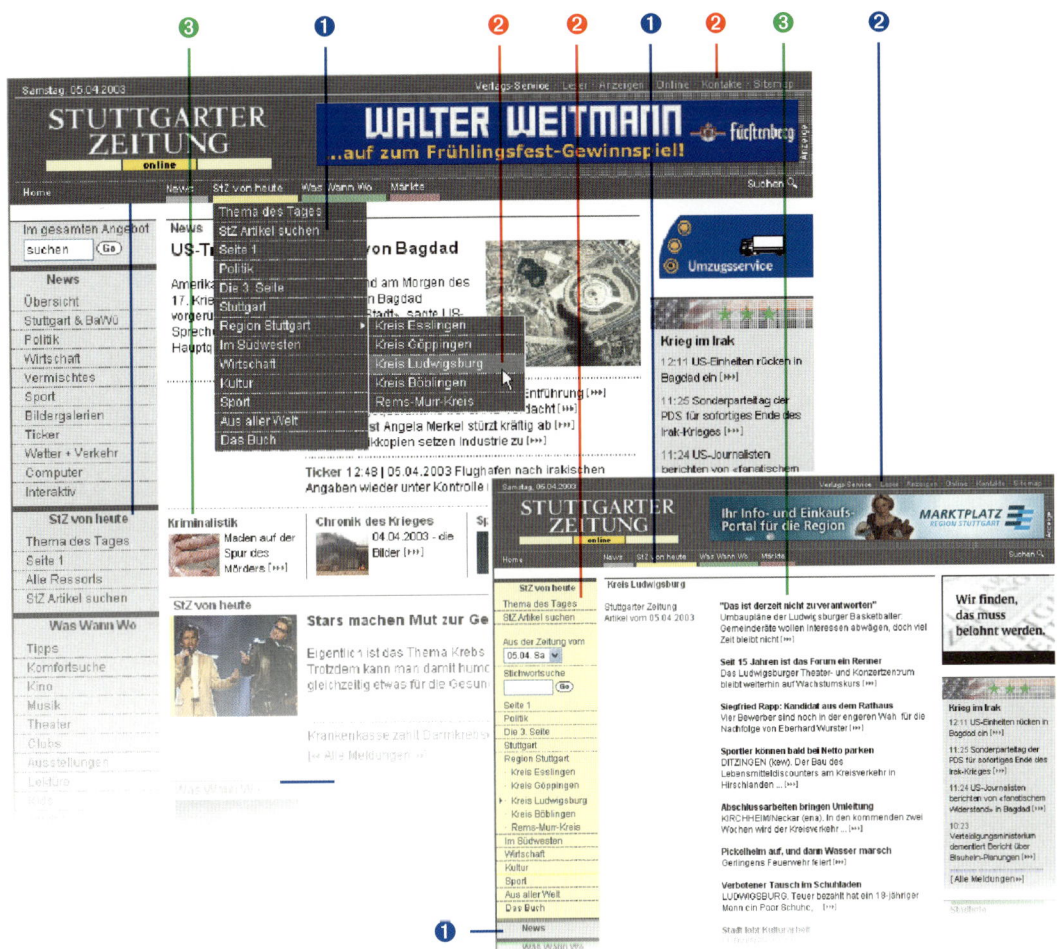

▲ **Abbildung 24**
www.stuttgarter-zeitung.de

ZDF

Gut angelegt hat man beim ZDF die Gebühren der Zuschauer (Abbildung 25). Die Seite gehört zum Besten, was man an Senderseiten finden kann, sowohl in puncto Aufbau als auch Design, allerdings mit kleinen Abzügen für eine zu kompliziert geratene Navigation.

▶ Die globale Navigation ❶ ist nur auf der ersten Seite zu sehen. Auf den folgenden Seiten wird nur noch die gewählte Rubrik angezeigt. Den Weg zurück findet man nur über das kleine Icon oben links oder direkt zu den anderen Rubriken über die Menüs am oberen Rand. Das ist insgesamt ein wenig umständlich und hätte, sieht man sich die anderen Beispiele an, auch besser gemacht werden können.

▶ Die lokale Navigation ❷ erstreckt sich über zwei Ebenen, die eingerückt angezeigt werden. Der Rückweg ist auch hier nur über eine andere Navigation bzw. die Pfadanzeige möglich.

▶ Im Inhaltsbereich ❸ gibt es neben Textlinks auch Grafiken mit hinterlegten Hyperlinks.

Obwohl die Navigation nicht wirklich optimal ist, findet man sich dank der immer neuen Umgebungsgrafik gut zurecht.

▲ **Abbildung 25**
www.zdf.de

Abbildung 26 ▶
Die Homepage von
www.danzer.de

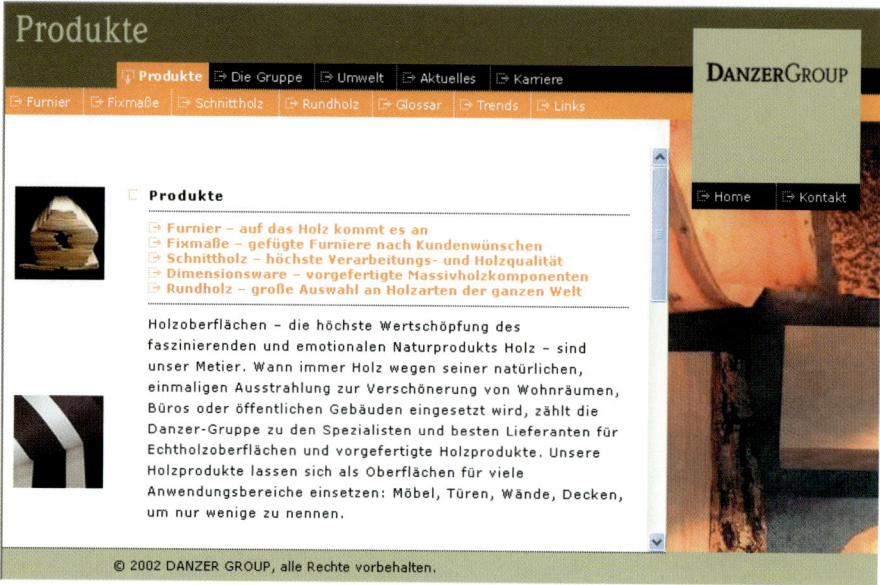

Danzer

Bei der Gestaltung der Webseiten der Danzer-Gruppe haben wir die Navigation nach einem einfachen Prinzip in drei Ebenen aufgebaut.

Um das Bedienprinzip zu verdeutlichen, starten wir nach der Sprachauswahl bereits mit einem ausgewählten Bereich (Abbildung 26). Die globale Navigation ist direkt mit der lokalen Navigation verbunden.

Die zweite lokale Navigation (Abbildung 27) wird nur angezeigt, wenn der Anwender in die Ebene einsteigt. Farblich sind die beiden Ebenen getrennt, die Verbindung bilden das Icon und die Schrift.

In der Kontextnavigation (Abbildung 28) findet sich das Icon wieder, das alle Hyperlinks verbindet, und auch die Hervorhebung des gewählten Bereichs wird aus der lokalen Navigation übernommen.

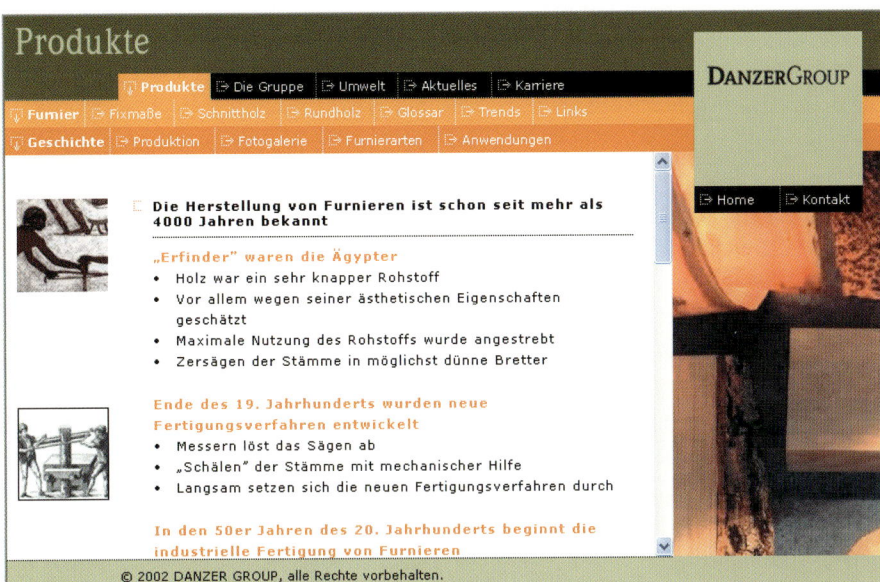

◀ **Abbildung 27**
www.danzer.de: Die zweite
lokale Navigation

◀ **Abbildung 28**
www.danzer.de: Die Kontextnavigation

Interview: DMC – Digital Media Center bringt Ordnung ins Netz

Oliver Mokhlis ist Director Creative bei dmc – digital media center.

F.: Gab es klare Designregeln, die als Basis dienten?

A.: Nachdem Leitz erfolgreich die Kernmarke positioniert und ein neues Corporate Design eingeführt hatte, rundet der überarbeitete und erweiterte Webauftritt den Marketingmix des Unternehmens ab. Das System ist zudem nun auch auf die Anforderungen einer international agierenden Marke neu ausgerichtet.

Bei der Gestaltung der Webseiten hatten wir »relativ« freie Hand, da keine Designregeln für das Web definiert waren – außer den Standards wie Signet oder Hausschrift.

F.: Gab es bereits eine bestehende Website, auf die aufgesetzt wurde?

A.: Ja, es galt aus der bestehenden Website einzelne Teile, beispielsweise Produktpräsentationen, zu übernehmen. Wir entwickelten ein Layout, das dies leistete und gleichzeitig neu und aufregend war – was man eben unter einem Re-Design versteht. Eine weitere Herausforderung war die Abbildung des kompletten datenbankbasierten Produktkatalogs von Leitz. Dieser war ebenfalls bereits im Vorgänger integriert und sollte nicht stark verändert werden – zumindest technisch.

F.: Wie groß war das Projektteam, und wie waren die Rollenverteilungen?

A.: Das Projektteam bestand aus mehreren Personen, die im Diskurs der zugrunde liegenden medienspezifischen und marketingspezifischen Inhalte und Aufgaben das Projekt erarbeiteten:

- ▶ Ein Projektleiter, Koordination
- ▶ Ein Art Director, Konzept und Design
- ▶ Ein Screendesigner, Konzept und Design-Umsetzung
- ▶ Zwei HTML-Programmierer bzw. Productioner, Aufbau der HTML-Seiten und Anbindung an Datenbanken
- ▶ Ein Systemadministrator, zuständig für die Datenbankpflege und -administration des Katalogs.

F.: Welche Entwicklungsphasen gab es, wie lange hat es gedauert?

A.: Die Konzeptions- und Entwicklungsphasen erstreckten sich über mehrere Wochen. Nicht nur das Design und Erscheinungsbild der Webseite sollte sich vom Wettbewerb abheben; auch die Anbindung der bestehenden Datenbanken und Websites musste konzipiert werden.

Nach der Klärung aller Fragen bezüglich Technik und Design und dem O.K. des Kunden erfolgten die restlichen Arbeiten in weiteren zwei Wochen. Hierbei wurden alte Seiten ebenfalls ans neue Design angepasst – dank der Konzeption aber nur in geringem Umfang. HTML-Programmierung und Grafik arbeiteten Hand in Hand – Fragen wurden direkt zwischen Designer und HTMLer geklärt – was ein schnelles Erarbeiten der notwendigen Inhalte ermöglichte.

F.: Was war das Schönste am Projekt?

A.: Man sieht dem Auftritt die gekonnte Balance zwischen technischer Finesse und grafisch ansprechender Gestaltung an. Die Freiheit, dies so umzusetzen, bekommt man nicht in jedem Projekt. Positiv war auch das Feedback aus der Szene und von den Nutzern der Site.

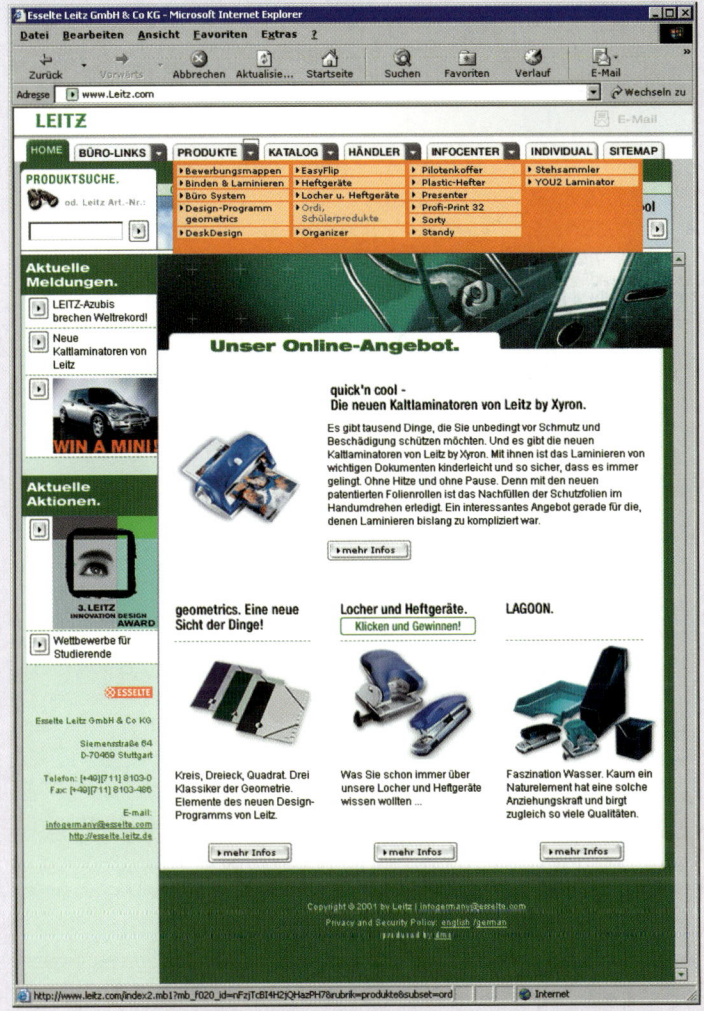

◄ **Abbildung 30**
Die Homepage von Leitz nach dem Relaunch. Der
Anwender greift über die farblich abgesetzten Menüs
der Rubriken auf die Inhalte zu.

F.: Was macht Eure Agentur?

A.: Die dmc digital media center GmbH, mit
Sitz in Stuttgart, realisiert Dienstleistungen
rund um die neuen Medien. dmc bietet
von der Konzeption über Projektleitung,
Design, Software-Entwicklung bis hin zur
Installation und zu Content-Management
das gesamte Leistungsspektrum von komplexen E-Business-Projekten an, inklusive

Beratung und Ausführung von Strategien
im Bereich Online-Marketing.

**F.: Was ist für Euch der Unterschied
zwischen online/offline?**

A.: Der Hauptunterschied liegt für uns in der
Flexibilität, in der Erreichbarkeit des Me-
diums, in der Kostenrelevanz und heute
natürlich in der Verbreitung und der Akzeptanz in der Gesellschaft.

Abbildung 31 ▶

Alle Rubriken haben einen eigenen Farbcode. Die Inhalte der Menüs sind innerhalb der Rubriken auf der linken Seite angeordnet. Die klare Trennung des Inhalts von der Navigation erleichtert die Orientierung.

Offline wird auf lange Sicht gesehen nur noch zur Unterstützung von »Online-Medien« und deren Streuung in der Gesellschaft sein. Medien, die uns kein »Added Value« oder Linkfunktionalitäten bieten, werden ihre Bedeutung verlieren.

Das Beispiel findet sich unter:
www.Leitz.de/www.Leitz.com
Die Agentur unter: www.dmc.de

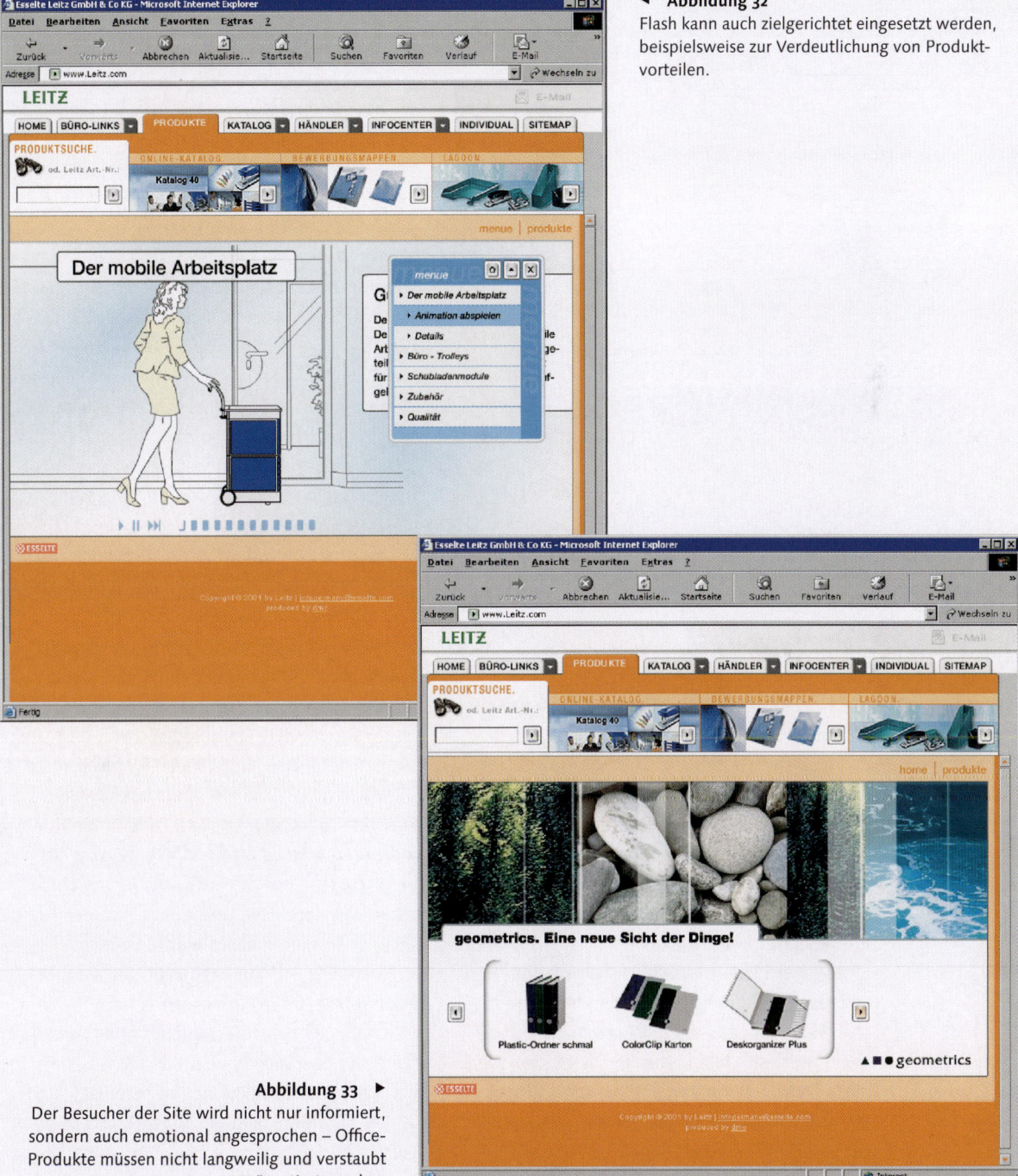

◄ **Abbildung 32**
Flash kann auch zielgerichtet eingesetzt werden,
beispielsweise zur Verdeutlichung von Produkt-
vorteilen.

Abbildung 33 ▶
Der Besucher der Site wird nicht nur informiert,
sondern auch emotional angesprochen – Office-
Produkte müssen nicht langweilig und verstaubt
präsentiert werden.

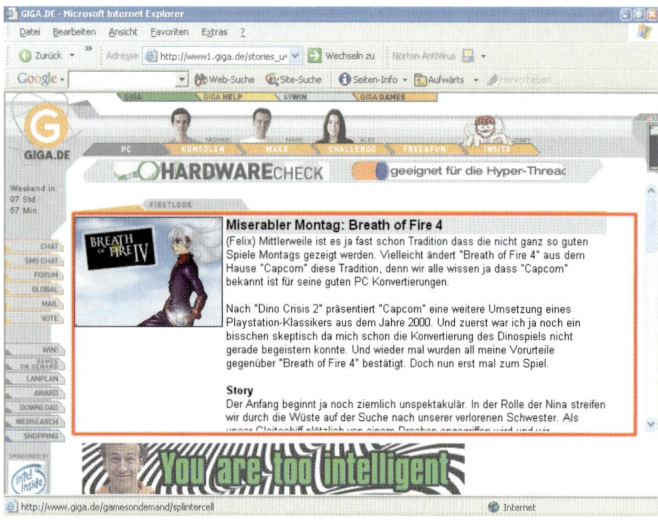

▲ Abbildung 29
Gerade mal 38% des Bildschirms für Inhalt. Das Frameset von
www.giga.de benötigt sehr viel Platz, nachteilig gerade auf Bildschirmen mit niedriger Auflösung.

Seitenlayout

Die Navigation ist unbestritten das wichtigste
Element eines Webauftritts – ohne durchdachte Benutzerführung sieht ein Anwender
kaum mehr als die Homepage. Aber auch eine
gute Navigation alleine ist noch kein guter Auftritt ohne ein Layout, das den Inhalt übersichtlich und ansprechend präsentiert.

Frames oder No-Frames?

Eine weitere Entscheidung, die bereits vor dem
eigentlichen Entwurf fallen muss, ist der technische Seitenaufbau, also die Frage: Frames oder
keine Frames? Ich bin zwar der Meinung, dass
diese Entscheidung – weil technisch – keinen
Einfluss auf das Design haben darf, in der Praxis
gilt es jedoch ein paar Dinge zu beachten:

Seiten, die Frames verwenden, haben einen
entscheidenden Vorteil gegenüber Seiten, die
keine Frames verwenden. Die Navigation und
wichtige Elemente bleiben immer an derselben Stelle stehen, während sich der Inhalt im
Frame verschieben lässt – ein Punkt, der sich
vorteilhaft auf die Ladezeiten einer Seite auswirkt. Das ist aber auch schon alles.

Der Vorteil der an einer Stelle fixierten Navigation benötigt allerdings auch mehr Platz,
vor allem wenn die Navigation eigentlich nicht
benötigt wird und der Besucher lieber ein
wenig mehr Platz für den Inhalt hätte. Die Verwendung von Frames macht das Design einer
Seite statisch, wie der Name sagt, ist damit der
Inhalt »eingerahmt«, und gestalterisch bleibt
nur wenig Raum für Neues.

Neben diesen gestalterischen Einschränkungen haben Frame-Seiten auch noch technische Nachteile. Die Steuerung der Inhalte
und Framesets kann gerade bei dynamischen
Seiten einen höheren Aufwand bedeuten und
damit auch eine höhere Fehleranfälligkeit. Der
Zurück-Button des Browsers funktioniert bei
Frames auch nicht immer wie gewünscht. Auf
kleinen Schirmen ordnen sich Frame-Inhalte
oft falsch an oder, noch schlimmer, verdecken
wichtige Navigationspunkte. Suchmaschinen
indizieren Frames oft falsch, so dass der Inhalt
beim Zugriff über die Suchmaschine nicht korrekt dargestellt bzw. überhaupt nicht indiziert
wird. Seiten mit Frames werden auch nicht
auf allen Endgeräten angezeigt, etwa auf PDAs
oder Settop-Boxen mit eingebautem Browser.

Ich verzichte – sofern nicht unbedingt kun-
denseitig gewünscht – auf die Verwendung
von Frame-Seiten. Sie mögen technisch eine
feine Sache sein, gestalterisch schränken sie
jedoch nur ein.

Gestaltungsraster

Webseiten werden in Zukunft in der Mehrzahl auf dynamischen Systeme aufbauen, die nach festen Regeln und einer Standardisierung der Seitenelemente verlangen. Aber auch ohne diese Vorgaben arbeite ich von Beginn an mit einem Gestaltungsraster. Beachten Sie die folgenden Punkte bei der Erarbeitung eines Gestaltungsrasters.

▶ **Maßeinheiten**

Bei der Gestaltung von Webseiten arbeiten Sie immer in der Maßeinheit Pixel, d.h. nur mit ganzzahligen Werten, Nachkommastellen und halbe Pixel sind nicht erlaubt. Eine Ausnahme gilt für CSS, hier kann die Schriftgröße und der Zeilenabstand auch in Punkt eingegeben werden.

▶ **Mehrspaltigkeit**

Ich habe zwar zu Anfang dieses Kapitels von mehreren Spalten auf einer Seite geschrieben, dies soll jedoch nicht bedeuten, dass ein Layout auch mehrspaltig fortlaufende Texte enthalten soll. Das Problem liegt am Aufbau einer Webseite und am Medium Computer. Während Sie bei einer Zeitung wissen, wo eine Spalte aufhört oder die nächste anfängt bzw. welche Spalten zusammengehören, fehlt Ihnen dieser Anhaltspunkt auf einer Webseite aufgrund des Bildausschnitts. Sie können nicht sehen, wie lange die erste Spalte ist, und damit auch nicht wissen, wann der Text in die rechte Spalte übergeht. Sie scrollen folglich beim Lesen der ersten Spalte nach unten und stellen dort fest, dass der restliche Text wieder ganz oben steht. Das Scrollen nach oben ist eigentlich kein Problem, aber doch umständlich. Besser ist folglich, den Haupttext der Seite erstens kurz zu halten und zweitens nur einspaltig einzusetzen. Wenn

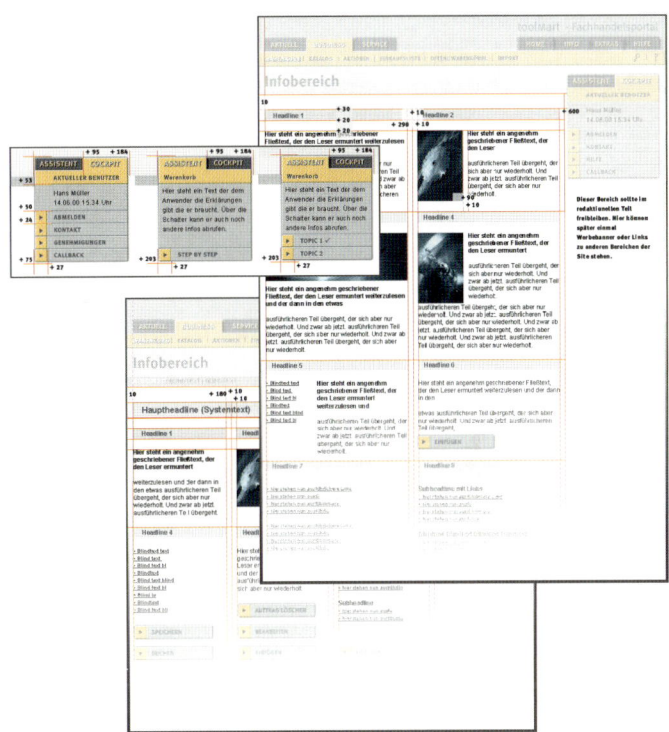

▲ **Abbildung 34**
Für das Business-Portal »Businessmart«, das vollständig aus der Datenbank kam, wurde ein einfaches Gestaltungsraster entwickelt, das auf einem flexiblen 2/3-spaltigen Ansatz basierte. Die Größe der verschiedenen Bildelemente muss für die Programmierung exakt festgelegt werden.

Sie nun scrollen müssen, dann wenigstens nur in eine Richtung.

▶ **Breite und Höhe**

Eine Webseite ist immer »einseitig« aufgebaut. Doppelseiten gibt es im Web nicht. Die Breite beträgt im Normalfall um die 780 bis 880 Pixel. Halten Sie die Höhe variabel, damit nach unten genügend Raum ist.

▶ **Bildraster**

Das Bildraster ist insofern von Bedeutung, als alle Bilder und Grafiken später eine absolute Größe besitzen. Bei der Datenauf-

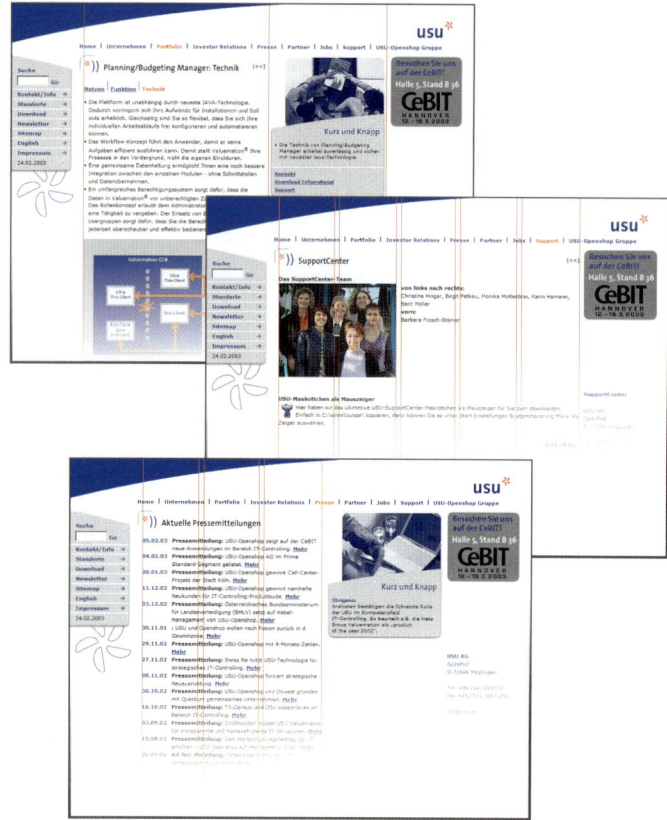

▲ Abbildung 35
Drei Beispiele für die verschiedenen Seitenraster, die während der Entwicklung der Seiten der USU AG entworfen wurden. Die Seiten wurden größtenteils auf bestehendem Material aufgebaut, weshalb verschiedene Spalten- und Bildraster entwickelt werden mussten.

 Slice me nice

Noch ein Vorteil eines durchdachten Gestaltungsrasters. Richtig aufgebaut, lassen sich auch gleich die Slices für die anschließende Medienproduktion anlegen und an besten in der Vorlage speichern, damit sie nur einmal erstellt werden müssen.

bereitung ist es deshalb einfacher, wenn die Bildgröße in gleichmäßigen Stufen definiert wird, wodurch die automatische Bearbeitung vereinfacht wird.

▶ **Schriften/Grundlinienraster/Umsetzbarkeit**
Vergessen Sie getrost das Grundlinienraster bei einer Technologie, die plattformübergreifend arbeitet. Die Inhalte werden in der Seite später über Tabellen oder Ebenen positioniert, die in jedem Browser und auf jeder Plattform anders interpretiert werden. Zudem kann der Anwender die Zeichengröße im Browser ändern. Der Zeilenabstand wird, verzichtet man auf CSS, prozentual über die Zeichengröße berechnet, was logischerweise wieder auf den unterschiedlichen Browsern differiert.

Sehen Sie das Gestaltungsraster immer als Definition und Muster für die Durchgängigkeit des Seitenaufbaus. In der Umsetzung werden nicht alle Elemente auf den Pixel genau an der richtigen Stelle sitzen. Arbeiten Sie aber in jedem Fall mit einem Raster (schon wegen der späteren Medienproduktion), gehen Sie aber nicht davon aus, dass es später auch 1:1 umgesetzt wird.

Im Vergleich zu einer klassischen Broschüre ist das Gestaltungsraster einer Webseite wesentlich einfacher aufgebaut. Beispiele für Gestaltungsraster sehen Sie in den Abbildungen 34 bis 37.

Die richtige Vorlage und das Umfeld
Zeit ist kostbar, weshalb man sie auch nicht mit nutzlosen Dingen verbringen sollte. Ich verwende beim Entwurf von Seiten immer eine Vorlagendatei, die nach einem festgesetzten Schema aufgebaut ist. Sie enthält bereits einige Ebenen, die helfen, die verschiedenen

◀ **Abbildung 36**
Dieses Beispiel stammt aus dem Style Guide, der bei der Entwicklung der Seiten von GARDENA entwickelt wurde. Die Seiten basieren allesamt auf einem einfachen Inhaltskonzept, das einen Contentbereich und verschiedene Navigationsbereiche verwendet.

Abbildung 37 ▶
Für die Programmierung wurde das Seitenmodell exakt vermaßt. Auch diese Seiten werden komplett dynamisch erzeugt.

Elemente gleich von Beginn an richtig zu ordnen, und auf der obersten Ebene ein Dummy-Browserfenster, das den späteren Rand im Web simuliert. So sehe ich nicht nur von Beginn, wie viel wirklich von der gewählten Auflösung übrig bleibt, sondern kann auch beurteilen, welche Auswirkungen der Browserrand auf das spätere Design haben wird – und spare damit jede Menge Zeit.

Denkbar, wenn auch ein wenig aufwändig, ist es, Rahmen unterschiedlicher Browser zu verwenden. Der Aufwand lohnt sich allerdings nicht, wenn ein Browser 93% Marktanteil hat.

Ich setze, abhängig vom Projekt, zwei verschiedene Vorlagen, eine in der Auflösung 800 x 600 und eine in 1024 x 768, was für die ersten Schritte völlig ausreicht. Ist das Grundlayout erstellt, ändere ich bei der späteren Ausarbeitung – abhängig vom Seiteninhalt – gegebenenfalls das Format. Allerdings nur in der Länge, nicht der Breite.

Die Vorlage enthält neben den verschiedenen Ebenen und dem Rahmen auch eine verknüpfte Bibliothek mit häufig benötigten Elementen, beispielsweise Schalter oder Eingabefelder.

Interview: GFT Technologies – die Bank im Netz

Lothar Blum ist Creative Director bei der GFT Technologies AG.

F.: Gab es klare Designregeln, die als Basis dienten?

A.: Nein. Es war vom Kunden ausdrücklich ein Abrücken vom konventionellen Corporate Design gewünscht. Der vorhandene Style-Guide galt als zu flau und nicht mehr in Kongruenz mit den Kommunikationszielen. Wir als Gestalter nahmen die aus Linien bestehende Bildmarke sowie einige Corporate Colors als Eckpunkte und entwickelten das Identity Design und Navigationsdesign mit einem gewünschten frischen Look für eine professionelle Bank.

F.: Gab es bereits eine bestehende Website, auf die aufgesetzt wurde?

A.: Nein. Das Firmenkundenportal sollte parallel zum Präsenzauftritt der BHF-BANK bewusst eigenständig sein. Sein wesentlicher Zweck ist die Vertiefung der Beziehungen zu Firmenkunden der BHF-BANK, in der die Stärken der Bank aktiv eingebracht wurden.

Daher auch die visuellen Unterschiede zwischen www.bhf-bank.de (nicht von uns gestaltet) und dem Firmenkundenportal http://businessnet.ing-bhf-bank.com.

F.: Wie groß war das Projektteam, und wie waren die Rollenverteilungen?

- ▶ Project Manager
- ▶ Project Leader
- ▶ Business Consultant
- ▶ Information Architect
- ▶ Creative Director
- ▶ Screen Designer
- ▶ HTML Programmer
- ▶ CMS Expert
- ▶ CMS Programmer
- ▶ Backend Programmer

Insgesamt waren elf Personen (aber selbstverständlich nicht fulltime über den gesamten Projektzeitraum) mit dem Firmenkundenportal beschäftigt.

F.: Welche Entwicklungsphasen gab es, wie lange hat es gedauert?

1. Analyse der Zielgruppenbedürfnisse und des Informationsangebotes
2. Konzeption der Informationsarchitektur und des Interface Designs
3. Frontend Development
4. Entwicklung des Redaktionssystems zur Pflege des Portals

   Zeitdauer des Projektes: September 2001 bis Juni 2002

F.: Welche Probleme gab es im Projektverlauf?

A.: Fruchtbar für die Erreichung der Zielvorgabe der vertieften Kundenbindung waren die Recherchen von Consultant und Information Architect im Umfeld der Firmenkunden. Dieses half maßgeblich dabei, das Konzept in Kongruenz mit den Erwartungen der User zu bringen. Dabei stellte sich beispielsweise heraus, dass – anders als anfangs vermutet – ein hohes Maß an Personalisierung nicht notwendig sein würde, sondern lediglich eine gewisse Konfigurierbarkeit an Kommunikationsdienstleistungen. Leider waren die zeitlichen Ressourcen für diese Recherchen knapp bemessen – wir hätten in dem Zusammenführen von Funktionalitäten des Portals und Kundenerwartungen sonst noch mehr erreichen können.

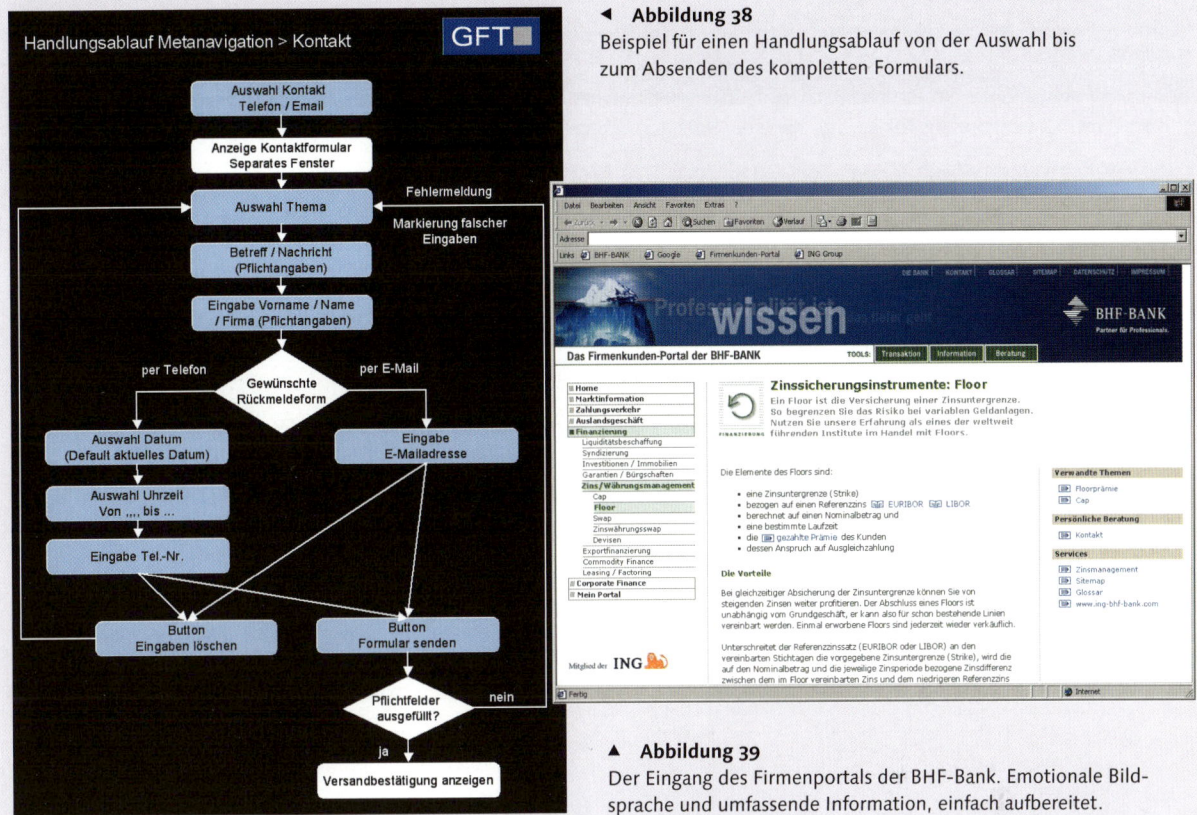

◀ **Abbildung 38**
Beispiel für einen Handlungsablauf von der Auswahl bis
zum Absenden des kompletten Formulars.

▲ **Abbildung 39**
Der Eingang des Firmenportals der BHF-Bank. Emotionale Bild-
sprache und umfassende Information, einfach aufbereitet.

F.: Was war das Schönste am Projekt?

A.: Üblicherweise sind bei unseren Projekten
bestimmte Professionen mehr oder weniger stark an der Einflussnahme beteiligt: Je
nach Kunde und Projektcharakter ist der
konzeptionelle, der designerische oder der
technologische Part stärker ausgeprägt.
Dieses Projekt »Firmenkundenportal« war
die (schöne) Ausnahme: Alle Bereiche von
der Informationsarchitektur bis zur CMS-
Programmierung trugen gleichermaßen
zum Nutzwert und zur Wertschöpfung der

Website bei. Und das Beste: All diese Skills
und Ergebnisse werden vom Kunden ge-
würdigt und wertgeschätzt.

F.: Was macht Eure Agentur?

A.: GFT Technologies AG (GFT) ist einer der
führenden Dienstleister für integrierte IT-
Beratung und Systemintegration in Europa.
Der Bereich Business Design will den Anwender durch intelligentes Infotainment
begeistern, durch spannende Interakti-
onsmöglichkeiten einbinden und ihm das
Wesen der Neuen Medien eröffnen. Dabei

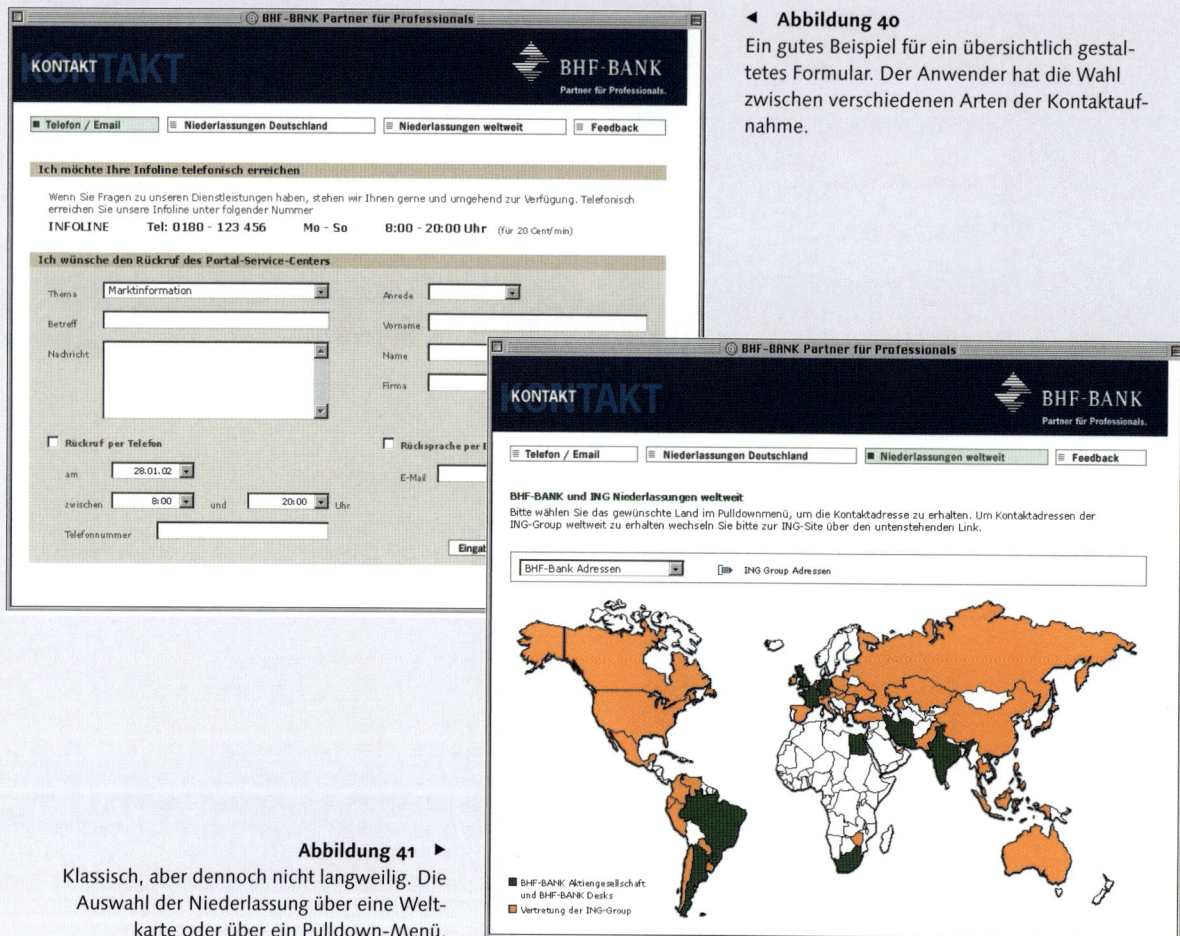

◀ **Abbildung 40**
Ein gutes Beispiel für ein übersichtlich gestaltetes Formular. Der Anwender hat die Wahl zwischen verschiedenen Arten der Kontaktaufnahme.

Abbildung 41 ▶
Klassisch, aber dennoch nicht langweilig. Die Auswahl der Niederlassung über eine Weltkarte oder über ein Pulldown-Menü.

wird ein wesentlicher Schwerpunkt auf innovatives und intelligentes Human-Computer-Interface-Design gelegt, welches sich auf sämtliche Bereiche auswirkt, zu denen vernetzte ganzheitliche Onair-, Online- und Offline-Lösungen, multimediale POI- und POS-Systeme sowie Sitepromotion zählen. Der Bereich Enterprise Portals innerhalb des GFT-Konzerns wird konzeptionell und gestalterisch von Business Design abgedeckt.

F.: Worin seht Ihr den Hauptunterschied zwischen on- und offline?

A.: Offline-Design produziert Monolog, (gutes) Online-Design produziert Dialog.

Das Beispiel findet sich unter:
http://businessnet.ing-bhf-bank.com
Die Agentur unter: www.gft.de

Für Ihre Notizen

Farbe und Schrift im Web

Der Website das richtige Aussehen verleihen

> Mithilfe von Farbe und Typografie können Sie Ihre
> Website individuell gestalten. Für jede Aufgabe gibt
> es die passende Schrift, für jeden Zweck die adä-
> quate Farbe.

Farben

DER BESUCHER IHRER WEBSITE IST EIN LERNFÄHI-
ges Gewohnheitstier und zudem durch 2 Millionen Jahre Evolution gegangen. Er hat in der
Vergangenheit gelernt, wiederkehrende Muster zu erkennen, und verschiedene unterbe-
wusste Verhaltensregeln entwickelt. Geprägt
von den Dingen in seiner Umwelt und aus seinem Erfahrungsschatz besitzt er damit ein
umfangreiches Instrumentarium an Zeichen,
denen er feste Bedeutungen zuordnet – und
das meist unbewusst.

Das Farbklima

Nutzen Sie dieses unbewusste Wissen bei der
Entwicklung des Farbklimas und der Symbole
der Site (Abbildung 1).

Richtig eingesetzt führen sie den Besucher,
falsch sorgen sie für große Verwirrung, oft
reicht ein Vertauschen der einfachsten Zeichen, wie in Abbildung 2 zu sehen.

Das Farbklima Ihrer Site muss folgende Faktoren berücksichtigen:

▶ **Erfahrung aus der Umwelt**

Rot bedeutet Gefahr, Blau ist kalt und Grün
eine positive frische Farbe, Hellblau beruhigt, und Orange macht in größeren Dosen
aggressiv.

▶ **Markenwelt**

IBM ist Big Blue, Schumacher bedeutet Fer-
rari-Rot, die Post ist gelb und die Umwelt
grün. Rot kämpft gegen Schwarz, und die
Zukunft ist Wüstenrot. Farben spielen in der
Welt der Marken eine wichtige Rolle. Kon-
sumenten identifizieren sich mit den Farben
ihres Marken-Favoriten, auf Schalke trägt
man Blau-Weiß und in Dortmund Schwarz-
Gelb – dabei essen alle Curry rot-weiß. Alle
Theorie ist grau und nachts auch die Katzen
– diese Art Beispiele lassen sich beliebig
lange fortsetzen. Damit sind klar alle Farben
und viele Farbkombinationen positiv oder
negativ vorbelegt.

▶ **Aktion und Selektion**

Nutzen Sie die Signalfarben und starke Kon-
traste bei der Gestaltung der Navigation.
Aktivierte Menüeinträge müssen sich klar
von den anderen unterscheiden. Hyperlinks
müssen alle in derselben, nicht an einer
anderen Stelle der Site eingesetzten Farbe
stehen. Ausnahmen von der Regel sind Hyperlinks, die mit Hilfe einer oder wenigen
konsistent eingesetzten Grafiken als solche
zu erkennen sind.

◀ **Abbildung 1**

Wir kennen die Bedeutung mancher Zeichen aus Erfahrung, oft genügt die Form in Kombination mit einem einfachen Zeichen, beispielsweise bei den Wegweisern, um die Bedeutung zu verstehen.

▲ **Abbildung 2**

Verwirren Sie den Anwender nicht, indem Sie gelernte Bedeutungen auf den Kopf stellen.

▲ **Abbildung 3**

Beide Sites richten sich an dieselbe Zielgruppe, verwenden aber völlig unterschiedliche Farbschemata. Welche der Seiten ist Ihnen auf den ersten Blick sympathischer? Es gibt hier nicht richtig oder falsch, aber eine klare Tendenz. Die Auflösung finden Sie auf Seite 142.

▲ **Abbildung 4**
Farben und die Größe der Farbfläche beeinflussen den
Eindruck der Farbe.

▲ **Abbildung 5**
Der Farbeindruck ändert sich abhängig von der
Umgebung.

▶ **Wiedererkennung**

Verwenden Sie Farben aus der Markenwelt
für die Gestaltung der Gesamterscheinung
der Site. Orientieren Sie sich am Farbklima,
das auch in der klassischen Kommunikation
verwendet wird.

Noch ein paar Randinformationen zu Farben:
Es ist fast unmöglich, sich an eine bestimmte
Farbe exakt zu **erinnern**. Versuchen Sie einmal,
aus verschiedenen Blautönen das Blau z.B. von
Aral zu finden. Sie werden es mit großer Wahr-
scheinlichkeit nicht schaffen. Man sollte das
aber positiv sehen, weil damit kleine Unterschiede zwischen der Farbe der Webseite und
der Corporate Color nicht ins Gewicht fallen.

Eine Farbe wirkt immer im **Kontext**, sie kann
nie alleine bewertet werden. In Abbildung 4
z.B. steht das Grau in verschiedenen Farbflächen. Die Wirkung ist deshalb jedes Mal anders.

Tabelle 1: Die beliebten und unbeliebten unter den Farben

Beliebte Farben	Gesamt	Männer	Frauen
Blau	45	46	44
Grün	15	17	14
Rot	12	12	12
Schwarz	10	8	8
Gelb	6	6	6
Orange	3	2	3
Rosa	2	2	2
Weiß	2	0	3
Braun	1	1	1
Grau	1	1	0

Unbeliebte Farben	Gesamt	Männer	Frauen
Braun	20	22	17
Rosa	17	18	16
Grau	14	13	14
Orange	8	6	9
Gelb	7	7	7
Schwarz	8	8	8
Grün	7	6	7
Rot	4	4	4
Weiß	1	2	1
Blau	1	1	2

Abbildung 6 ▶

www.cocacola.de: Die bekannteste Marke mit dem höchsten Markenwert. Das Farbklima besteht weitgehend aus
verschiedenen Rottönen, die nicht nur exzellent zur Marke
passen, sondern auch noch einen hohen Sympathiewert
besitzen.

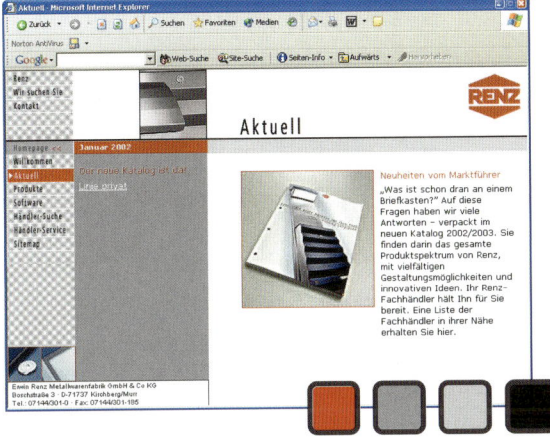

◀ **Abbildung 7**

www.renz.de: Die Webseiten von RENZ basieren auf
den Unternehmensfarben. Das Rot aus dem Logo dient
zusätzlich als Signal und Navigationsfarbe.

Beliebte und unbeliebte Farben

Es gibt Farben, die kann keiner – oder nur wenige – leiden, andere wiederum finden alle
sympathisch und nett. Die Tabelle 1 zeigt einen
Überblick. Die hinteren Plätze sind unent-
schlossen, hier hält sich Zustimmung und Ab-
lehnung die Waage. Interessanterweise finden
Männer Gelb gut, während Frauen die Farbe
überwiegend ablehnen. Die Farbe wird natürlich auch durch den Kontext bestimmt. So wird
eine Seite der Post, auch wenn die Farbe nicht
jeder mag, gelb sein, und Unternehmen, die
mit Holz und Natur zu tun haben, werden weiterhin in Brauntönen auftreten.

Um das Rätsel der sympathischen und
unsympathischen Webseiten von vorhin (Abbildung 3) aufzulösen: Die Seiten von ELLE
verwenden so ziemlich jede Farbe des Regen-
bogens und zudem noch Nuancen, die nicht
sehr populär sind. Die Site ist nicht sehr gut,
weil weder das Farbklima stimmt noch im Seitenaufbau Schwerpunkte gesetzt und damit
Orientierungsmöglichkeiten für den Besucher
geschaffen werden. Brigitte dagegen verwendet ein angenehmes Farbklima mit einem
dominanten Rot und damit einer klaren sympathischen Linie. Zudem ist der Seitenaufbau
insgesamt kompakter und besser strukturiert.
Wenn Sie also ein durchschnittlicher Mittel-

Abbildung 8 ▶

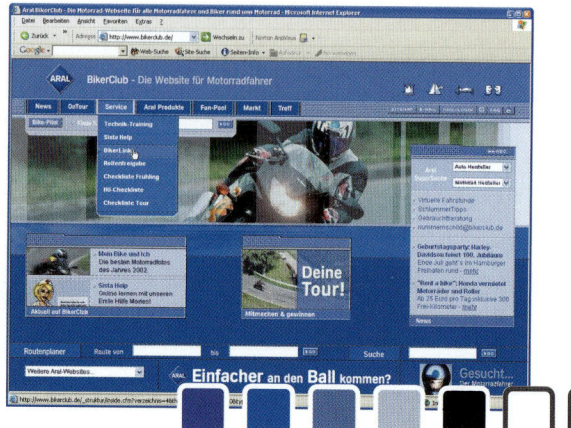

www.aral.de: Aral geht einen ähnlichen Weg wie Coca Cola. Die Webseite basiert auf Blautönen, die sich von der Leitfarbe des Konzerns ableiten. Ich denke aber, dass des Guten hier zu viel getan wurde. Ein wenig Weißraum würde es dem Anwender erleichtern, die verschiedenen Ebenen voneinander zu unterscheiden. Versuchen Sie doch einmal, schnell das Aral-Logo zu finden.

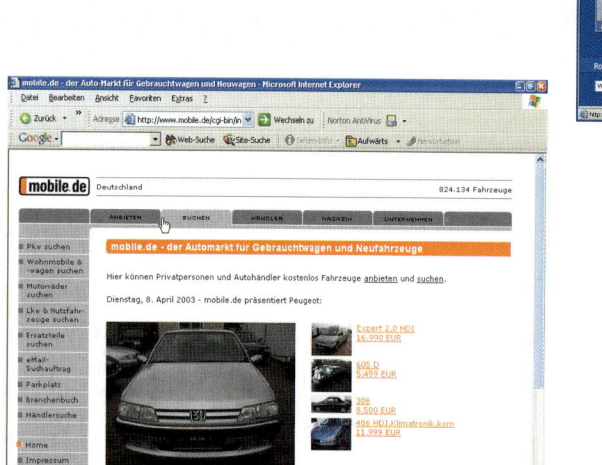

◀ **Abbildung 9**

www.mobile.de: Ein sehr trauriges Beispiel ist die Webseite von Mobile.de. Zugegeben ist das Design auf Ladezeit optimiert, und die Besucher interessieren sich mehr für die Fahrzeuge – deswegen muss das Ganze aber nicht so traurig sein. Das Orange, das in der Kommunikation als Leitfarbe eingesetzt wird, kommt nicht zur Geltung, stattdessen dominiert graue Eintönigkeit. Das Farbklima wirkt bedrückend, etwa wie Autos im Regen anschauen.

europäer sind, sollte Ihnen die Site von Brigitte auf den ersten Blick sympathisch sein.

Die Abbildungen 6 bis 9 zeigen gelungene und weniger gelungene Beispiele aus der Praxis.

Beispiel: Der Farbtext

Bei der Entwicklung einer Intranet-Applikation war keine exakte Vorgabe für das Farbklima vorhanden, und die Unternehmensfarben wurden von den Benutzern als zu trist und unbrauchbar bei der täglichen Arbeit abgelehnt. Gewünscht war ein frischer, moderner Ein-

druck, der auch bei längerem Arbeiten nicht ermüdet. In Ermangelung einer Vorgabe entwickelten wir eine Reihe verschiedener Farbvarianten, einige in Abstufung einer Kernfarbe, die anderen basierend auf zwei Farben, die in einem klaren Kontrast zueinander standen.

Das Ergebnis wurde den späteren Anwendern präsentiert und in drei Runden optimiert.

Variante 1 (Abbildung 10): Hierbei wurde jeweils eine Farbe in verschiedenen Abstufungen eingesetzt. Wir verwendeten bewusst das gesamte Spektrum der Farben, um klare Aus-

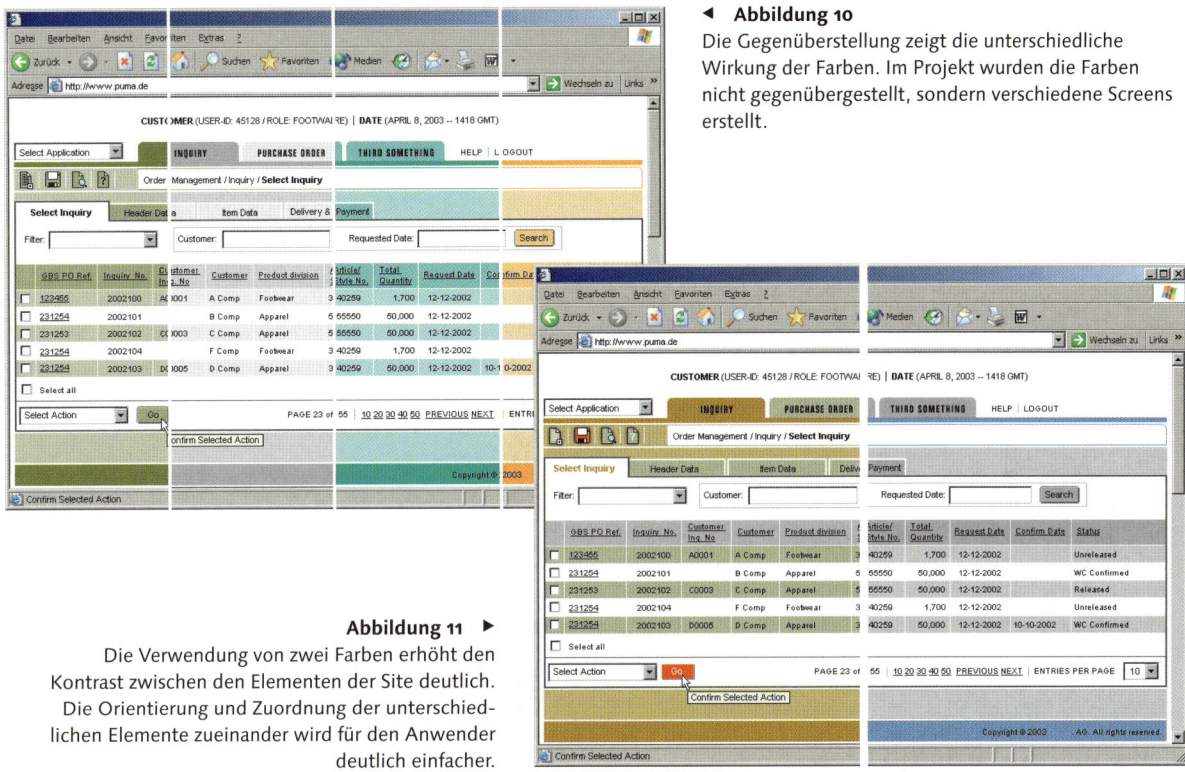

◀ **Abbildung 10**
Die Gegenüberstellung zeigt die unterschiedliche
Wirkung der Farben. Im Projekt wurden die Farben
nicht gegenübergestellt, sondern verschiedene Screens
erstellt.

Abbildung 11 ▶
Die Verwendung von zwei Farben erhöht den
Kontrast zwischen den Elementen der Site deutlich.
Die Orientierung und Zuordnung der unterschied-
lichen Elemente zueinander wird für den Anwender
deutlich einfacher.

sagen der Anwender zu erhalten, die in den
nächsten Schritten optimiert wurden.

Variante 2 (Abbildung 11): Bei dieser Variante wurden zwei Farben kombiniert. Eine
dient als »Funktions- und Orientierungsfarbe«,
die andere als »Hintergrund- und Flächenfarbe«.

Das endgültige Ergebnis (Abbildung 12)
besteht aus einer Mischung beider Ansätze:
Es wird eine Leitfarbe in verschiedenen Stufen
verwendet und eine Farbe für den Hintergrund
bzw. als Flächenfarbe.

Orientierung bieten mit Farbe und mehr

Früher gehörte ich auch zu den Menschen, die
permanent alles, vom Schlüssel bis zur Fernbe-
dienung, suchen und immer wieder aufs Neue
überrascht werden von den unzähligen Ver-
stecken, die sich so ein Autoschlüssel sucht.
Heute denke ich in Schachteln oder moderner: im Kontext und in Automatismen. Tür auf,
Schlüssel von innen wieder reinstecken, Handy
neben den Geldbeutel, und alles, was ich morgen wieder mit ins Büro nehmen muss, neben
das Handy. Diese Art der Ordnung erfordert
eine Menge Disziplin, hat aber den Vorteil,

Abbildung 12 ▶
Die endgültige Version mischt beide Ansätze. Die
Lösung konnte nur im Dialog mit den späteren Anwendern optimiert werden. Ein Glücksfall, der leider nicht
bei jedem Projekt eintritt.

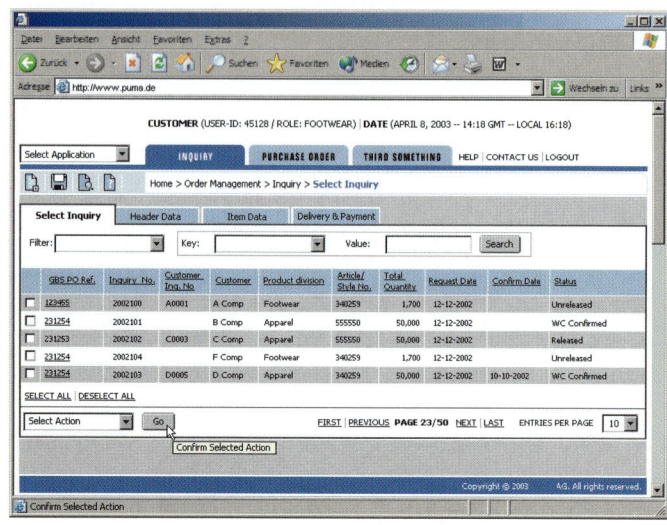

dass man sich auf die wirklich wichtigen Dinge
konzentrieren kann (etwa Brille suchen).

Was hat das mit Webdesign zu tun? Wieder
mal alles. Verwenden Sie bei der Gestaltung
der Webseite Schachteln, und sparen Sie dem
Anwender das Nachdenken.

Navigation – oben links,

graue Fläche – Zusatzinfos,

Rot – kann ich anklicken!

Schaffen Sie wiederkehrende Bereiche, geben
Sie dem Anwender damit eine Informations-
landkarte der Seite, die ihm hilft, sich zurecht-

zufinden. Denken Sie an das Struktogramm aus
der Informationsarchitektur, in dem diese Flächen und Schachteln bereits grob festgelegt
wurden. Führen Sie diese Seitenstruktur im
Design fort. Vergessen Sie auch nicht das zuvor
Gesagte in puncto »wo vermutet der Anwender was auf der Seite«.

Auch hier liegt in der Reduzierung auf
wenige Elemente der Schlüssel zu einem
guten Seitenaufbau. Wie das Beispiel der Site
Brigitte.de aus Abbildung 3 zeigt, benötigt man
nicht unbedingt viele Elemente, um einen klaren Seitenaufbau zu erhalten. Das Design basiert auf verschiedenen, farblich voneinander
abgesetzten Bereichen, die festen Themen zugeordnet sind. Wiederkehrende Bereiche, die
an verschiedenen Stellen auf der Seite sitzen,
verwenden denselben Farbcode.

Versuchen Sie nicht, diese Landkarte im
Laufe der Webseite zu verändern oder Schachteln zu verrücken und mit anderen Inhalten zu
füllen, denn der Mensch denkt nun einmal in
Schachteln.

■ **Ist ja alles so schön bunt hier**

Wer sich weitergehend mit Farben, deren
Beschaffenheit und Wirkung beschäftigen
möchte, dem seien Goethes Farbenlehre,
Johannes Ittens »Kunst der Farbe« und Josef
Albers »Interaction of Colors« empfohlen. Die
technischen Aspekte von Farben auf Web-
seiten werden im Technik-Teil behandelt (siehe
Seite 197).

Interview: SinnerSchrader – Fliegen zum Taxipreis

Christian Jung leitet als Creative Director den Bereich Experience Design (Grafik/Text) von SinnerSchrader. In diesem Interview ging es um die Erstellung der Webseiten von Hapag-Lloyd Express unter www.hplx.com.

F.: Gab es klare Designregeln, die als Basis dienten?

A.: Parallel zur Entwicklung der Buchungssite arbeiteten Interbrand/Zintzmeyer&Lux am Corporate Design sowie S&F Berlin an Marketingkonzept und Anzeigenkampagnen für Hapag Lloyd. Die Ergebnisse aus beiden Arbeiten wurden unmittelbar, zum Teil aus Zeitgründen noch vor deren endgültiger Freigabe, von uns verwendet. Unsere Vorgaben waren die Taxi-Metapher, grafische Grundelemente, Typografie, Farben.

F.: Gab es bereits eine bestehende Website, auf die aufgesetzt wurde?

A.: Nein.

F.: Wie groß war das Projektteam, und wie waren die Rollenverteilungen?

A.: Das Projektteam bestand aus acht Personen aus den Bereichen Consulting, Design, Redaktion, HTML und Software-Entwicklung, nämlich:

- ▸ Managing Consultant
- ▸ Managing Engineer
- ▸ Consultant (Project Owner)
- ▸ Creative Director
- ▸ Art Director
- ▸ HTML Engineer
- ▸ Software Engineer
- ▸ Redakteur

F.: Welche Entwicklungsphasen gab es, wie lange hat es gedauert?

A.: SinnerSchrader gewann den Agenturpitch Ende Juli 2002. Das Projekt startete kurz darauf im August, going live war am 24.10.2003. Der erste Rebrush ging am 1.3.2003 online. Die Site befindet sich in ständiger Weiterentwicklung.

F.: Welche Probleme gab es im Projektverlauf?

A.: Schwierig war die Abstimmung des Online-Designs mit Branding- und Marketingagentur unter dem enormen Zeitdruck. Da die Arbeiten parallel verliefen, änderten sich die Vorgaben sogar noch während der Implementierungsphase. Das hatte zur Folge, dass zum Launch das Erscheinungsbild der Website nicht in allen Aspekten dem CD entsprach (siehe Abbildung 14). Diese Mängel wurden mit dem Rebrush (Abbildung 15) behoben.

F.: Was war das Schönste am Projekt?

A.: Der enorme Andrang gleich nach dem Buchungsstart. In den ersten fünf Tagen hat HLX mehr als 30.000 Tickets verkauft. Und am 24. Dezember, als der Sommerflugplan zum ersten Mal gebucht werden konnte, gingen in den ersten zwei Stunden fast 10.000 Buchungen ein.

F.: Was macht Eure Agentur?

A.: Unsere E-Business-Lösungen schließen die Lücke zwischen den Anforderungen der IT und den funktionalen und emotionalen Ansprüchen ihrer Anwender. Das Ergebnis sind leistungsfähige Anwendungen, die kompromisslos einfach zu bedienen sind. Mehr als zehn Millionen Menschen nutzen jeden Monat unsere Lösungen. Sie sind Online-Kunden von Bertelsmann, DaimlerChrysler, Deutsche Bank, Europcar, O_2, Otto Versand, Talkline, Tchibo oder TUI.

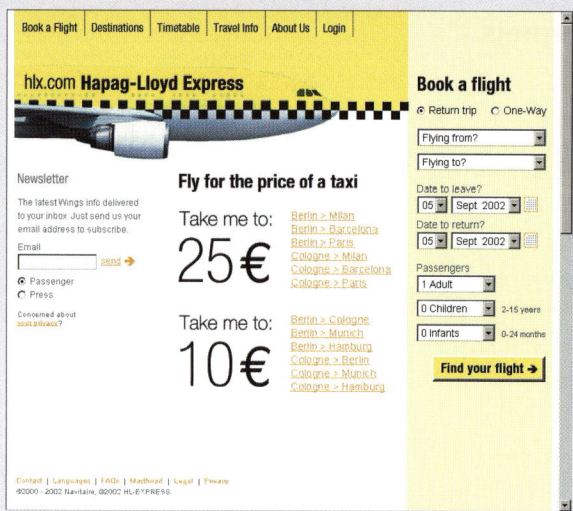

▲ **Abbildung 13**
Der ursprüngliche Entwurf der Seiten. Schon an dieser
Stelle klar gegliedert und optisch ansprechend.

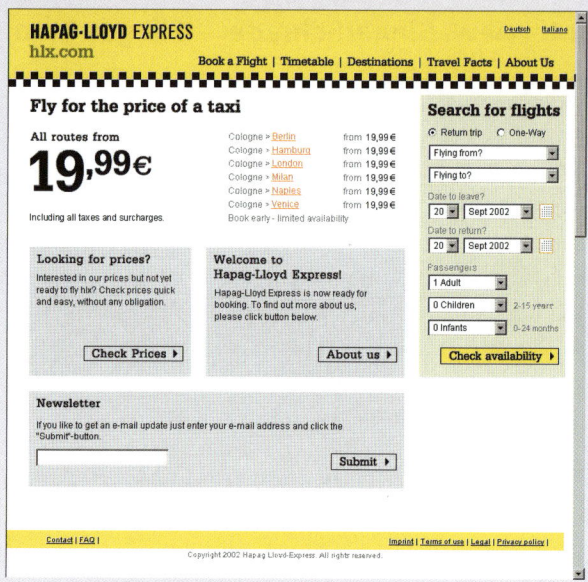

▲ **Abbildung 14**
Die Startversion der Site. Ohne das Flugzeug fehlt der Site
der visuelle Mittelpunkt und die Marke.

**F.: Was ist für Euch der Unterschied
zwischen online/offline?**

A.: Online-Design ist Produktdesign, Offline-
Design ist Grafik-Design. Akzeptanz beim
Nutzer und Markterfolg eines interaktiven
Produktes werden von seiner Erlebnisqua-
lität entschieden, das heißt, die Software
muss sexy sein: zweckmäßig, nutzerfreund-
lich und lecker anzusehen, alles in einem.
Ein Website-Design ist deshalb zwangsläu-
fig eng mit der Funktionalität verknüpft,
Designer entwickeln Funktionalitäten ge-
nauso, wie Funktionen das Design bestimmen. In dieser Hinsicht ähnelt Webdesign
sehr dem Design einer Kaffeemaschine
oder eines Weckers. Im Offline-Design sind
diese Parallelen weniger ausgeprägt, die

bestimmenden Themen im Offline-Design
sind Farbe, Form, Rhythmus, Bildwirkung.
(Eine Ausnahme bildet die Gestaltung von
Formularen oder Orientierungssystemen.)

Das Beispiel findet sich unter: www.hlx.com
Die Agentur unter: www.sinnerschrader.de

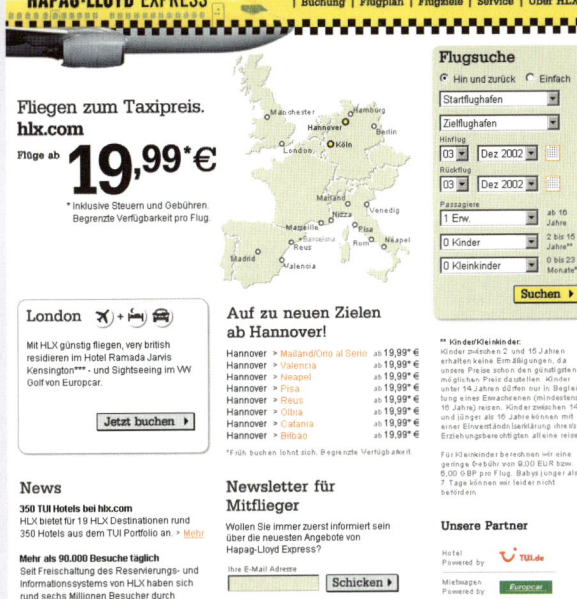

▲ **Abbildung 15**
Der Teufel steckt im Detail. Die endgültige Version nach dem »Rebrush«. Die Navigation ist klar strukturiert, die einzelnen Inhaltsbereiche sind sauber voneinander getrennt. Das Auge irrt nicht ziellos umher, sondern findet schnell das Gesuchte.

▲ **Abbildung 16**
Eine ebenfalls überzeugende Lösung sind die Folgeseiten, hier die Seite mit den Informationen zu Reisezielen.

Schriften

Schrift ist mehr als der bloße Transport einer Botschaft mittels allgemein bekannter Zeichen. Schrift ist ein bewusstes Stilmittel des visuellen Ausdrucks und Charakters Ihrer Site. Der Besucher überträgt bereits über die Schriftart unbewusst vieles aus seinem Erfahrungsschatz auf Ihr Unternehmen oder die dargestellten Inhalte.

Schrift ist aber nicht nur Ausdrucksmittel, sie ist natürlich auch Träger der Botschaft Ihrer Seiten. Auch gilt es, die Botschaft einfach lesbar und schnell erfassbar zu machen. Schrift hat viele Aufgaben.

Welche Aufgabe hat Schrift?

1. Informationsvermittlung

Erste Aufgabe der Schrift ist die Informationsvermittlung zwischen Sender und Empfänger. Wie gut und reibungslos diese Vermittlung abläuft, hängt von Faktoren wie Lesbarkeit und Gliederung ab.

2. Strukturierung/Orientierung

Der Besucher einer Site versucht innerhalb weniger Sekunden den Inhalt der Seite als Ganzes zu erfassen. Schrift hilft, neben der richtigen Aufteilung der Seite in Informationseinheiten, bei der schnellen und einfachen Orientierung. Verwenden Sie deshalb unterschiedliche Schriften für die verschiedenen Teile des Inhalts.

3. Visualisierung/Charakter

Schrift bestimmt bewusst und unterbewusst die Art, wie Besucher eine Seite wahrnehmen. Handelt es sich beim Inhalt der Seite um etwas Modernes, Klassisches, Technisches oder Emotionales? Abhängig von der gewählten Schrift geben Sie hier bereits unterschwellig die richtigen oder falschen Signale, die auch über die Verweildauer des Besuchers und sein Interesse, mehr über die Inhalte zu erfahren, entscheiden.

Hierzu erst einmal die in Designschulen so beliebte Basisübung »Was für eine Schrift passt am besten zu dem Wort ...« in abgewandelter Form. Die Tatsache, dass Schrift viel mehr ist als Träger einer Botschaft, zeigt Abbildung 17 eindrücklich.

Wie viel man verliert, wenn man diese zusätzliche Wahrnehmungsebene außer Acht lässt, zeigt dasselbe Beispiel in der beliebtesten aller Webschriftarten: Arial (Abbildung 18). Gehen Sie bei der Gestaltung einer Site also nicht den einfachen Weg, machen Sie sich Gedanken über Typografie, und wählen Sie die passende Schrift. Es gibt immer einen Weg, diese auf den Bildschirm zu bringen.

Mit der Erfindung des Desktop Publishings in den Achtzigerjahren des letzten Jahrhunderts bekam auch die Entwicklung und Verbreitung von Schriften einen bedeutenden Schub. Damit trat die Vielfalt der verfügbaren Schriften aus dem Schattendasein der hoch spezialisierten Setzereien heraus und wurde durch die Verbreitung von Windows auch einer breiten Masse bekannt.

Lesbarkeit

Unter dem Deckmantel des Standards beschäftigen sich Webdesigner oftmals erst gar nicht mit dem Faktor Lesbarkeit. Ausgehend von der HTML-Definition <paragraph> wird dem Anwender die scheinbare Freiheit gelassen, sich die gewünschte Schriftart und Größe im Browser selbst zu wählen. Mag dies vielleicht im Sinne der globalen Nettiquette oder

BILD	Impact
1980	ATARI Fonts
Kunst	Rotis Serif
Mehrwertsteuer	OCR-A
Liebe	Arioso
Apple Mac	Garamond Book Condensed
HAVANNA	Chevara Outline
Kindergarten	Comic Sans MS

▲ **Abbildung 17**
Die gewählte Schriftart weckt beim Betrachter unbewusst Assoziationen, die den Ausdruck, die Botschaft verstärken oder schwächen. Schrift kann für viele Dinge stehen: Werte, Emotionen, Unternehmen, Marken, Branchen oder sogar ganze Epochen ...

BILD	Arial für Alles
1980	
Kunst	
Mehrwertsteuer	
Liebe	
Apple Mac	
Havanna	
Kindergarten	

▲ **Abbildung 18**
... Sie können aber auch weiterhin für alle Fälle Arial verwenden. Allerdings verlieren Sie hierbei einen wichtigen Kanal zum Besucher Ihrer Site.

fundamentalen Einsichten eines globalen Dorfes korrekt sein, ist es aus gestalterischen Gesichtspunkten völliger Humbug.

Es ist die Aufgabe des Designers, einen Text auf einer Webseite einfach und angenehm lesbar zu gestalten. Nutzen Sie deshalb die Möglichkeiten, die Ihnen über die Definition der Schriften mittels CSS (Cascading Style Sheets) zur Verfügung stehen. CSS sind in allen Browsern ab Version 4 verfügbar und bieten weitreichende Kontrolle über das Aussehen von Schrift.

▶ **Schriftart**

Eine Regel der Typografie lautet: »Serifenbetonte Schriften sind leichter lesbar als serifenlose Schriften.« Das Auge des Lesers findet an den ausgeprägten Serifen besseren Halt und kann die Buchstaben einfacher unterscheiden. Dies mag sicherlich richtig sein, ist aber kein

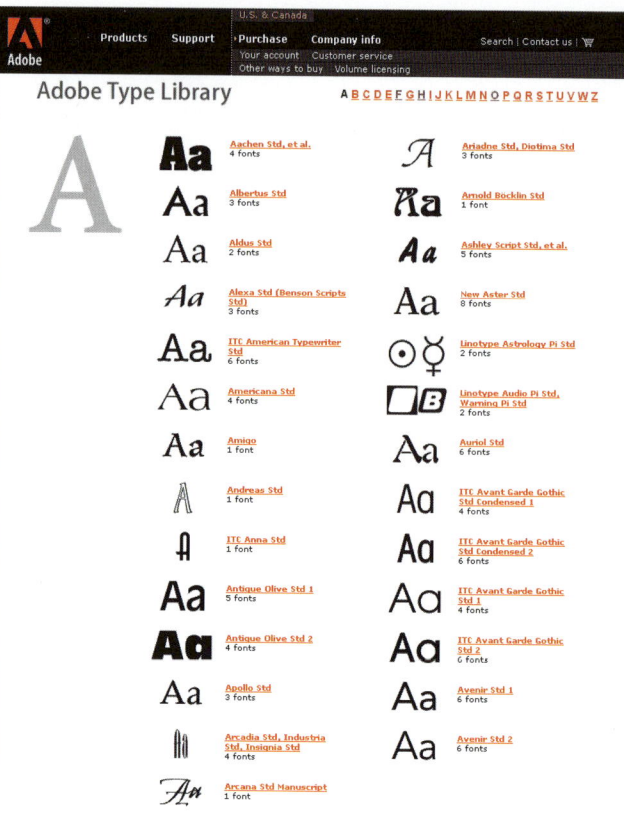

Hauptkriterium. Eine Serifenschrift, die zu
eng läuft und mit zu wenig Zeilenabstand
gesetzt ist, wird schlechter lesbar sein als
eine serifenlose Schrift, bei der die anderen
Faktoren optimiert sind. Betrachten Sie
Schrift nicht mit dem Lehrbuch, sondern
immer im Gesamtkontext.

▶ **Schriftschnitt**

Die Verwendung unterschiedlicher Schriftschnitte verbessert die Lesbarkeit deutlich,
vor allem im Web, wo Besucher Texte in
der Mehrzahl »querlesen«. Nutzen Sie fette
Schriftschnitte zur Hervorhebung wichtiger
Begriffe. Hyperlinks sollten zusätzlich unter-
strichen – was standardmäßig ohne Verwendung von CSS sowieso der Fall ist – und in
einer anderen Farbe dargestellt werden. Sie
sollten allerdings auf die Verwendung kursi-
ver Schnitte in kleinen Schriftgraden verzichten, weil diese im Web nicht gut lesbar sind.

▶ **Farbe**

Über Farbe wurde in diesem Kapitel bereits
ausführlich geschrieben. Nutzen Sie wenige,
aber aussagekräftige Farben zur visuellen
Gliederung von Texten.

▶ **Laufweite**

Die Laufweite beschreibt den Abstand zwischen Buchstaben innerhalb eines Wortes.

Die Laufweite kann ebenfalls per CSS-Definition verändert werden. Hier erreichen Sie bereits mit sehr kleinen Änderungen eine deutliche Verbesserung der Lesbarkeit.

▶ **Zeilenabstand**

Mit Hilfe der CSS-Definition lässt sich der Zeilenabstand exakt definieren. Gerade bei langen Texten lässt sich mit dem richtigen Zeilenabstand die Lesbarkeit deutlich steigern. Ich gehe eigentlich immer vom Eineinhalbfachen der Schriftgröße als gerundetem Richtwert aus, bei 8 pt Schriftgröße wäre dies beispielsweise ein Wert von 12 pt. Bei großen Schriftgrößen sollte man diesen Wert reduzieren. Hier ist aber wie so oft das Auge des Designers gefragt, und im Falle eines Falles sind auch Ausnahmen möglich, wenn sie dem Lesefluss dienen. Der normale »HTML«-Zeilenabstand ist einfach zu niedrig mit ca. 120% der gewählten Schriftgröße. Etwas mehr, etwa 150% der Schriftgröße, erhöhen mit der korrekten Laufweite die Lesbarkeit deutlich.

Garamond	Französische Renaissance Antiqua
Times New Roman Baskerville	Barock-Antiqua
Bodoni	Klassizistische Antiqua
Geometric Slab	Serifenbetonte Linear Antiqua
Frutiger	Serifenlose Linear Antiqua
Arioso	Schreibschrift

▲ **Abbildung 20**
Schriftenklassen

Kurzer Ausflug in die Geschichte der Schrift

Ich erspare Ihnen die Auflistung aller seit den ersten Keilschriften entstandenen Schriftepochen und konzentriere mich auf die wichtigsten. Abbildung 20 zeigt die Vertreter der Schriftenklassen in der zeitlichen Reihenfolge von oben nach unten. Waren die ersten Schriften noch von der Feder geprägt, wurden die Formen mit der Verbesserung der Technik des Schriftschneidens auch gradliniger und filigraner im Ausdruck.

Die Wahl der Schrift wird damit noch um den Faktor »Zeit« erweitert – wenn dieser auch keine tragende Rolle bei der Wahl der Schrift spielen sollte. Wenn Sie aber eine Bodoni einsetzen, sollten Sie auch darüber nachdenken, dass Sie eine klassische Schriftart verwenden, die stellvertretend für ihre Zeit steht. Dies ist aber den wenigsten Betrachtern bewusst, viele sehen in der Bodoni einfach eine hochwertige Schrift, die für Qualität und Stabilität steht.

Die Geometric Slab z. B. vermittelt dagegen einen sehr technischen, schweren, grobschlächtigen Eindruck, während die Frutiger zeitlose moderne Eleganz vermittelt.

Weit hinten, hinter den Wortbergen, fern der Länder Vokalien und Konsonantien leben die Blindtexte. Abgeschieden wohnen Sie in Buchstabhausen an der Küste des Semantik, eines großen Sprachozeans. Ein kleines Bächlein namens Duden fließt durch ihren Ort und versorgt sie mit den nötigen Regelialien. Es ist ein paradiesmatisches Land, in dem einem gebratene Satzteile in den Mund fliegen. Nicht einmal von der allmächtigen Interpunktion werden die Blindtexte beherrscht, ein geradezu unorthographisches Leben.

Weit hinten, hinter den Wortbergen, fern der Länder Vokalien und Konsonantien leben die Blindtexte. Abgeschieden wohnen Sie in Buchstabhausen an der Küste des Semantik, eines großen Sprachozeans. Ein kleines Bächlein namens Duden fließt durch ihren Ort und versorgt sie mit den nötigen Regelialien. Es ist ein paradiesmatisches Land, in dem einem gebratene Satzteile in den Mund fliegen. Nicht einmal von der allmächtigen Interpunktion werden die Blindtexte beherrscht, ein geradezu unorthographisches Leben.

Weit hinten, hinter den Wortbergen, fern der Länder Vokalien und **Konsonantien** leben die Blindtexte. Abgeschieden wohnen Sie in Buchstabhausen an der Küste des Semantik, eines großen Sprachozeans.

Ein kleines Bächlein namens Duden fließt durch ihren Ort und versorgt sie mit den nötigen **Regelialien**. Es ist ein paradiesmatisches Land, in dem einem gebratene Satzteile in den Mund fliegen.

Nicht einmal von der allmächtigen Interpunktion werden die **Blindtexte** beherrscht, ein geradezu unorthographisches Leben.

▲ **Abbildung 21**
Ausgehend von dem »normalen« HTML-Textformat <paragraph> erhöhen wir zuerst per CSS den Zeilenabstand und die Laufweite des Textabschnitts. Zudem verkleinern wir die Spaltenbreite auf einen Wert von ca. 55 Zeichen. Noch besser wird das Ergebnis, wenn man zusätzlich unterschiedliche Schriftschnitte und Farben verwendet und den Text lesefreundlicher gliedert.

Weit hinten, hinter den Wortbergen

fern der Länder Vokalien und Konsonantien leben die Blindtexte. Abgeschieden wohnen Sie in Buchstabhausen an der Küste des Semantik, eines großen Sprachozeans. Ein kleines Bächlein namens Duden fließt durch ihren Ort und versorgt sie mit den nötigen Regelialien.

Es ist ein paradiesmatisches Land, in dem einem gebratene Satzteile in den Mund fliegen. Nicht einmal von der allmächtigen Interpunktion werden die Blindtexte beherrscht, ein geradezu unorthographisches Leben.

fern der Länder Vokalien und **Konsonantien** leben die Blindtexte. Abgeschieden wohnen Sie in Buchstabhausen an der Küste des Semantik, eines großen Sprachozeans.

Weit hinten, hinter den Wortbergen,

Ein kleines Bächlein namens Duden fließt durch ihren Ort und versorgt sie mit den nötigen **Regelialien**. Es ist ein paradiesmatisches Land, in dem einem gebratene Satzteile in den Mund fliegen.

Nicht einmal von der allmächtigen Interpunktion werden die **Blindtexte** beherrscht, ein geradezu unorthographisches Leben.

▲ **Abbildung 22**
Noch ein wenig weiter geht dieses Beispiel. Sicherlich mit mehr Aufwand verbunden, aber auch mit mehr Lesbarkeit für den Anwender.

▶ **Ausrichtung**
Sie können die Ausrichtung eines Absatzes natürlich auch über einfache HTML-Tags steuern, innerhalb der CSS-Definition können Sie aber zusätzlich Blocksatz aktivieren. Blocksatz macht nicht immer Sinn und sollte auch nur in Ausnahmen verwendet werden.

▶ **Spaltenbreite/Zeilenlänge**
Diese Werte lassen sich nicht über CSS festlegen, hier entscheidet der Designer bei der Gestaltung des Seitenaufbaus. Der optimale Lesbarkeitswert liegt zwischen 45 und 60 Zeichen je Zeile. Mehr oder weniger stören den Lesefluss. Gerade im Web ist es schwie-

riger einer Zeile zu folgen, schon aufgrund des größeren Leseabstands zum Medium.

▶ **Zeilenumbruch**

Das Web erfordert manchmal Kompromisse, der Zeilenumbruch ist einer davon. Während der Designer im klassischen Bereich die exakte Kontrolle über den Zeilenumbruch hat, muss er es im Web dem System überlassen. Da kein Browser Dinge wie sein Konkurrent darstellt bzw. auch nicht über einen Algorithmus zur korrekten Trennung verfügt, kann es zu manch unschönem Flattersatz kommen. Versuchen Sie damit zu leben, und fügen Sie keinesfalls manuelle Umbrüche ein, das geht in jedem Fall schief.

▶ **Lesbare Schriften**

Wie bereits mehrmals erwähnt, ist Arial eigentlich die schlechteste Wahl in puncto Lesbarkeit und hat auch keinen wirklichen Charakter. Ich habe einfach einmal die bekanntesten Schriften, die auf den meisten Systemen verfügbar sind, gegenübergestellt (Abbildung 23).

Bitte beachten Sie, dass die Definition von CSS auf einem objektorientierten Ansatz basiert und nur auf den ersten Blick trivial scheint. Setzen Sie sich deshalb mit einem Entwickler zusammen, und definieren Sie die Formate aufeinander aufbauend, ausgehend von einer

Weit hinten, hinter den Wortbergen, fern der Länder Vokalien und <u>Konsonantien</u> leben die Blindtexte. Abgeschieden wohnen Sie in Buchstabhausen an der Küste des Semantik, eines großen Sprachozeans. — Arial

Weit hinten, hinter den Wortbergen, fern der Länder Vokalien und <u>Konsonantien</u> leben die Blindtexte. Abgeschieden wohnen Sie in Buchstabhausen an der Küste des Semantik, eines großen Sprachozeans. — Times New Roman

Weit hinten, hinter den Wortbergen, fern der Länder Vokalien und <u>Konsonantien</u> leben die Blindtexte. Abgeschieden wohnen Sie in Buchstabhausen an der Küste des Semantik, eines großen Sprachozeans. — Trebuchet

Weit hinten, hinter den Wortbergen, fern der Länder Vokalien und <u>Konsonantien</u> leben die Blindtexte. Abgeschieden wohnen Sie in Buchstabhausen an der Küste des Semantik, eines großen Sprachozeans. — Tahoma

Weit hinten, hinter den Wortbergen, fern der Länder Vokalien und <u>Konsonantien</u> leben die Blindtexte. Abgeschieden wohnen Sie in Buchstabhausen an der Küste des Semantik, eines großen Sprachozeans. — Verdana

Weit hinten, hinter den Wortbergen, fern der Länder Vokalien und <u>Konsonantien</u> leben die Blindtexte. Abgeschieden wohnen Sie in Buchstabhausen an der Küste des Semantik, eines großen Sprachozeans. — Georgia

▲ **Abbildung 23**
Die Schriften sind alle in derselben Größe, Laufweite und demselben Zeilenabstand definiert. Deutlich sichtbar gehören die beiden Standards Arial und Times New Roman zu den am wenigsten geeigneten, wenn auch am häufigsten verwendeten Schriftarten.

Die Schrift gibt's nicht

Sicherlich hören Sie des Öfteren, dass man eine Schrift nicht verwenden kann, weil sie auf den Zielsystemen im Web nicht installiert ist. Erstens ist das kein Grund, eine Schrift nicht als Idealfall zu definieren und den Kompromiss im Falle einer nicht vorhandenen Installation einzugehen, zweitens gibt es inzwischen mehr als nur Arial auf den meisten Systemen, und drittens ist es ohne großen Aufwand möglich, Schriften in eine Website einzubetten. Wie, das steht im Technik-Teil dieses Buches ab Seite 200. Und wenn alle Stricke reißen, verwenden Sie zumindest Überschriften als GIF-Dateien mit der richtigen Schriftart.

Frutiger Frutiger
Frutiger Frutiger
Frutiger Frutiger

Arioso *Arioso*
Arioso *Arioso*
Arioso *Arioso*

▲ **Abbildung 24**
Weichgezeichnete Schriften werden am Bildschirm besser dargestellt als gepixelte Schriften.

Abbildung 25 ▶
In der dreifachen Vergrößerung sieht man, wie die bessere Darstellung durch Verwischen der Ränder erzeugt wird.

Frutiger Frutiger
Frutiger Frutiger
Frutiger Frutiger

Arioso *Arioso*
Arioso *Arioso*
Arioso *Arioso*

Grundschrift. Änderungen müssen damit nicht in allen CSS-Definitionen nachgezogen werden, sondern können über die verschiedenen Instanzen innerhalb der Site vererbt werden. Das war auch schon die ganze Technik.

Weichzeichnen

Schrift wird am Bildschirm wie alle anderen Elemente einer Seite in Pixel aufgeteilt. Je größer die Schrift, desto mehr Pixel können bei der Darstellung verwendet werden, desto »glatter« wird die Schrift dargestellt. In klei-

nen Schriftgraden stehen aber nur wenige Pixel zur Verfügung, was zu einem »rauen« pixeligen Schriftbild führt. Um dies zu verhindern, wenden die Betriebssysteme bei der Darstellung der installierten Schriften einen Trick an: Sie verwischen die Kontur der Schrift, indem sie die Buchstabenränder aus unterschiedlich hellen Pixeln zusammensetzen. Im Auge des Betrachters verschwimmen diese Ränder, und es entsteht eine glatte Kante.

Webbrowser können Schriftarten nur bedingt glätten und verwenden deshalb In klei-

Die »Arialisierung« des Webs

Welche Auswirkungen die zunehmende Digitalisierung haben könnte, zeigt sich oft in der Definition der Hausschrift eines Unternehmens. Aufgrund der technischen Probleme, die beim Einsatz einer nicht mit dem Betriebssystem gelieferten Schrift entstehen können, gehen viele Unternehmen dazu über, Arial als

Hausschrift zu definieren. Abgesehen von der Uniformität, die sich damit breit macht, ist die Schrift nicht die allerschönste und eignet sich in vielen Anwendungsfällen auch nicht. Ich gehe aber im Folgenden nicht auf die technischen Aspekte ein, dies geschieht im Detail im Kapitel Schriftstandards ab Seite 200.

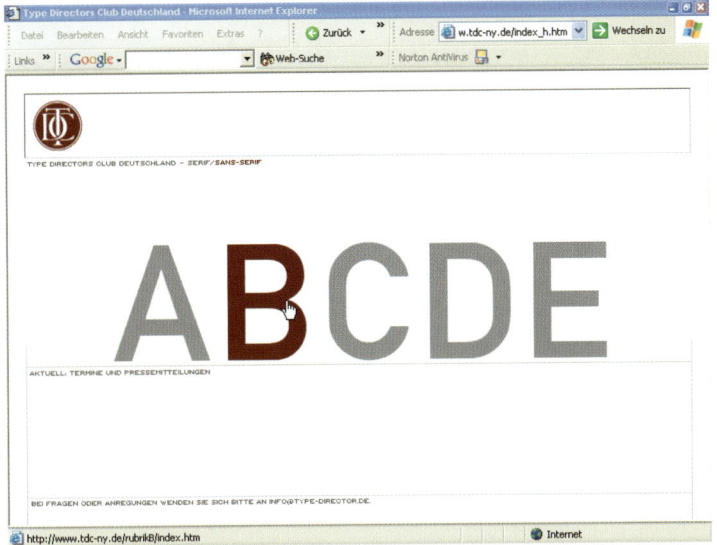

◀ **Abbildung 26**
www.tdc-ny.de: Der TypeDirectors Club bietet
dem Anwender am Eingang der Site die Möglichkeit, zwischen Serifen- und serifenloser Schrift zu
wählen, und passt die Inhalte über unterschiedliche
CSS-Definitionen an. Die Buchstaben sind übrigens
das Hauptmenü und stehen für die verschiedenen
Rubriken.

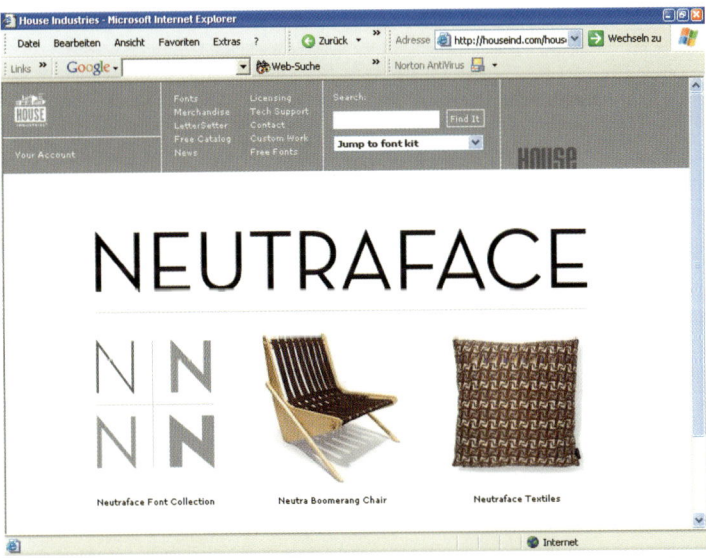

◀ **Abbildung 27**
www.houseindustries.com: Gelungene Typografie
findet man selbstverständlich bei den Herstellern
von Schriften. Wo, wenn nicht dort, ist die Präsentation von Schriften zentraler Bestandteil der Kommunikation. Dieses Beispiel ist von House Indus-
tries, einem unabhängigen Schriftenproduzenten.

nen Schriftgraden ungeglättete Pixelschriften.
Als Designer haben Sie, sofern Sie Schrift nicht
als Bild, sondern als Text einsetzen, keinen
Einfluss auf die Darstellung. In Windows XP
wird beispielsweise die relativ neue Technologie »ClearType« eingesetzt, die gerade bei
kleinen Schriftgraden ein sehr gutes Schriftbild
ermöglicht. Die anderen Windows-Versionen
und die Apple Macintosh-Plattform sind ebenfalls in der Lage, Schriften im TrueType- bzw.

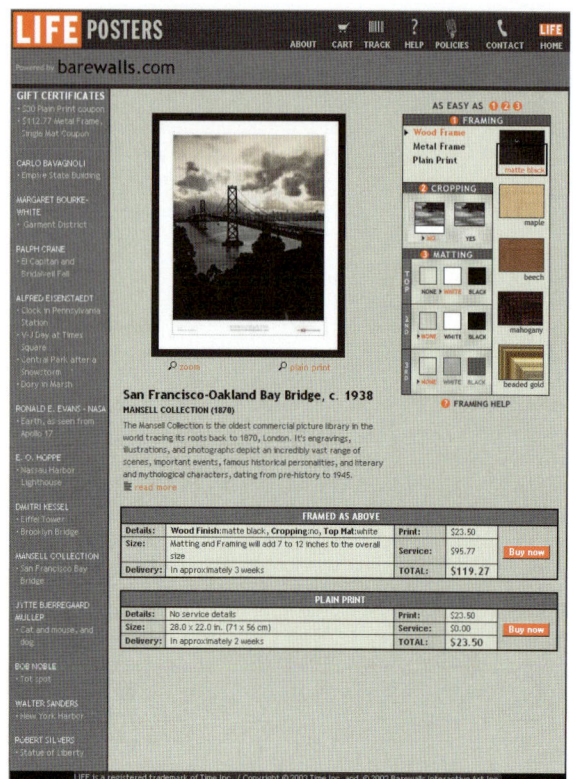

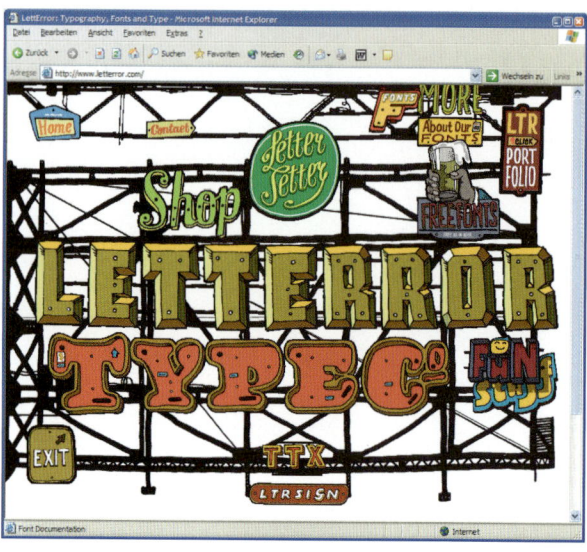

▲ **Abbildung 29**
www.letterror.com: Auch Typografie, aber anders: Die Let-
terror Type Studios sind für ungewöhnliche Ansätze bekannt.
Die Homepage der Holländer beweist dies auf eindrucksvolle
Weise.

▲ **Abbildung 28**
www.life.com: Vorbildliche Typografie in einem zurückhalten-
den Design. Schrift schafft hier die notwendige Ordnung, die
dem Anwender eine schnelle, einfache Orientierung erlaubt.

PostScript-Format geglättet darzustellen. Der
Benutzer kann diese Funktionen aber jederzeit
wieder deaktivieren.

Wenn Sie sichergehen möchten, dass eine
Schrift in der bestmöglichen Qualität angezeigt
wird, sollten Sie diese als Bild, am besten im
GIF-Format, erstellen. Diese Vorgehensweise
empfiehlt sich aber nur bei Headline-Schriften,
da sonst die Ladezeiten zu hoch werden.

Die Abbildungen 26 bis 32 zeigen Beispiele
für die Verwendung von Schrift im Web.

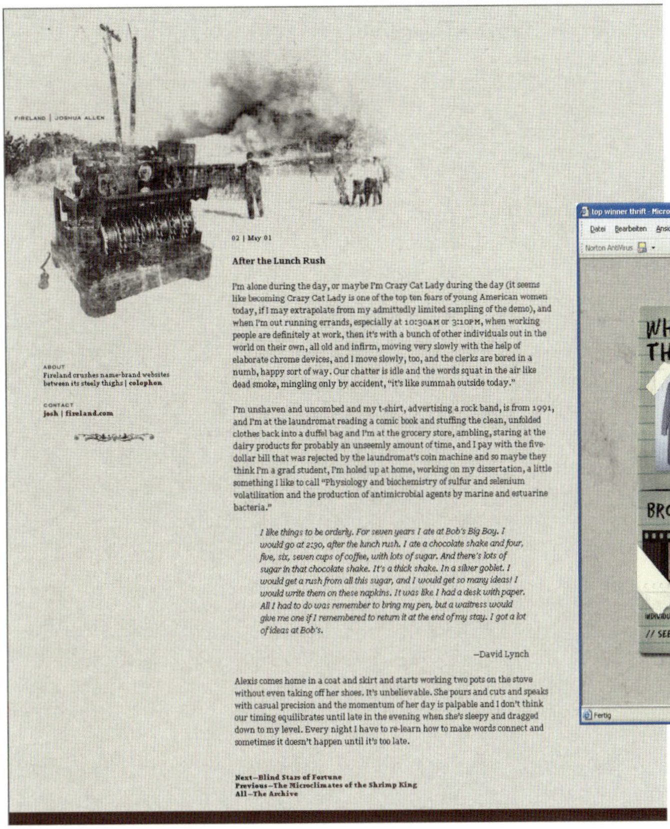

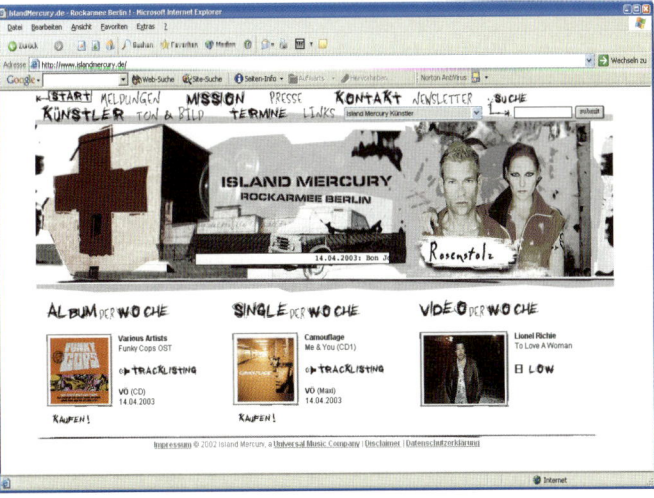

◄ **Abbildung 30**
Literatur im Web. Unter Fireland.com finden sich diverse Essays, die zeigen, dass man auch am Bildschirm lesen kann, wenn das Design stimmt.

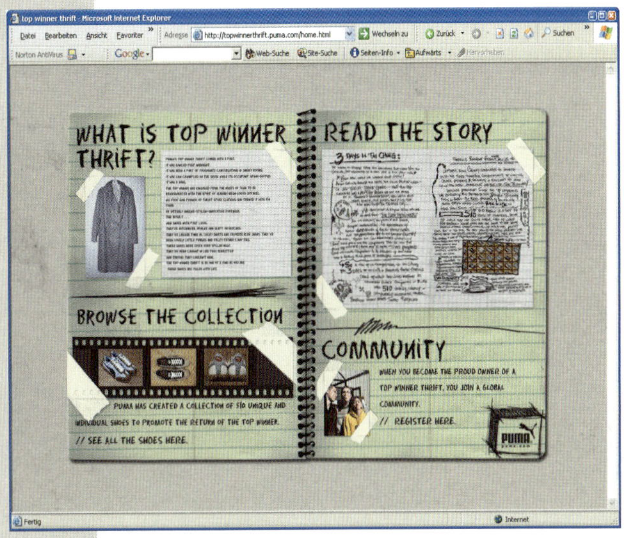

▲ **Abbildung 31**
www.puma.com: Typografie muss nicht spießig und klinisch rein sein. Puma verwendet Handschriften für die Präsentation einer Microsite für eine limitierte Schuhlinie.

◄ **Abbildung 32**
www.islandmercury.de: Trendy und auf eine ähnliche Zielgruppe ausgerichtet wie die Puma-Microsite ist die Site des Plattenlabels Island Mercury.

Interview: Die 96 Stunden von Le Mans. Ein Internet-Live-Event

Arne Habermann arbeitet als freier Konzepter und Designer für interaktive Medien. Er unterrichtet im Fachbereich Gestaltung an der Hochschule für angewandte Wissenschaften in Hamburg.

Wie überträgt man ein Autorennen im Internet? Wie entsteht ein virtueller Live-Event, und was bedeutet in diesem Fall eigentlich medienadäquat?

Mit diesen Fragen starteten wir bei Kabel New Media 1997 das Projekt »Die 24 Stunden von Le Mans« für unseren Kunden BMW. Das Langstreckenrennen bot eine gute Gelegenheit zu zeigen, welche Möglichkeiten das Medium Internet für die Live-Berichterstattung eröffnete.

Begleitet von einer Bannerkampagne wurde bereits vier Wochen vor dem Event der Mythos Le Mans in einem Online-Special auf der internationalen BMW-Website in Szene gesetzt. Anhand von Animationen und seinerzeit noch kurz gehaltenen Videoausschnitten wurden Strecke, Fahrer, Rennhistorie und natürlich der von BMW entwickelte Sportwagen vorgestellt.

Die eigentliche Sensation am Tag des Rennens war die direkte Anbindung an das Strecken-Informationssystem in Le Mans. Die aktuellen Zeiten und Platzierungen aller Teams konnten erstmals in Echtzeit über den heimischen PC abgerufen werden. Live-Cams in der Boxengasse und ständig aktualisierte Fotos und Kurzberichte vom Geschehen an und auf der Rennstrecke zeigten mehr als die klassischen Fernsehbilder und vermittelten den Eindruck, live dabei zu sein. Auf eine Videoübertragung des Rennens mussten wir aufgrund der damals geringen Bandbreiten noch verzichten. Dafür konnten wir die tatsächlichen Abstände der sich laufend überrundenden Fahrzeuge in einem Java-Applet verdeutlichen und eine ganz neue Perspektive auf den für die Zuschauer unübersichtlichen Rennverlauf eröffnen.

Mit drei Programmierern, einem Redakteur, zwei Designern und einer Fotografin arbeiteten wir vier Tage im größten Wohnmobil, das aufzutreiben war, direkt an der Rennstrecke. Während die Programmierer mit den französischen Rennveranstaltern um den Online-Anschluss rangen und in der BMW-Box mit ihren Webcams nervten, machten wir »Kreativen« die lustige Erfahrung, dass man Rennautos nach Gehör fotografieren muss, bevor sie im Sucher erscheinen. Die Digitalkameras lösten spät aus, da hieß es rechtzeitig abdrücken.

Wie es sich für ein Pionierprojekt dieser Art gehört, lief nicht alles reibungslos. Besonders der Upload der Fotos gestaltete sich unter den Bedingungen vor Ort schwieriger als gedacht. Leere Akkus, sumpfiges Gelände und ohrenbetäubender Lärm der Rennwagen zerrten an den Nerven. Aber wir waren rechtzeitig online. Kunde glücklich, Team zufrieden. Das Le Mans-Special wurde als erste Internetanwendung mit dem Designpreis der Stadt Hamburg ausgezeichnet.

Im Jahr darauf wurde das Projekt wiederholt, diesmal mit Flash-Applikation und Live-Videos. Ich musste mich als Creative Director um andere Aufgaben kümmern und habe mir zum Trost eine Playstation gekauft.

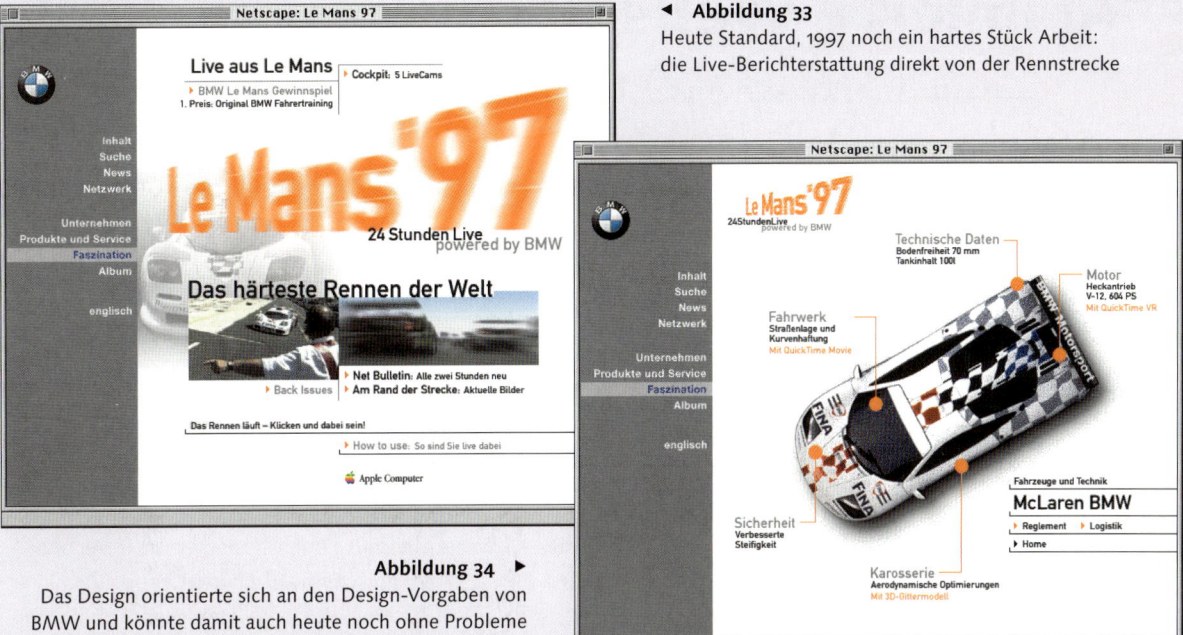

◀ **Abbildung 33**
Heute Standard, 1997 noch ein hartes Stück Arbeit:
die Live-Berichterstattung direkt von der Rennstrecke

Abbildung 34 ▶
Das Design orientierte sich an den Design-Vorgaben von
BMW und könnte damit auch heute noch ohne Probleme
oder Medienbruch online gehen.

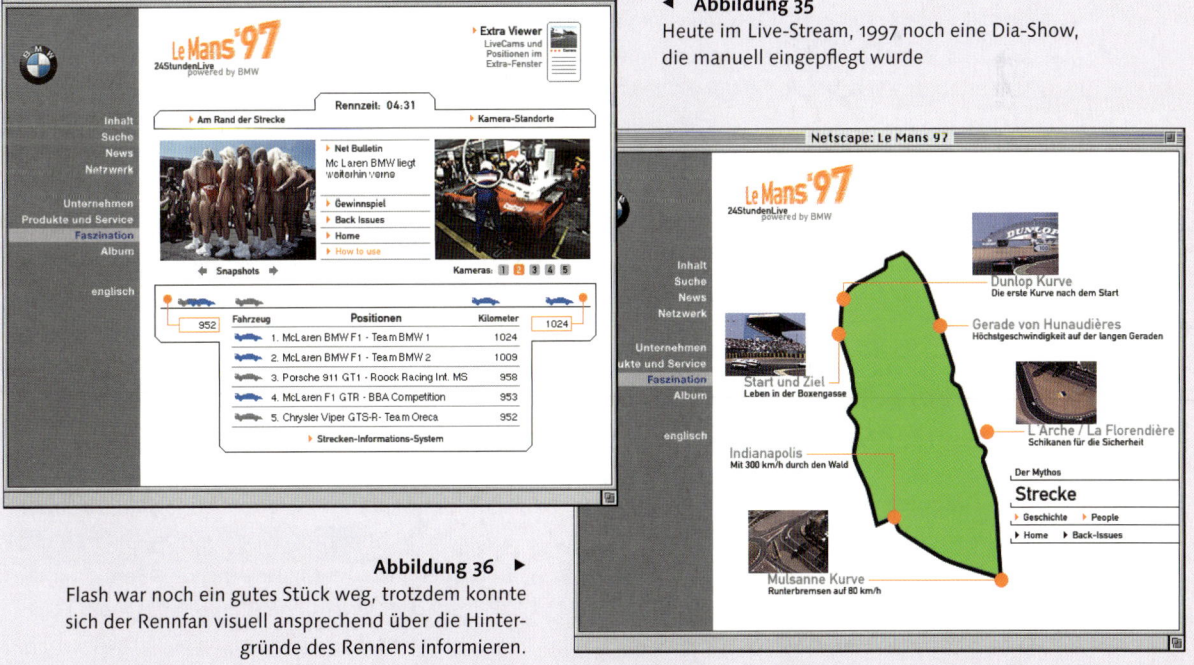

◀ **Abbildung 35**
Heute im Live-Stream, 1997 noch eine Dia-Show,
die manuell eingepflegt wurde

Abbildung 36 ▶
Flash war noch ein gutes Stück weg, trotzdem konnte
sich der Rennfan visuell ansprechend über die Hinter-
gründe des Rennens informieren.

Animierte Webseiten

Flash, Shockwave und Livemotion

Früher war das Web langweilig textlastig, dann blinkte und flashte es an allen Ecken und Enden, und nun entwickelt sich langsam ein angemessenes Verhältnis zwischen Animation und Inhalt.

WÄHREND DER RECHERCHE ZU DIESEM BUCH habe ich intensiv mit Kollegen über das Phänomen Flash bzw. animierte Webseiten und die Auswirkungen auf zukünftige Entwicklungen diskutiert. Flash steht als Begriff für Macromedia Flash, einem Programm, mit dem sich ursprünglich nur Animationen erstellen ließen, das sich aber in der Zwischenzeit zu einer visuellen Entwicklungsumgebung gemausert hat, die die Entwicklung komplexer datenbankgetriebener Sites erlaubt. Dennoch wird Flash heute vermehrt im B2C-Bereich eingesetzt, besonders in Microsites oder der Selbstdarstellung von Agenturen. Neben Flash bieten Macromedia Director und Adobe LiveMotion ähnliche Möglichkeiten, Animationen und Interaktion in eine Webseite einzubetten bzw. ganze Sites nur basierend auf der Technologie zu erstellen.

Die Vor- und Nachteile Flash-basierter Sites

▶ **Datenmenge:** Flash-basierte Sites verwenden Vektoren als Basis für die Objekte im Gegensatz zu normalen HTML-Seiten, die Bitmap-Grafiken verwenden. Richtig angewendet sind Flash-Seiten im direkten Vergleich zu HTML-Varianten wesentlich »schlanker« und damit schneller im Download.

▶ **Animation/Interaktion:** Der Hauptunterschied zwischen »statischem« HTML und »dynamischem« Flash liegt in der Möglichkeit, alle Objekte zu animieren. Der Anwender kann auf vielfältige Weise mit Objekten interagieren und »klickt« sich nicht nur durch die Anwendung.

▶ **Freiheit:** Flash bietet dem Anwender die Freiheit, alles zu gestalten, ohne sich auf die Vorgaben von HTML beschränken zu müssen. Schriften werden korrekt eingebunden, und Elemente können frei positioniert werden. Gerade diese Freiheit ist ein wesentlicher Vorteil von Flash.

▶ **PlugIn:** Der Anwender muss vor dem Betrachten einer Flash-Site zuerst ein PlugIn installieren. Das bedeutet zwar keinen Aufwand, oft wird aber gerade das allerneueste PlugIn benötigt, obwohl man gerade erst letzte Woche ein neues installiert hat. Auf Seiten der Entwickler sollte hier mehr Rücksicht auf die Anwender genommen werden, die nicht immer die allerneuesten Technologien installiert haben. Im B2B-Bereich sollte man zudem auf die Verwendung von Flash verzichten, da gerade große Unternehmen oft rigide Sicherheitsregeln haben, die keinerlei PlugIns erlauben. In diesem Fall sollte immer eine nicht auf Flash basierende Site existieren, auf die der Besucher automatisch weitergeleitet wird.

▶ **Performance:** Flash zieht die gesamte Leistung aus dem Prozessor. Aufwändige Animationen oder umfangreiche Anwendungen erfordern damit auch die entsprechende Ausstattung auf Seiten des Besuchers.

Liegt damit in Flash-basierten Sites die Zukunft des Webs, oder wird sich diese Technologie als eine Randerscheinung im Unterhaltungsbereich etablieren? Sicherlich wird Flash in Zukunft eine wesentliche Rolle bei der Entwicklung von Webseiten spielen, die Möglichkeiten sind einfach zu verlockend und ansprechend. Während der Arbeit an diesem Buch habe ich die interessantesten und frischesten Beispiele im Bereich »geflashter« Sites gefunden. Allerdings habe ich auch die besten Beispiele für selbstverliebte Technospielereien ohne einen Sinn für den Anwender oder ein vernünftiges Informationskonzept gefunden. Zudem waren alle Sites mit Flash weniger umfangreich und ärmer an Information als vergleichbare Sites in HTML.

Hier zeigen sich zwei Probleme, die mit der Entwicklung in Flash zusammenhängen. Die Möglichkeiten, Dinge zu animieren, sind so vielfältig, dass der eine oder andere Entwickler dem Drang, möglichst viel Neues aus der Software herauszuholen, erliegt und die Inhalte auf der Strecke bleiben. Zudem ist die Entwicklung umfangreicher Flash-Sites mit beträchtlichen Anforderungen an das Know-how der Entwickler verbunden. Dieses endet aber oft bei der Animation eines Menüs, und richtiges Programmieren haben nur die wenigsten »Flasher« wirklich gelernt.

Also was bleibt zu sagen? Flash, LiveMotion und andere animierte Technologien sind ein Weg in die richtige Richtung. Aber nur wenn der Inhalt und nicht die Form überwiegt, wird eine Site den Ansprüchen gerecht und auch von den Anwendern akzeptiert werden. Im B2B-Bereich wird Flash sicherlich auch in den kommenden Jahren nur eine untergeordnete Rolle spielen.

Wie man eine Flash-Site gestaltet

Bei den Grundlagen der Gestaltung gibt es hier keinen Unterschied, auch eine animierte Seite sollte auf einem Gestaltungsraster basieren und ausgewogen gestaltet sein. Die Unterschiede liegen in der Ausgestaltung der animierten oder interaktiven Teile. Hier sollte man neben dem Entwurf der Seite noch zusätzlich ein Storyboard erstellen, das die Animationen in einzelnen Phasen beschreibt.

Animierte Menüs sind hier die einfachste Übung, entwerfen Sie die einzelnen Phasen der Animation, und legen Sie die Abfolge fest. Schwieriger wird es, wenn nicht nur kleine Animationen verwendet werden, sondern eine Animation eine Geschichte erzählen soll, beispielsweise als Teil einer Produktpräsentation. Hier muss das Storyboard die Dramaturgie der späteren Szene detailliert darstellen.

Storyboard

Der Begriff »Storyboard« stammt eigentlich aus der Filmbranche und steht für die Darstellung des Films in Form eines Bilderbuches, das versucht, alle Bewegungen und Schnittfolgen

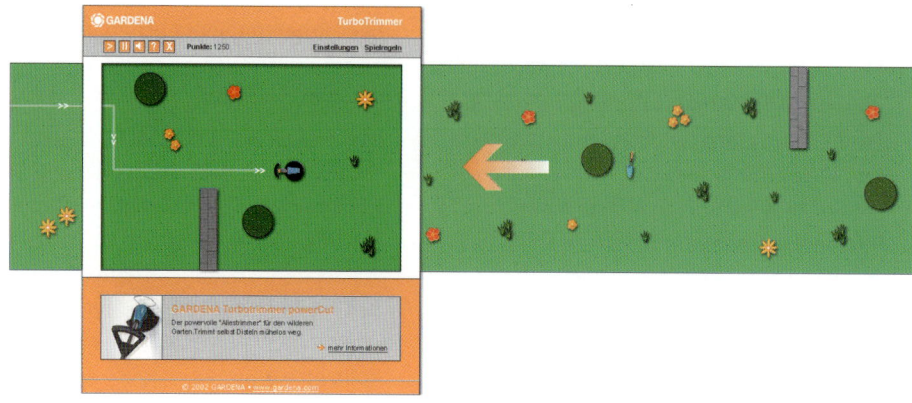

Abbildung 1 ▶
Beispiel für ein elektronisches Storyboard. Bei der Entwicklung eines Spiels in Flash wurde der Spielablauf und das Spielprinzip mit Hilfe einer einfachen Illustration dargestellt.

Abbildung 2 ▶
Deutlich zu sehen ist der Unterschied in den verschiedenen Leveln des Spiels. Während die obige Illustration das erste Level zeigt, wird in diesem Beispiel das zehnte und schwerste Level dargestellt.

zu illustrieren, und bildet damit eine Planungsgrundlage für alle an der Produktion Beteiligten. Zudem hilft das Storyboard, Fehler in der visuellen Abfolge zu vermeiden und weitere mögliche Problemstellungen aufzuzeigen.

Hier ein paar einfache Regeln für angehende Dramaturgen:

1. **Machen Sie es kurz.** Niemand schaut sich im Web eine Animation an, die länger als drei Minuten ist. Die beste Cliplänge liegt zwischen 30 Sekunden und einer Minute.

2. **Teilen Sie es auf.** Jedes Thema lässt sich bis zu einem gewissen Grad in Einzelteile herunterbrechen. Versuchen Sie in einem Teilbereich nicht mehr als zwei bis drei Sachverhalte zu erklären, und überlassen Sie dem Benutzer die Kontrolle. Er muss sich frei im Inhalt vor- und zurückbewegen, Teile auslassen oder auch wiederholen können.

3. **Sprache, Text und Musik.** Musik ist keine Pflicht, aber immer ein starkes dramaturgisches Mittel, das die Atmosphäre einer Animation prägt. Text sollte so knapp wie

möglich sein, am besten nur Schlagwörter. Denken Sie hier an Ihre letzte PowerPoint-Präsentation. Mehr als fünf kurze Sätze pro Folie überfordern den Betrachter. Verwenden Sie für umfangreiche Erklärungen einen professionellen Sprecher statt Mengentext.

4. **Setzen Sie Höhepunkte.** Wie ein Film sollte auch Ihre Animation eine Dramaturgie besitzen. Verraten Sie den Mörder erst am Schluss, und bauen Sie die Spannung Stück für Stück auf. Setzen Sie einen Höhepunkt in die Mitte und an das Ende. Die Dramaturgie muss für den Betrachter nachvollziehbar sein, sonst steigt er schnell aus.

Führen Sie sich bei der Entwicklung animierter Seiten einen wichtigen Punkt vor Augen: Was will der Anwender wirklich? Sucht er Informationen oder Zerstreuung? Ist ein Bild an dieser Stelle oder erklärt eine Animation den Sachverhalt besser? Alle Designer lieben Animationen, aber nicht alle Besucher Ihrer Seiten sind Designer. Die richtige Lösung steckt in der Mischung aus statischem HTML und dynamischen Animationen.

Das verflixte Intro

Ich muss an dieser Stelle meinen Kollegen ein bösartiges Lob aussprechen. Sie denken sich immer wieder neue, völlig sinnfreie Animationen für den Anfang einer Webseite aus. Sehr beliebt sind hierbei wandernde Balken, die auch gerne in Key-Visuals am Rande des Inhalts auftauchen und signalisieren, dass man hier eine moderne Site vor sich hat. Was sagte eine Kommilitonin von mir zu Recht: »If it moves they will watch it.«

Ich behaupte einmal, dass kein Mensch diese Animationen sehen will, wenn er eine Seite besucht. Sie bedeuten unnötige Ladezeiten, oft wartet man fünf Minuten auf eine 30 Sekunden lange Animation eines Logos. Das ist uneffektiv. Der Gipfel sind aber Seiten, die einen minutenlang auf das Laden des Inhalts warten lassen, um einen dann mit zwei Sätzen abzuspeisen, die eigentlich nichts sind außer schön animiert.

Frech sind auch jene Seiten, die einem die Wahl zwischen HTML- und Flash-Version lassen und bei denen der Unterschied zwischen beiden Versionen in einer animierten Version des Hauptmenüs besteht; für die man aber dreimal so lange Ladezeiten in Kauf nehmen muss.

Kürzlich gesehen, und auch schon nah am Schwachsinn gelagert, war die Seite eines Kollegen, auf die man mit einer ISDN-Leitung volle fünf Minuten warten muss, nur um dann sechs animierte Newspunkte zu sehen, die sich bei der Berührung mit der Maus in Bewegung setzten und mit einem einfachen Rollover-Effekt versehen waren.

Interessanterweise sind es gerade diese Seiten, die international Preise im Dutzend abräumen – ich frage mich allerdings wofür, für Sinn und Verstand sicherlich nicht.

Genug geätzt, nur noch dieses: Böse Zungen behaupten, je länger das Intro ist, desto weniger steht anschließend im Inhalt einer Seite.

Beispiele: Flash Me

Wie zuvor gesagt, habe ich die interessantesten und frischesten Beispiele unter den Flash-Sites gefunden. Leider lassen sich Animationen noch immer nicht drucken, weswegen die Beispiele hier auch nur halb so gut wirken wie im Web.

◀ **Abbildung 3**
Düster, dunkel und herrliches 90er-Jahre-Design: die
Seiten von switchinteractive.com.

Abbildung 4 ▶
Schon der Eingang ist sehenswert. Unter
blitzds.com streiten sich die beiden Hände mit
dem Benutzer um den Enter-Button.

◀ **Abbildung 5**
Hat der Besucher es geschafft, findet er eine
wunderschöne und einfach zu bedienende Site
vor, die allerdings ihren wahren Reiz erst in der
Animation zeigt.

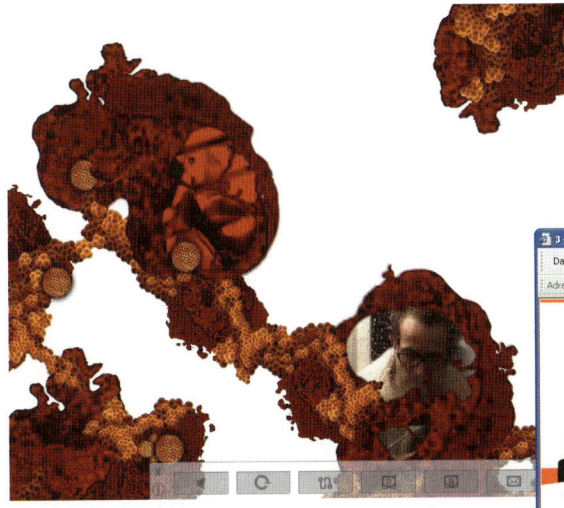

◄ **Abbildung 6**

Das extremste Beispiel ist sicher die Microsite zum neuesten Stephen King-Thriller »Dreamcatcher« unter http://dreamcatchermovie.warnerbros.com. Hier findet der Besucher keinerlei Hilfe, und das Interface wächst aus den Pilzen des Bildes heraus.

Abbildung 7 ►

Wie muss die offizielle Partysite des FlashForward Film-Festivals aussehen? In etwa wie die von www.madmixer.de, wild und ungewöhnlich.

◄ **Abbildung 8**

Auch wenn man in die Site www.madmixer.de gelangt, wird einem noch viel abverlangt, will man sich die Inhalte anschauen. Aber die Zielgruppe ist sicherlich einiges gewohnt.

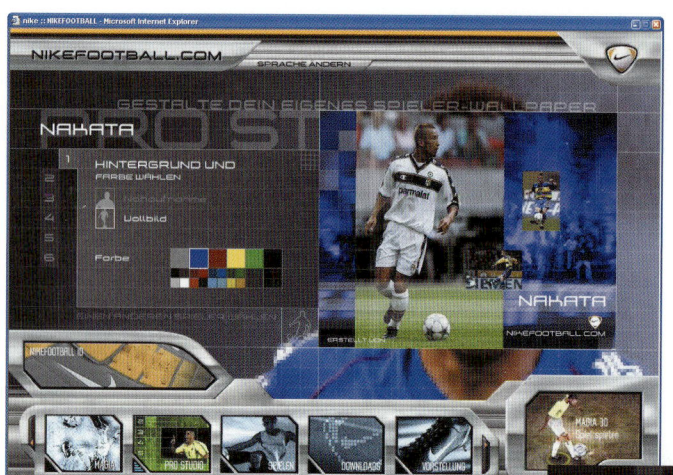

◀ **Abbildung 9**

Nur ein Beispiel von vielen guten Flash-Anwendungen, die man unter nike.com findet. Hier kann sich der Besucher ein eigenes Hintergrundbild zusammenstellen und direkt herunterladen.

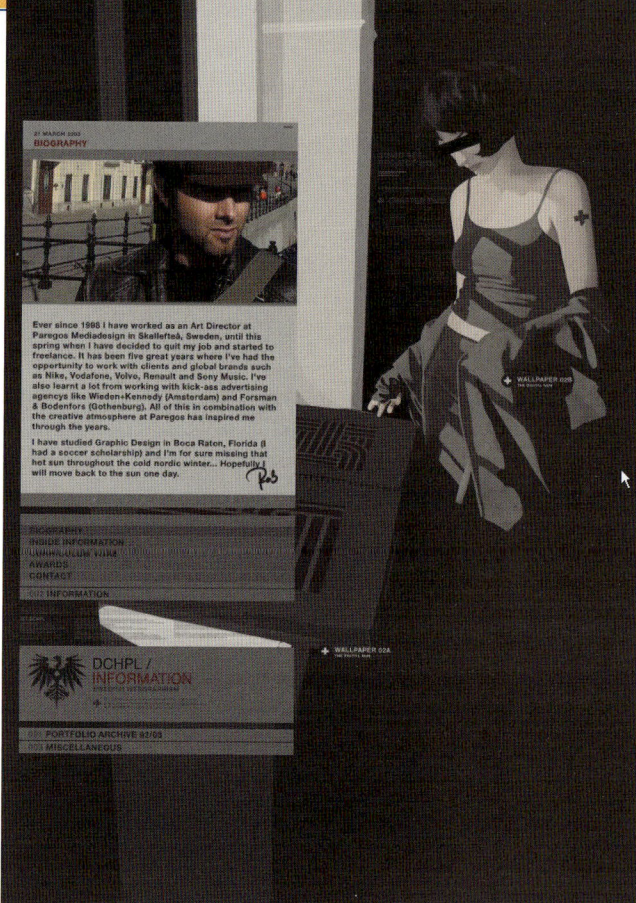

Abbildung 10 ▶

Nicht nur als Flash-Site ein gutes Beispiel: die Seiten DesignChapel.com.

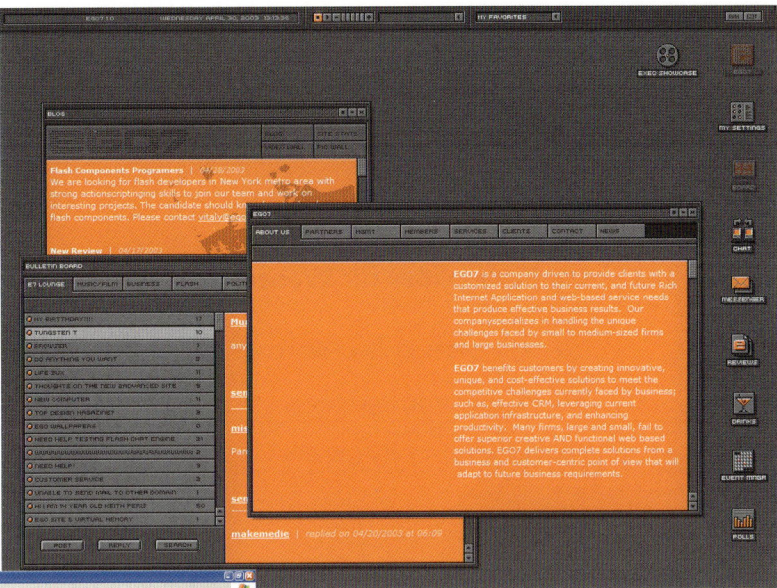

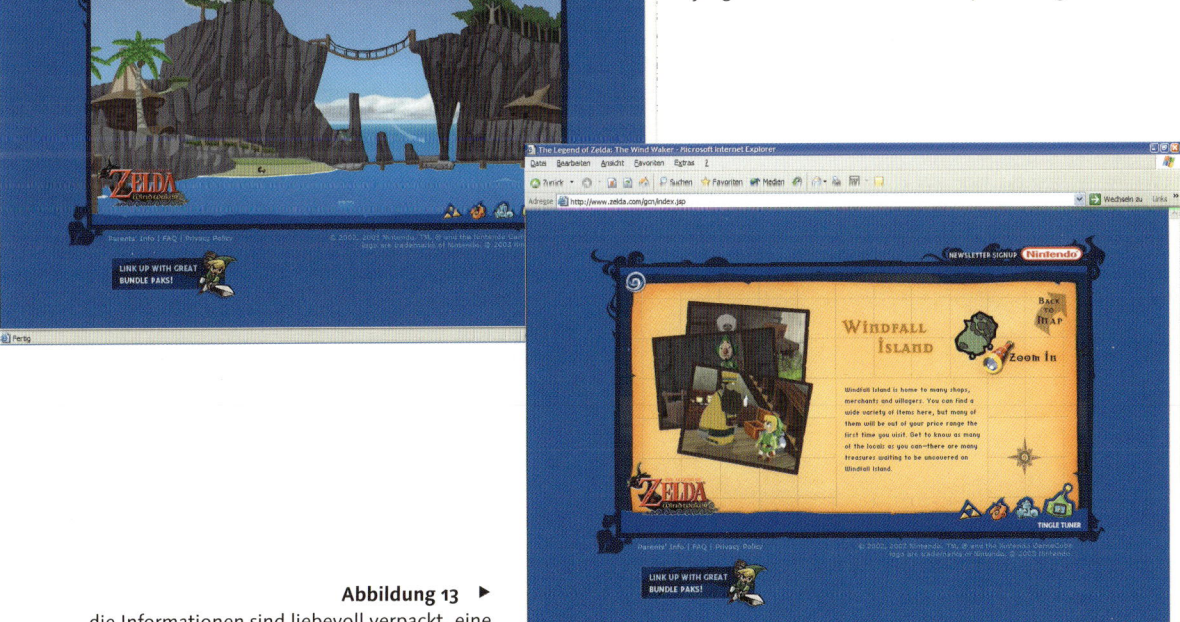

Die technische Realisierung

192 Technische Webstandards

Styleguides für Webseiten

Wie Sie Standards setzen

Nicht jedes Unternehmen leistet sich einen Gralshüter für die Überwachung der Einhaltung der Standards auf der Webseite. Oft erfüllt diesen Zweck ein Regelwerk oder »Styleguide«. Wie man diesen aufbaut, wird in diesem Kapitel erklärt.

Styleguides als Regelwerke

DER STYLEGUIDE – ODER DAS REGELWERK, WAS aber nicht so schön klingt – fasst die visuellen Vorgaben einer Site strukturiert zusammen. Er steht am Ende des Entwicklungsprozesses des Designs und am Anfang der lebenden Website. Er ist nicht nur für die Designer und Content-Manager eine Vorgabe für weitere Ausarbeitungen, sondern auch für die Entwickler der technischen Basis. Styleguides spielen in vielerlei Hinsicht eine wichtige Rolle:

▶ **Auf die Weiterentwicklung der Site bezogen**
Beim Online-Start einer Site wird in der Regel nur ein Teil der tatsächlich in der Informationsarchitektur abgebildeten Seiten realisiert. Die fehlenden Teile werden aber bereits im Styleguide definiert und ohne zusätzlichen Designaufwand später realisiert. Neu hinzukommende Seiten basieren auf definierten Elementen und Seitentypen und sind damit konsistent mit den anderen Seiten – ebenfalls ohne zusätzlichen Designaufwand.

▶ **Auf dynamische Inhalte bezogen**
Gerade die Entwicklung dynamischer Seiten erfordert einen hohen Grad an Standardisierung und Strukturierung. Hier spielen durchdachte Regeln eine besondere Rolle, denn meist sind die Designer nicht mehr im Projekt, wenn die Entwickler mit der Realisierung beginnen. Fragen bezüglich des Designs müssen in diesem Fall vom Styleguide beantwortet werden.

▶ **Auf den Inhalt bezogen**
Der Styleguide zeigt anhand der exemplarischen Seiten den inhaltlichen Aufbau einer Seite. Auf dieser Basis ist die Aufbereitung für den Online-Redakteur wesentlich einfacher: Er kennt – hat er einen Seitentypen gewählt – die notwendigen Textelemente (z. B. Überschrift, Vorspann, Anleser, Fließtext, Gliederungen etc.), deren Formatierung und den Umfang. Zusätzlich ist klar, ob und wie viele Bilder verwendet werden dürfen, deren Größe, Position und Verhältnis zum Inhalt.

▶ **Auf das Projekt bezogen**
Der Styleguide fasst den visuellen Teil des Projektes zusammen und definiert am Ende den »Idealfall«. Die Entwicklung der Site, ausgehend von dieser Definition, wird damit nachvollziehbar und kann anhand der Standards jederzeit auf Konsistenz und korrekte Umsetzung hin überprüft werden.

▶ **Auf die Marke bezogen**
Der Styleguide definiert Regeln für die Präsentation einer Marke im Web. Werden diese in der technischen Realisierung entsprechend umgesetzt, ist die Marke im Netz gut gegen ungewollte Änderungen geschützt. Gefahr droht hier nicht von außen, sondern vor allem von unzähligen Kreativen, die in jedem Unternehmen sitzen und gerne abseits ihrer eigentlichen Aufgabe, beispielsweise Produktmanagement, ihrem Designtrieb folgend neue Seiten entwerfen.

Ich habe erlebt, dass bereits bei der Schulung zum Launch einer Seite laut von der Personalabteilung über mögliche eigene Ergänzungen zur Site nachgedacht wurde. Dies konnte aber dank eines Redaktionssystems, das nur die Editierung der Inhalte, aber nicht der Form erlaubte, verhindert werden.

Regeln für Styleguides

Ein durchschnittlicher Styleguide umfasst ca. 40–70 Seiten (A4), abhängig vom Umfang und der Komplexität einer Site. Dabei sollte der Regelteil mit dem Blick auf den »Nicht-Designer« keinen Interpretationsspielraum zulassen.

Je **detaillierter** eine Regel beschrieben wird, desto einfacher ist ihre spätere Umsetzung im Web. Fassen Sie sich trotzdem kurz, tabellari-sche Auflistungen vereinfachen die Zuordnung der Regeln und sorgen für Übersichtlichkeit.

Vermeiden Sie **Kann-Regeln** oder mehrere alternative Lösungen, beispielsweise bei der Größe der Schrift oder der Farbgebung. Verbinden Sie Alternativen immer mit dem Kontext, so dass wieder eine eindeutige Beziehung entsteht. »Die Schriftgröße ist 11 px. In Feldern mit einer Breite unter 120 Pixel wird die Schriftgröße 10 px verwendet.« Ersetzen Sie aber das »wird verwendet« durch »kann verwendet werden«, dann überlassen Sie es dem Entwickler, die Entscheidung zu treffen; im Ergebnis steht dann einmal 10 px und einmal 11 px, und zwar in zufälliger Folge.

Enthält ein Regelwerk **unklare Regeln**, wird das gesamte Regelwerk schwammig und beliebig.

Verwenden Sie in keinem Fall Beispiele, die nicht den Regeln entsprechen. Auch der zusätzliche Hinweis »nur als Beispiel« schafft hier keine Abhilfe. Der Kontext des Regelwerks macht aus jedem Teil des Inhalts eine Regel, und es fällt anschließend schwer, Anwender und Entwickler vom Gegenteil zu überzeugen.

Als visuelles Medium sollte der Styleguide auch **Bilder** in der Vordergrund stellen und Erklärungen so knapp wie möglich und ausführlich wie nötig halten. Sinnvoll für den praktischen Einsatz ist auch eine Online-Version, die im Intranet eingesetzt wird. Hier können zusätzlich Dateien, beispielsweise Templates oder CSS, hinterlegt werden. Praktisch an einer Online- oder CD-ROM-Version ist auch, dass man die verschiedenen Inhalte miteinander verlinken kann.

Was nicht im Regelwerk steht, kann auch nicht umgesetzt werden.

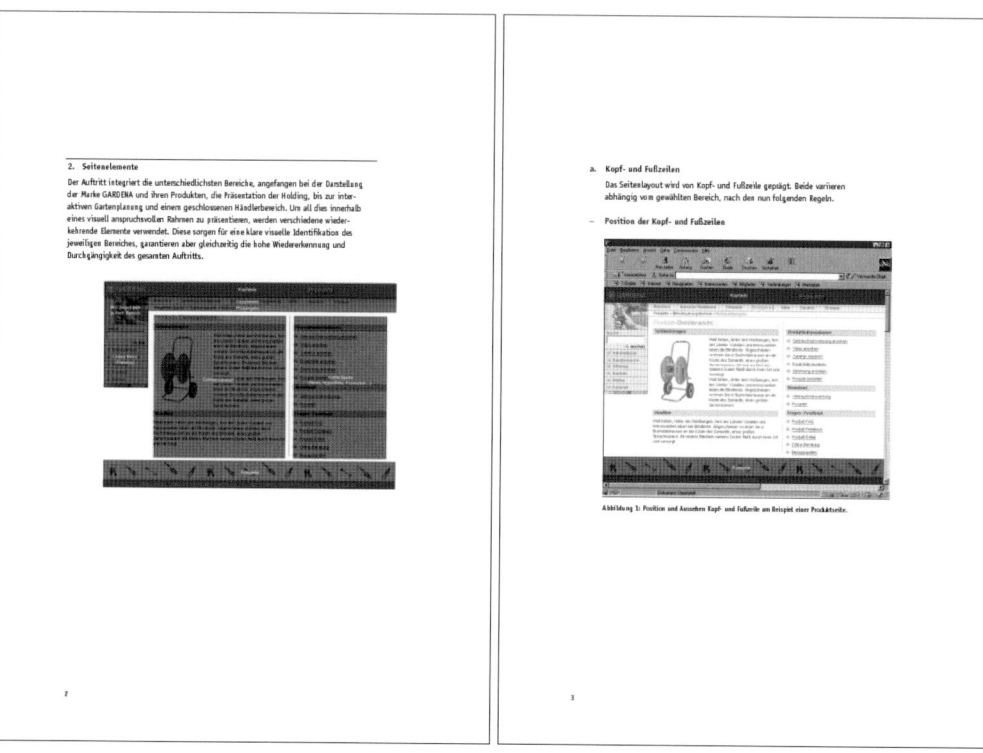

▲ **Abbildung 1**
Die folgenden Beispiele sind Ausschnitte aus dem Styleguide von Gardena.
Am Anfang findet sich eine Erklärung der verschiedenen Seitenelemente.

Aufbau eines Styleguides

Styleguides folgen mehr oder weniger alle demselben Aufbau, der nur abhängig vom tatsächlichen Umfang und der Komplexität der Site variiert wird. Anhand der Ausschnitte aus dem Styleguide von Arburg möchte ich den Aufbau eines Styleguides visualisieren. Dieses Grundgerüst lässt sich so definieren.

1. **Allgemeines**
   Einleitung und Einführung ins Thema. Stellen Sie den Sinn und Unsinn des Regelwerks in einer kurzen knappen Einleitung vor, und erklären Sie Begriffe, die nicht als allgemein bekannt vorausgesetzt werden können.

2. **Seitenbereiche**
   In diesem Teil definieren Sie die verschiedenen Informationsbereiche einer Seite, legen fest, wo sich die Navigation befindet, die Fußzeile etc. Verwenden Sie die definierten Bereiche anschließend durchgängig, und referenzieren Sie gegebenenfalls auf diesen Teil (siehe Abbildung 1).

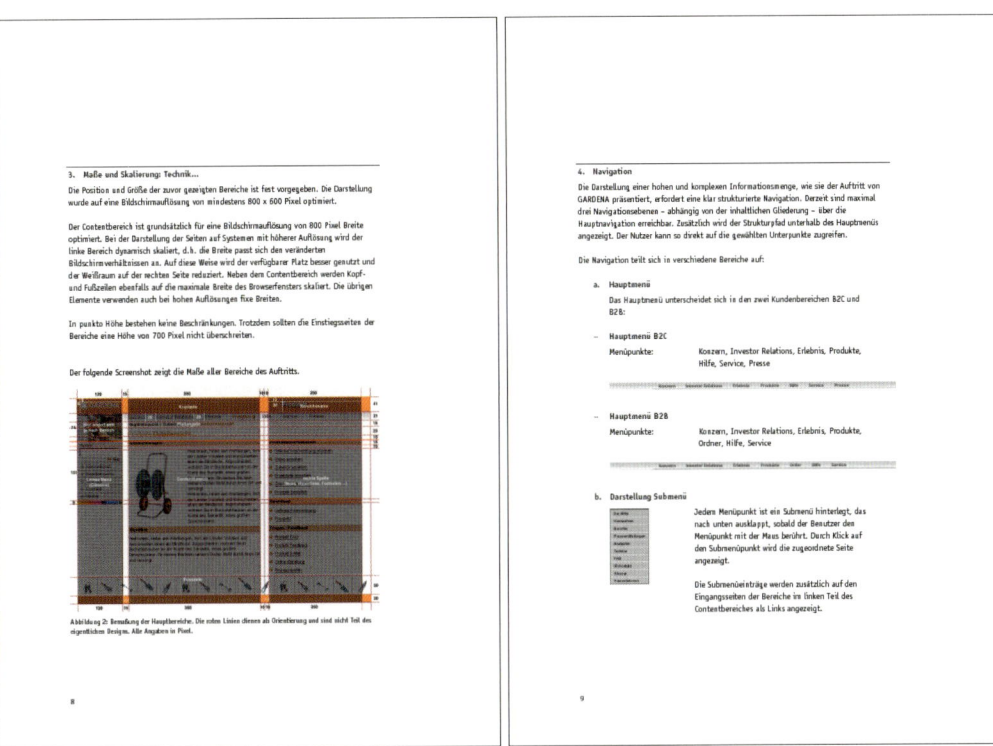

▲ **Abbildung 2**
Auf diesen Seiten wird die Bemaßung der Seiten dargestellt.

3. Raster & Maße

Wie der Name schon sagt, finden sich in diesem Teil alle Bemaßungen, beispielsweise die Abstände zwischen den Bereichen, Ränder um und zwischen Elementen, Spaltenanzahl und -aufteilung und Abmessungen der Navigation etc. Die Maße müssen hierbei nicht absolut gewählt werden, Sie können auch relative Werte verwenden, wenn diese später auch in der Umsetzung eine Entsprechung haben, beispielsweise bei der Definition der Breite einer Tabelle (Abbildung 2).

4. Farben

Darstellung des Farbklimas mit Beispielen und den RGB und Hexadezimalwerten der Farben. Natürlich finden sich in diesem Teil auch Farben, die nicht verwendet werden dürfen.

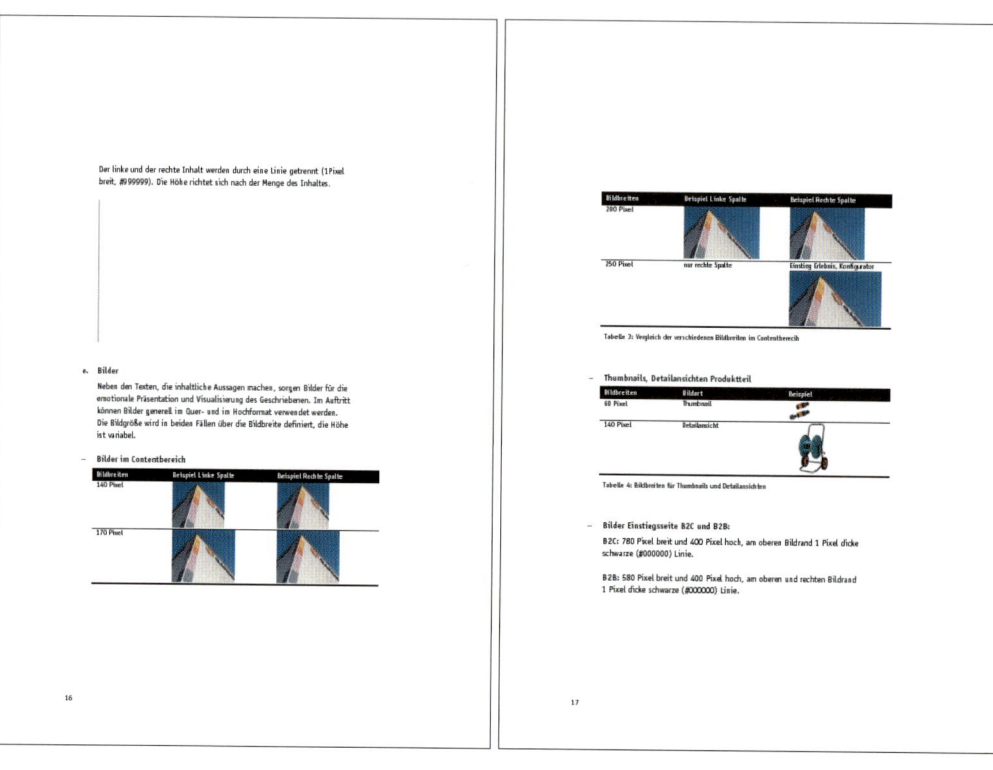

▲ **Abbildung 3**
Der Umgang mit Abbildungen ist ebenfalls detailliert vorgegeben
und wird anhand von Beispielen dargestellt.

5. Schriften

Auflistung der unterschiedlichen Elemente
und der verwendeten Schriften respektive
die Namen der Style Sheets inklusive aller
Parameter. Wenn dieser Teil auch mühse-
lig erscheint, und die Definition zudem in
Form einer CSS-Datei vorliegt, ist das Regelwerk die Basis und muss alle Definitionen
enthalten.

6. Bildwelten

Exemplarische Darstellung der Bilder, Illustrationen und Grafiken, die in den verschiedenen Bereichen verwendet werden. Gerade in technischen Disziplinen müssen für
die Erstellung von Grafiken und Schaubil-
dern Vorgaben existieren, die Aufbau, Form
und Farbgebung festlegen, sonst werden Sie
in der Umsetzung Ihr blaues Wunder erleben (Abbildung 3).

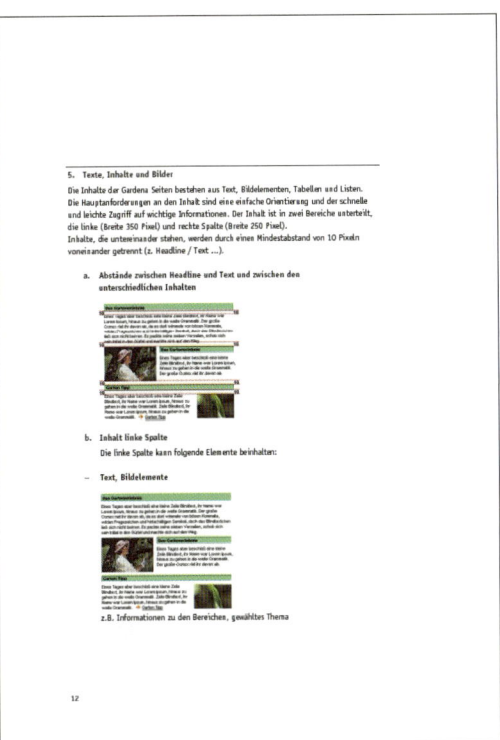
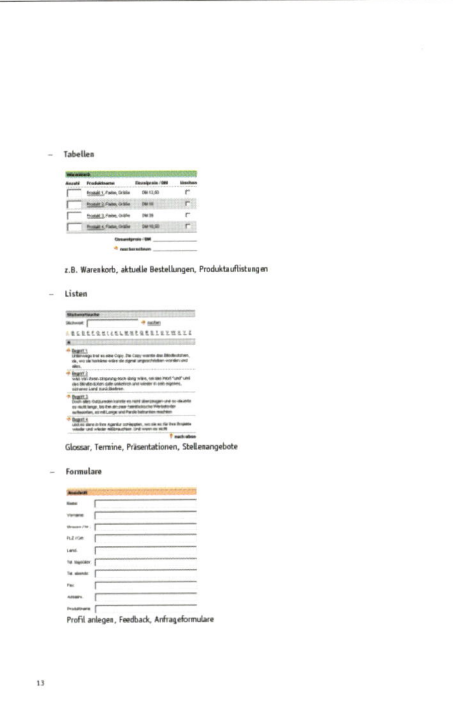

▲ **Abbildung 4**
Die Seiten bestehen aus einzelnen Bausteinen, die später
auf den Seiten anhand des Inhalts zusammengesetzt werden.

7. Elemente

Darstellung der möglichen Elemente
(Schrift, Flächen, Bilder, Linien), die innerhalb einer Seite verwendet werden können.

8. Bausteine

Die Elemente einer Seite lassen sich in Bausteinen zusammenfassen, die dann eine »Informationseinheit« oder einen »Baustein«
darstellen, z.B.: »Überschrift«, »Unterzeile«,
»Vorspann«, »Fließtext«, »Bild« bilden zusammen eine Informationseinheit, die man
»Artikel« nennt, »Überschrift« und »Vorspann« ohne die anderen Teile bilden den
Baustein »Teaser«. Die Definition und Darstellung der verschiedenen Möglichkeiten
ist besonders für die Weiterentwicklung der
Site wichtig. Mit Hilfe der Bausteine können
neue Seitentypen aufgrund des inhaltlichen
Aufbaus erarbeitet werden (Abbildung 4).

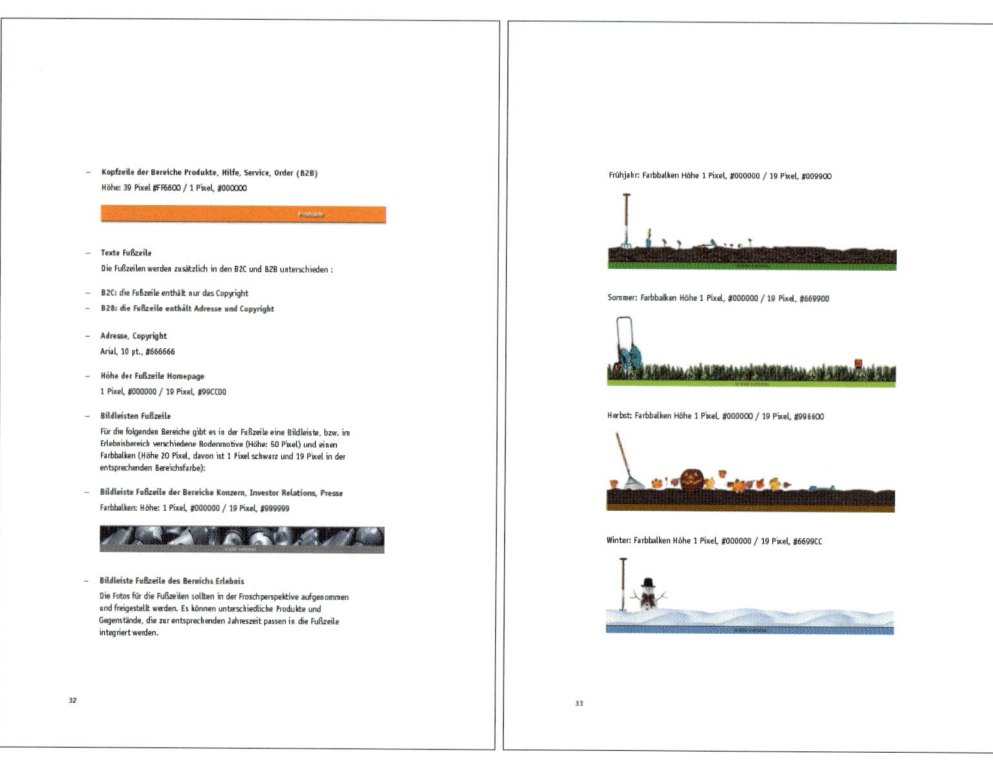

▲ **Abbildung 5**
Ausführlich werden alle Regeln für die diversen Seitentypen anhand von Beispielen belegt.

9. Seitentypen

Die »größte« Einheit stellt der Seitentyp dar. Hier werden die Bausteine zu Seiteneinheiten zusammengefasst und dargestellt. Die Seitentypen werden dann wiederum Inhalten zugeordnet, beispielsweise Produktseiten oder redaktionellen Teilen (Abbildung 5).

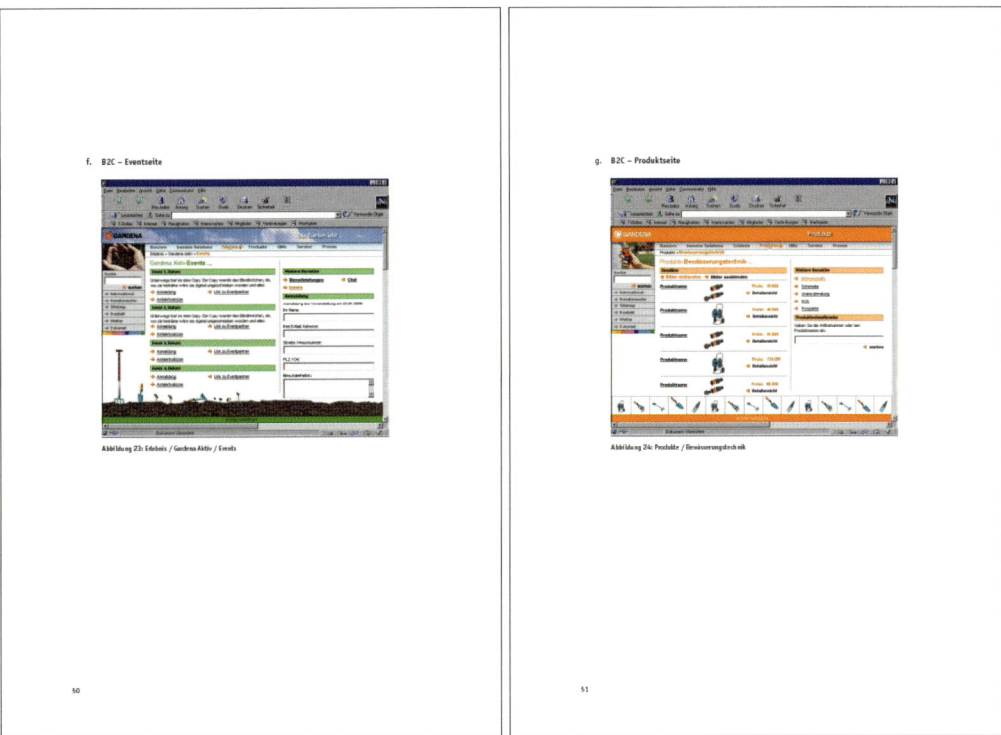

▲ **Abbildung 6**
Der Styleguide enthält ungefähr dreißig verschiedene exemplarische Seiten.

10. Exemplarische Seiten

Damit alle graue Theorie auch verständlich ist, werden die Regeln anhand exemplarischer Seiten dargestellt. Hierbei wird für jeden Seitentypen mindestens ein Beispiel dargestellt. Wenn vom Inhalt abhängige Alternativen existieren, müssen diese auch abgebildet werden (Abbildung 6).

11. Navigation

Ausführliche Darstellung der Navigationsebenen oder Varianten und deren verschiedene Zustände ohne Seiteninhalte. Wenn klar ist, dass noch weitere Elemente in der Navigation verwendet werden, die derzeit noch nicht vorhanden sind, etwa neue Rubriken, findet sich hier auch eine Definition, wie vorzugehen ist, wenn beispielsweise die Navigation die maximale Seitenbreite übersteigt.

Wie schon bei der Gestaltung der Site setzt sich auch im Styleguide alles aus kleinen Einheiten zusammen. Von »innen« nach »außen« werden zuerst alle möglichen Teile einer Seite erklärt und anschließend Kombinationen dieser Teile zu Seitentypen, denen wieder Inhalte zugewiesen werden, zusammengefasst.

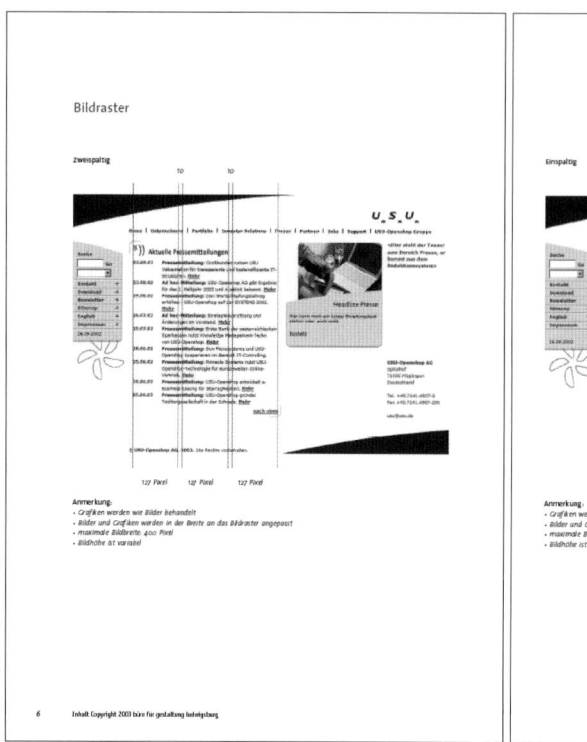
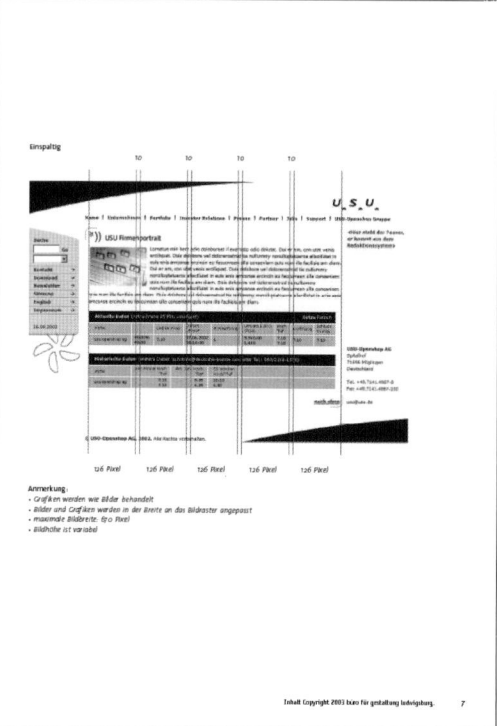

▲ **Abbildung 7**
Ähnlich umfangreich gestaltet sich der Styleguide für die Seiten der USU AG.
Auch hier wird am Anfang des Guides die Bemaßung vorgestellt.

Die Darstellung der Regeln anhand **exemplarischer Seiten** ist für mich der wichtigste Teil eines Styleguides, weil hierbei die manchmal abstrakten Regeln aus den vorangestellten Kapiteln praktisch dargestellt werden. Die Darstellung hilft Anwendern, die im Umgang mit visuellen Regeln nicht geübt sind, sich zurechtzufinden.

Entwickler können anhand der Beispiele direkt überprüfen, ob programmierte Seiten auch den Regeln entsprechen, ohne die Regeln im Detail zu überprüfen. Die Regeln sind die Theorie und die exemplarischen Seiten die Praxis. Denken Sie bei der Planung eines Projektes daran, dass die Erstellung der Styleguides nicht unerheblich Zeit benötigt, die schließlich auch bezahlt werden will.

Nebenbei ist die Entwicklung der exemplarischen Seiten auch ein gutes Mittel, die eigenen Regeln im Hinblick auf die Realisierung zu überprüfen und gegebenenfalls zu optimieren.

Betrachtet man einen Styleguide auf Prozessebene, stellt sich die Frage, weshalb der Guide nicht am Anfang der Entwicklung des Designs aufgebaut wird und damit diese Phase schneller ablaufen kann. Der Grund ist ganz

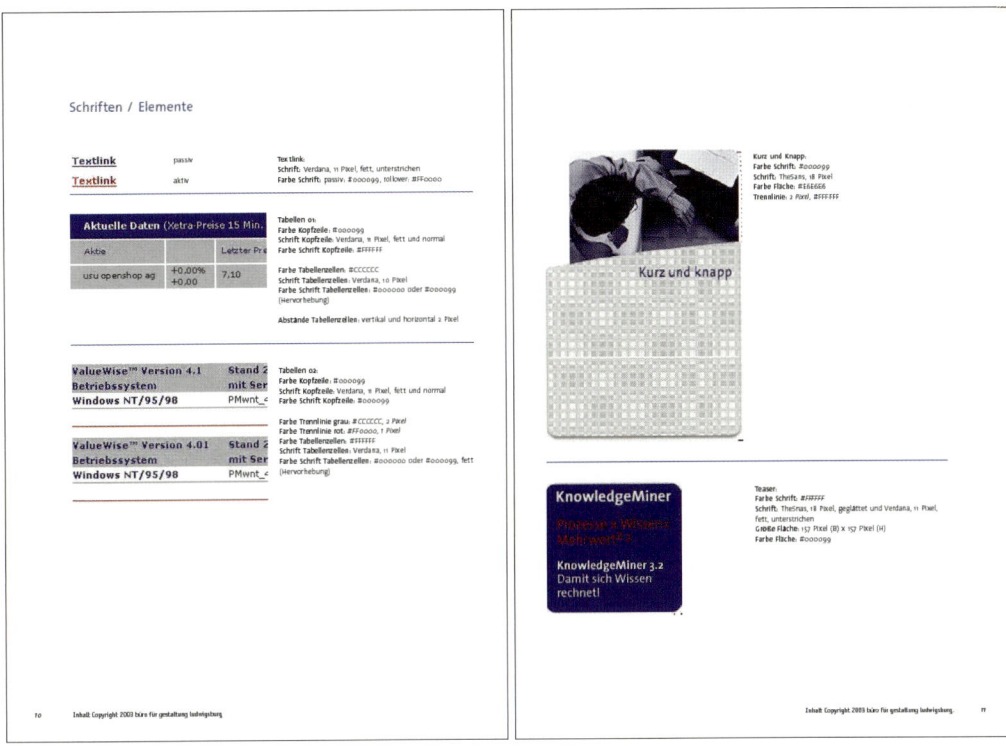

▲ Abbildung 8
Alle auf den späteren Seiten verwendeten Elemente sind im Guide beschrieben.

einfach – wie bei einem Spiel kann ich die Regeln erst abschließend festlegen, wenn ich das ganze Spiel entwickelt habe.

Ich habe in einigen Projekten Teile der einmal getroffenen Regeln nach der Hälfte des Projektes wieder geändert, weil sich inhaltliche Änderungen ergeben haben, die ohne eine Änderung der Regeln das visuelle Konzept gesprengt oder die Seiten unübersichtlich gemacht hätten.

Ich empfehle, die erste Manuskriptversion des Styleguides entweder als Mindmap (bei umfangreichen, individuell angepassten und in größeren Gruppen abzustimmenden Styleguides) oder als Word-Datei mit Formatvorlagen anzulegen. Sicher arbeitet der Designer viel lieber in Adobe InDesign, PageMaker oder QuarkXPress – das ist aber an dieser Stelle uneffektiv und benötigt Ressourcen, die später besser eingesetzt werden.

Ist der theoretische Inhalt einmal abgestimmt und vom Kunden freigegeben, beginnt man nach und nach mit der Ausarbeitung der Details. Beginnen Sie mit den grundlegenden Definitionen analog der Struktur des Gesamtwerks, sonst verzögern sich parallel laufende

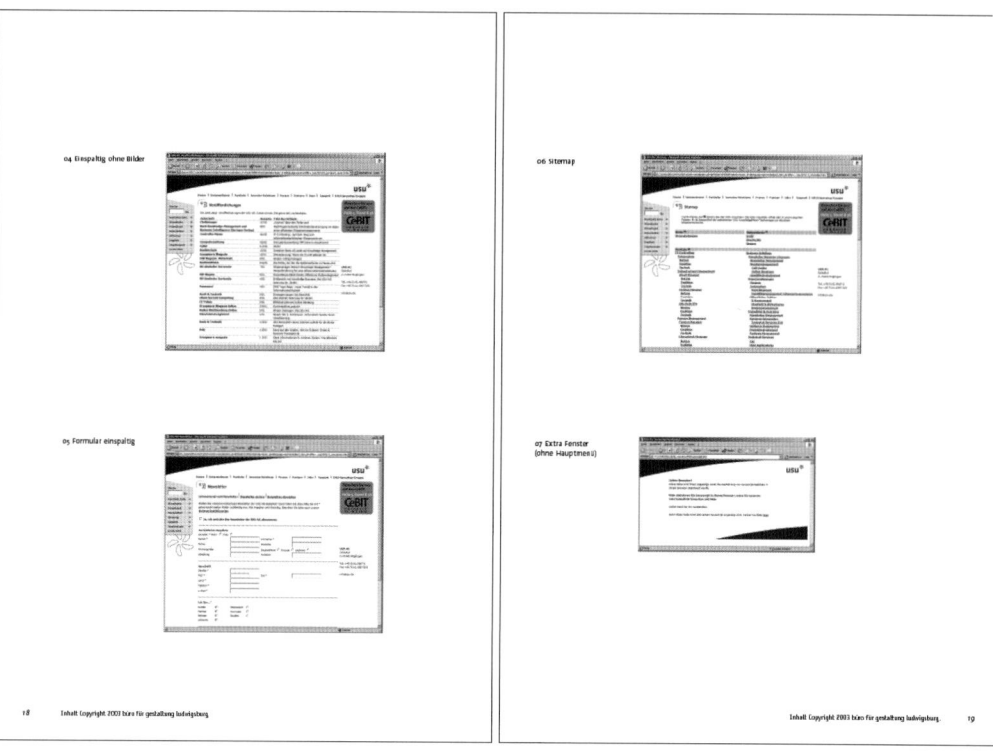

▲ **Abbildung 9**
Und werden ebenfalls anhand von Beispielen …

Prozesse, die auf Ihre Ergebnisse und Festlegungen angewiesen sind.

Am einfachsten gestaltet sich diese Arbeit parallel zur eigentlichen Entwurfsarbeit. Ist ein neuer Teil der Site freigegeben, fügt man diesen in den Styleguide ein. Auf diese Weise spart man sich zu viel redundanten Aufwand. Außerdem ist das Erstellen eines Regelwerks nicht unbedingt die kreativste aller Arbeiten – die Aufteilung in Etappen macht es daher erträglicher.

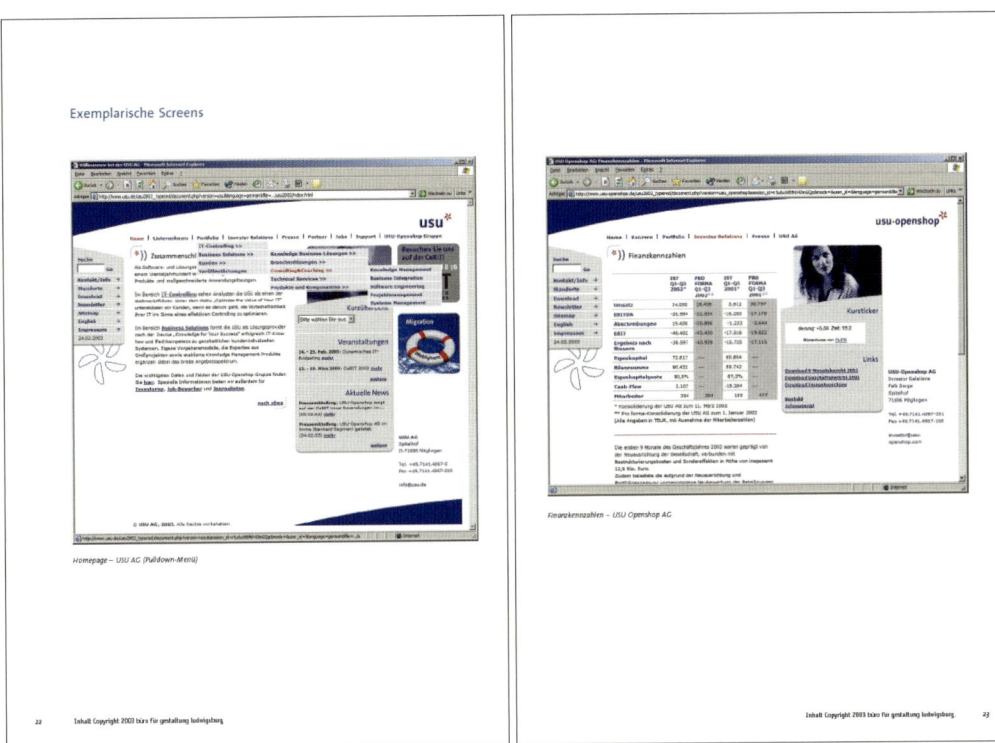

▲ **Abbildung 10**
... der verschiedenen Seitentypen vorgestellt.

Die Realisierung

Wie man die eigenen Ideen ins Netz bringt.

Dieses Kapitel ist kurz, weil es nicht viel zu sagen gibt, was man bei der Realisierung beachten sollte. Allerdings verlieren die meisten hier viel Zeit.

IM IDEALFALL ENDET DIE ARBEIT DES DESIGNERS mit der Erstellung des Styleguides, er lehnt sich zurück und genießt die Früchte seiner Arbeit. Ab hier übernehmen andere das Ruder und setzen das Design in reale Seiten um – sie generieren Content (oder verständlicher: »erarbeiten Inhalte«) und bereiten diesen für die Umsetzung im Web auf.

Der Idealfall tritt aber meist nicht ein, und deshalb muss sich der Designer auch mit der Realisierung seiner eigenen Arbeit beschäftigen; er sollte dies sowieso tun und die Umsetzung bereits in der Entwicklung der Seiten berücksichtigen. Schließlich kann nicht alles, was in Fireworks oder Photoshop erdacht wird, auch später tatsächlich auf Webseiten umgesetzt werden.

Bekanntlich ist ja die Ordnung der größte Feind des Kreativen, und in der Redundanz liegt die wahre Kraft des Erschaffens. Man kann es sich auch unnötig schwer machen. Im Folgenden deswegen einige Regeln für die »problemfreie« Realisierung.

Slicing

Der größte Aufwand in der Medienproduktion entsteht bei der Erstellung der Segmente oder »Slices« und der Komprimierung dieser Daten. Im Gegensatz zu einer klassischen Printproduktion setzt sich eine Webseite aus einer Vielzahl verschiedener Segmente (Slices) zusammen, die mit Hilfe des HTML-Gerüsts im Browser wieder zusammengesetzt werden. Je besser das »Slicing« und die Komprimierung des einzelnen Segments, desto schneller wird die Seite später im Browser geladen.

Will man nicht alle Seiten oder Bilder einzeln in die Hand nehmen, zerschneiden und anschließend in der Komprimierung auf die kleinste Dateigröße optimieren, benötigt man klare Standards und Strategien, die diesen Prozess vereinfachen. Die erste Strategie ist deshalb der Neuaufbau.

Schneiden ist gut – Schnippeln nicht

Beim Schneiden einer Seite muss man die Balance zwischen Größe und Anzahl der Slices halten. Zu viele Slices benötigen wieder eine höhere Ladezeit, da für jedes Segment eine Anfrage an den Server geschickt werden muss. Gerade bei Seiten, die stark frequentiert sind, kann dies zu einem ungünstigen Ladeverhalten führen. Schneiden ist gut – Schnippeln nicht!

büro	projekte	corporate design	internet/cd-rom	software design	kontakt	aktuell
→ historie	→ kompetenzen	→ leistungen	→ leistungen	→ leistungen	→ anfrage	
→ mitarbeiter	→ abläufe	→ arbeitsproben	→ arbeitsproben	→ arbeitsproben	→ anfahrt	
→ partner	→ kunden	→ ansprechpartner	→ ansprechpartner	→ ansprechpartner	→ infomaterial	

büro	projekte	corporate design	internet	software design	kontakt	aktuell
→ historie	→ kompetenzen	→ leistungen	→ leistungen	→ leistungen	→ anfrage	
→ mitarbeiter	→ abläufe	→ arbeitsproben	→ arbeitsproben	→ arbeitsproben	→ anfahrt	
→ partner	→ kunden	→ ansprechpartner	→ ansprechpartner	→ ansprechpartner	→ infomaterial	

büro	projekte	corporate design	internet	software design	kontakt	aktuell
→ historie	→ kompetenzen	→ leistungen	→ leistungen	→ leistungen	→ anfrage	
→ mitarbeiter	→ abläufe	→ arbeitsproben	→ arbeitsproben	→ arbeitsproben	→ anfahrt	
→ partner	→ kunden	→ ansprechpartner	→ ansprechpartner	→ ansprechpartner	→ infomaterial	

▲ **Abbildung 1**
Kompakt in einer Datei. Die unterschiedlichen Zustände und Inhalte der Navigation eines Webauftritts.

Neuaufbau der Vorgabedaten

Während der Entwurfsphase entstehen viele Dateien, die alle unterschiedliche Designversionen enthalten. Oft werden Änderungen »quick'n'dirty« nur an Präsentationsdateien vorgenommen und nicht in alle anderen Designdateien des Projekts übertragen. Auch mit noch so viel Disziplin schafft man es deshalb nicht, die während der Entwicklung aufkommenden Änderungen in allen Entwurfsdateien konsistent zu halten.

Verwenden Sie diese Daten also nicht in der Realisierung und Medienaufbereitung. Sie würden viele kleine Fehler in die endgültigen Webseiten hineintragen und anschließend großen Aufwand betreiben, diese wieder zu beheben. Im klassischen Design nennt man diesen Schritt »Reinzeichnung«, und er wird von Spezialisten aus dem Repro- und Satzbereich ausgeführt. Mit gutem Grund, schließlich sollten Kreative nicht unnötig Zeit mit der exakten Ausarbeitung verschwenden. Dieselbe Vorgehensweise ist auch bei der Gestaltung von Webseiten sinnvoll und ratsam.

Ein weiterer Grund ist, dass in der Medienaufbereitung auch nicht dieselben Dateien benötigt werden, die im Entwurf verwendet wurden. War im Entwurf der Gesamteindruck wichtig, können Sie diesen bei der Realisierung ignorieren, hierbei geht es um die Details, die Seitenelemente.

Beispiel: Für den Aufbau unserer Webseiten unter »http:www.buero-fuer-gestaltung.de« stehen verschiedene Dateien mit jeweils einem Inhaltstypen, beispielsweise alle Überschriften, die Bildwelten oder die Schaltflächen enthalten. Neben den eigentlichen Daten sind bereits alle Slices und Dateinamen hinterlegt, zumindest wenn man Fireworks einsetzt. Änderungen können nun sehr einfach erstellt und direkt ausgegeben werden.

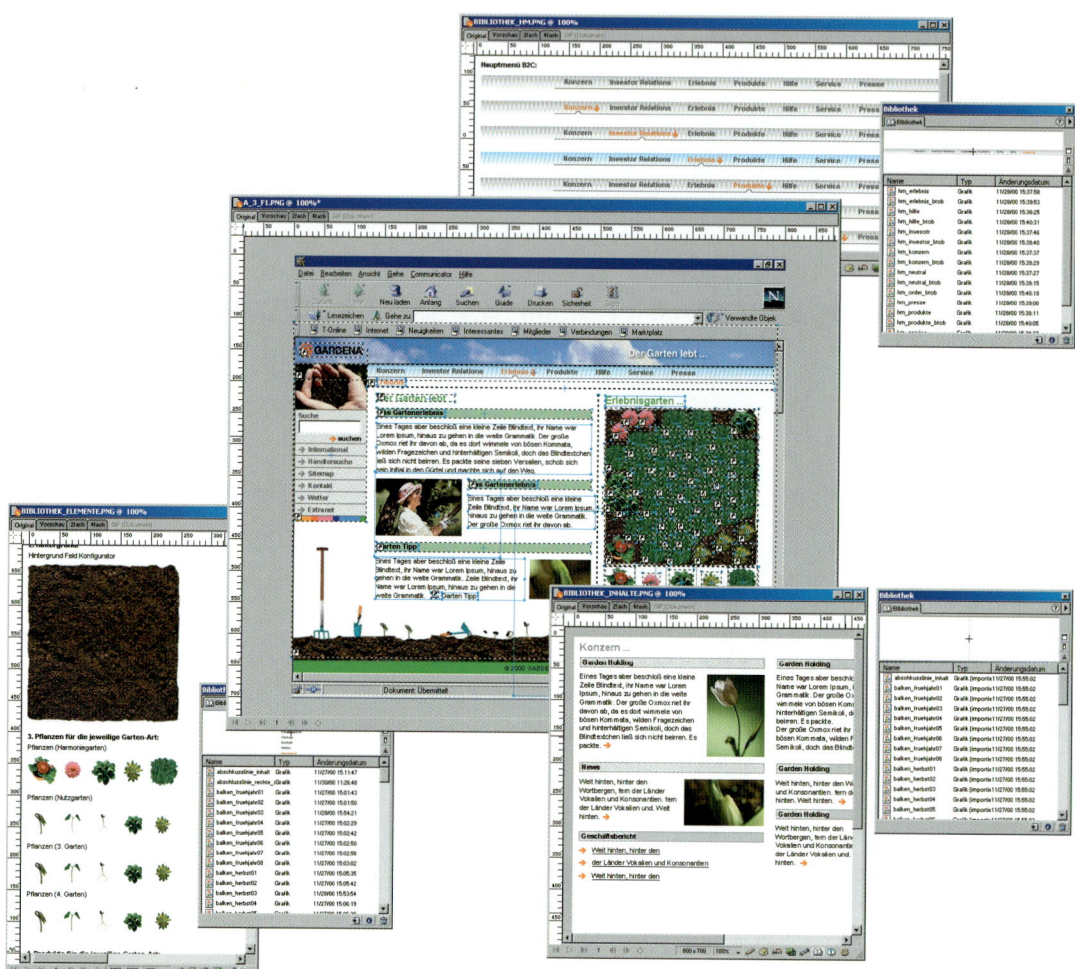

▲ **Abbildung 2**
www.gardena.de: Beispiel einer Seite aus dem Webauftritt von GARDENA. Die Seite setzt sich aus
Elementen von verschiedenen Bibliotheken zusammen. Das Beispiel basiert auf Macromedia Fireworks.

Verwenden Sie Standards

Gerade bei dynamischen Seiten, die auf eine
Vielzahl unterschiedlicher Quellen zugreifen,
müssen Sie klare Standards setzen. Verwenden Sie feste Bildgrößen, und legen Sie bereits
in einem frühen Stadium die Formate hierfür
an. Nutzen Sie den Styleguide, um diese Re-

geln zu definieren. Neben den Bildgrößen sollten Sie anhand verschiedener Beispiele die optimale Komprimierung bestimmen – Bilder
müssen grundsätzlich anders komprimiert werden als Grafiken oder Schaltflächen. Näheres
hierzu finden Sie im Technik-Teil dieses Buches
ab Seite 192.

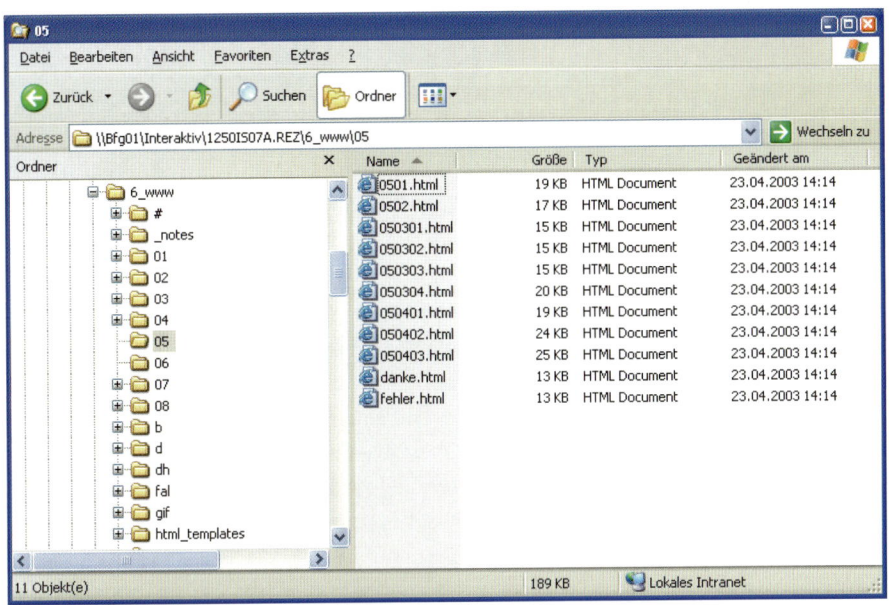

◄ **Abbildung 3**
Einfach, aber effektiv, die
Ordnernamen entsprechen
der Nummer der Rubrik im
Hauptmenü. Die Dateien im
Ordner sind nach Ebene und
Reihenfolge in der Struktur
geordnet.

Zentrale Bibliotheken verwenden

Nichts ist ärgerlicher als Dinge, die man auf
200 Seiten ändern muss, wenn diese nicht
zentral abgelegt sind. Gerade die Hyperlink-
Struktur des Webs bietet hier die Möglichkeit, wiederkehrende Elemente in einem Ordner abzulegen und auf verschiedenen Seiten
zu verwenden. Legen Sie deshalb eine oder
mehrere Bibliotheken mit den wichtigsten Elementen der Site an, und referenzieren Sie von
den Seiten darauf. Ideal ist natürlich, wenn
man auch die HTML-Seiten auf einem Set weniger Vorlagen aufbaut, die einfach an zentraler Stelle verwaltet werden. Alle neuen
HTML-Editoren unterstützen mittlerweile die
Verwendung von Elementbibliotheken, dynamische Systeme sowieso.

Verwenden Sie deshalb auch in den einzelnen Projektphasen immer dieselbe **Vorlage**. An
zentraler Stelle abgelegt greift jeder Entwickler
und Designer auf dieselben Daten zu. Integriert man in diese Vorlage bereits alle verab-
schiedeten und freigegebenen Elemente, hat
man mehr Zeit für andere Dinge. Denken Sie
auch schon in diesem Stadium der Arbeit über
die Medienaufbereitung, also beispielsweise
das Slicing der Daten nach. Hier können Sie
bereits eine Reihe von Standards, unter anderem für die Komprimierung und das Exportfor-
mat, treffen und damit unnötige Redundanzen
vermeiden.

Automatische Aufbereitung

Die automatische Aufbereitung von Inhalten
ist bei Katalog- oder Shopsystemen dringend
erforderlich, wer möchte schon gerne 13000
Bilder aufbereiten? In diesem Fall greift man
in Fireworks und Photoshop auf automatische
Aktionen zurück. Hier können große Mengen
an Bildern in kurzer Zeit auf eine bestimmte

Breite oder Höhe umgerechnet, auf eine neue Größe beschnitten oder in ein anderes Farbsystem umgewandelt werden. Sie haben in beiden Programmen weitgehende Freiheiten, eigene Aktionen zu definieren. Testen Sie die Aktionen aber erst an einer kleinen Menge, bevor 13000 Fotos berechnet werden, und machen Sie in jedem Fall ein Backup.

Gerade an dieser Stelle macht sich die richtige Vorarbeit bezahlt. Verwenden Sie wenige durchgängige Bildgrößen, und Sie werden die Aufbereitung schnell erledigt haben. Abhängig von den festgelegten Formaten wiederholen Sie die einmal erstellte Aktion mit unterschiedlichen Parametern.

Nomenklatur

Bei der automatischen Aufbereitung müssen Sie es, bei der manuellen sollten Sie es tun: eine durchgängige Nomenklatur festlegen. Definieren Sie im Vorfeld für alle, wie sich der Name einer Datei zusammensetzt. Auch hier gibt es keine Regel, ich zeige aber an einem Beispiel, wie wir es machen (siehe Abbildung 3).

Im Namen ist nicht nur die Rubrik, sondern logisch auch der Speicherort verschlüsselt. Einfach, wenn die Datei in einem Unterordner liegt. Bilddaten liegen aber normalerweise in einem Ordner. Eine durchgängige Nomenklatur erlaubt in diesem Fall die schnelle Sichtung der vorhandenen Bilder, auch bei großen Mengen.

Aktionen in Photoshop

Auf der Website zum Buch finden Sie ein Kapitel, das Ihnen die Erstellung eigener Aktionen mit Adobe Photoshop erläutert. Schauen Sie doch einmal unter www.galileodesign.de nach.

Text

Natürlich ist auch der Text ein potenzieller Problemfall bei der Realisierung. Ich habe in einem der vorigen Kapitel geschrieben, dass Texte für die Präsentation im Web neu verfasst werden müssen, da Besucher im Web anders lesen. Die Überarbeitung der Texte ist aber meist schwierig, da sich keine direkten, einfach nachvollziehbaren Regeln treffen lassen. Alles so knapp wie möglich, aber so ausführlich wie nötig, und berücksichtigen, dass Anwender gerne querlesen und klicken. Eben einfach Hypertext.

Ich empfehle immer, einen professionellen Texter die Inhalte auf Webtauglichkeit trimmen zu lassen. Das kostet Geld, ist aber sinnvoller, als Besucher mit langen, unleserlichen Texten zu langweilen!

Wenn Sie die Texte nicht über ein dynamisches System einpflegen, achten Sie auf die korrekte Aufbereitung. Einige Systeme, beispielsweise Macromedia Contribute, erlauben das direkte Einbinden von Texten aus Word, in der Regel sollte aber der Text, wenn er über einen Editor eingebunden wird, als ASCII-Text ohne Formatierung vorliegen.

Problemfelder

Die folgenden Grafiken sehen schön aus, machen den Entwickler ihrer Seiten aber wahnsinnig. Wenn Sie das nicht wollen, sollten Sie die Probleme von Beginn an vermeiden.

▸ **Grafiken in Tabellen**
Abgerundete Elemente sind schön, die Realisierung ist allerdings nicht immer, weil Tabellen sich nicht immer gleich verhalten und die Optimierung auf verschiedenen Browsern mit sehr viel Arbeit verbunden sein kann.

▲ Abbildung 4
Da freut sich der Programmierer. Ein Farbverlauf im Menü und Glühen hinter den Menüpunkten. Vom Schatten und der passgenauen Positionierung der Elemente ganz zu schweigen.

▲ Abbildung 5
Tabellen, deren Größe sich ändern kann, sollten nie so aufgebaut sein. Der Hintergrund ragt in die Elemente am oberen und unteren Ende hinein, die zudem noch einen Schatten verwenden. Da macht die Umsetzung richtig Spaß.

▶ **Grafik als Hintergrund**

Grafiken im Hintergrund von Tabellen und Tabellenzellen sind nicht immer ein Problem, aber oft. Ich setze bisweilen auch eine Grafik in den Hintergrund einer Seite. Die Grafik sollte aber so gestaltet sein, dass sie beliebig oft »gekachelt«, also wiederkehrend angeordnet werden kann. Gerade in dynamischen Systemen liegt oft eine Grafik, die das Hauptdesign vorgibt, im Hintergrund der Seite. Probleme entstehen, wenn die Grafik nicht groß genug ist und sich deshalb auf Bildschirmen mit einer hohen Auflösung unschön wiederholt oder so groß ist, dass die Ladezeit negativ beeinflusst wird.

▶ **Linien in skalierbaren Tabellen oder Spalten**

HTML kennt nur eine Art Linie, und die ist nicht immer die richtige Wahl, weil sie nicht exakt zu positionieren ist und die Position sich der Größe der eingestellten Schrift anpasst. Die Lösung ist, eigene Linien in Form von Grafiken zu verwenden und diese einzubinden. Leider lassen sich diese Linien aber nicht beliebig skalieren bzw. wie Kacheln aneinander setzen. Abhilfe schafft, wenn man die Linie im Code skaliert, wie man das bei jeder eingebundenen Grafik machen kann. Leider klappt das nur, wenn die Linie durchgezogen ist. Bei allen anderen Linientypen, beispielsweise segmentierten Linien, führt die Skalierung zu einer Verzerrung der Linie.

▶ **Schlagschatten und Weichzeichner**
Bei der Verwendung von Schlagschatten muss man bedenken, dass ein solcher Effekt immer mit Hilfe einer transparenten und weichgezeichneten Kopie erzeugt wird. Soll sich diese nahtlos in den Hintergrund einer Seite einpassen, muss man die Farbe des Hintergrundes in die Grafik einbauen. Will man diese auf verschiedenen Hintergründen verwenden, muss man für jeden Hintergrund eine eigene Version herausrechnen.

▶ **Pixelgenaues Arbeiten in Framesets**
Ein Ding der Unmöglichkeit ist es, Framesets browserübergreifend pixelgenau aneinander zu setzen. Passt es in einem Browser, fliegt einem das Ganze in einem anderen wieder um die Ohren.

▶ **Verläufe**
Abgesehen davon, dass Verläufe sowieso steinzeitlich und aus der Mode sind, verursachen sie entweder hohe Ladezeiten, da sie nicht optimal zu komprimieren sind, oder sie sehen schlecht aus, weil sie falsch komprimiert sind. Zudem ist es schwierig, einen Verlauf zu kacheln, und Schriften kann man auf Verläufen sowieso nicht lesen.

▶ **Hintergrundgrafiken in Framesets**
Ein gern gemachter Fehler, der auf der Entwicklung des Designs in fest abgesteckten Vorlagen beruht. Eine Grafik sieht schick aus und passt sich harmonisch ein, was aber, wenn der Anwender das Fenster skaliert? Schon haben Sie den Salat, weil die Grafik nun auch im Frame wiederholt wird. Nicht sehr praktisch, wenn die Ränder dann nicht passen.

»Das lässt sich so nicht umsetzen«
Wenn Sie jemals im klassischen Designbereich gearbeitet haben, werden Sie sich sicherlich noch an die Diskussionen mit Ihrem Drucker erinnern, der Ihnen eigentlich immer erzählte, dass egal, was Sie auch zu Papier brachten, es in jedem Fall Probleme beim Druck geben würde, sei es wegen Elementen zu nahe am oder Elementen zu weit weg vom Beschnitt, schwierigen Kombinationen von mehr als vier Farben auf einer Seite, Probleme mit der Großwetterlage oder anderen Dingen. Bis Sie schließlich all diese Probleme mit dem Wechsel der Druckerei auf einmal erledigt haben.

Bei der Gestaltung von Webseiten werden Sie auf andere »Drucker« allerdings in sehr konzentrierter Form stoßen: HTML-Entwickler, technische Projektleiter und IT-Spezialisten. Diese Gruppe von Individuen sieht

Keine Unterordner
Ein Tipp aus der Praxis: Vermeiden Sie Unterordner. Alles, was geschachtelt ist, muss auch wieder entschachtelt werden – auch hier lassen sich Probleme einfach vermeiden. Wenn Dateien aus unterschiedlichen Ordnerebenen im HTML-Kontext verschoben werden, müssen auch alle Verlinkungen in der Seite angepasst

werden. Wenn die Daten alle auf derselben Ebene liegen, kann man darauf normalerweise verzichten. Aus diesem Grund sollten auch die Bilder alle im selben Ordner liegen, denn dann ändern sich die Links auch nicht, wenn eine HTML-Datei auf derselben Ebene von einem in einen anderen Ordner verschoben wird.

gerne Probleme, wo keine sind. Ich habe die Erfahrung gemacht, dass alles, was man in irgendeiner Art mit Fireworks oder Photoshop entwickelt, in HTML umzusetzen ist. Sicherlich ist das alles dann nicht so »performant« wie reiner Text, etwas schwieriger zu programmieren als ein reiner <p>-Tag, aber dennoch machbar.

Noch ein Tipp für die Praxis: Wir haben in der Agentur eine Stelle geschaffen, die sich neben anderen Dingen mit der Umsetzbarkeit von Entwürfen beschäftigt. Das Profil der Stelle liegt zwischen Technik und Design und ist am ehesten mit einem »Productioner« im klassischen Design zu vergleichen. Alle Entwürfe werden von dieser Stelle nicht auf Gestaltung, sondern auf »Machbarkeit« geprüft. Sollten sich Probleme ergeben, versucht man gemeinsam mit dem Kreativen den bestmöglichen Kompromiss zu schaffen. Diese Vorgehensweise ist besser als aufwändige Nacharbeiten in der Realisierung.

Technische Webstandards

Ohne gemeinsame Standards kein Internet

Das Internet ist eine plattformunabhängige Informationstechnologie. Damit das so bleibt, müssen sich alle an ein paar einfache Standards halten.

DAS HEUTIGE (NICHTMILITÄRISCHE) INTERNET entstand als plattformunabhängige Technologie, mit der Informationen überall und auf unterschiedlichen Rechnersystemen abrufbar sind. Diese Unabhängigkeit basiert auf wenigen Standards, unter denen HTML – die Dokumentenbeschreibungssprache – die Basis bildet, in der die Seitenelemente wie Text, Grafik und Bilder eingebettet sind. HTML müssen Sie als Designer nicht kennen – obwohl es auch nicht direkt schadet. Mit den anderen Standards, vor allem auch in punkto barrierefreies Arbeiten, müssen Sie sehr wohl umgehen können.

Grafikformate

Die bekanntesten Grafikformate im Web sind sicherlich die beiden Standards GIF und JPEG. Beide werden in nahezu allen grafikfähigen Browsern korrekt angezeigt. Stark im Kommen ist auch das PNG-Format, das die Vorteile der beiden anderen Formate teilweise integriert und damit als Format mit den besten Zukunftsaussichten gilt. Neben diesen Bitmap-Formaten existiert mit SVG ein vielversprechendes Format für die Speicherung von Vektorgrafiken.

Das GIF-Format

GIF steht für »Graphics Interchange Format«. Das Format wurde von CompuServe quasi als Standard für Online-Grafiken eingeführt (wenn auch nicht erfunden) und zeichnet sich durch eine hohe Kompressionsrate auf Basis indizierter Farbpaletten aus. Heute kommt vor allem das weiterentwickelte »89er-Format« zum Einsatz, das folgende Merkmale besitzt:

▶ **Transparenz**
Die Verwendung von Farbpaletten innerhalb des GIF erlaubt dem Anwender die Definition einer transparenten Farbe. Alle Bereiche des Bildes, die diese Farbe verwenden, erscheinen später in der Webseite transparent. Die Transparenz erlaubt allerdings keine Abstufungen.

▶ **Interlacing**
Ist dieser Parameter gesetzt, wird die Grafik nicht zeilenweise geladen, sondern erst eine sehr grobe Darstellung, die im Laufe des Ladevorgangs immer deutlicher wird. Der Besucher erhält damit bereits nach sehr kurzer Zeit einen ersten Eindruck von der Grafik.

▶ **Animation**
In einer GIF-Datei können mehrere Bilder als Animation gespeichert werden. Neben der Bildinformation werden auch Informationen zur zeitlichen Steuerung mit abgespeichert. Als es noch kein DHTML oder Flash

gab, war dies die einzige Möglichkeit, Animationen in einer Webseite abzubilden.

▶ **Verlustfreie Komprimierung**
Das GIF wird im Gegensatz zum JPEG-Format verlustfrei komprimiert, allerdings nur in einer Farbtiefe von 8 Bit, also maximal 256 Farben. Damit eignet sich das GIF vor allem für Schalter, Symbole, Charts oder ClipArt. Bilder oder Verläufe sollten besser im JPEG-Format komprimiert werden.

Das JPEG-Format

JPEG steht für »Joint Photographic Experts Group« und liefert ebenfalls sehr gute Ergebnisse in der Komprimierung von Bilddaten. Gegenüber dem GIF ist die Farbtiefe nicht begrenzt, das Format arbeitet mit dem vollen RGB-Farbspektrum von 16,7 Millionen Farben, logischerweise ohne Farbpalette und damit auch ohne Transparenz. Das Format besitzt folgende Merkmale:

▶ **DPI-Zahl oder Auflösung**
Über diesen Wert bestimmen Sie die Anzahl der Bildpunkte pro Zoll. Dieser Wert spielt aber im Netz keine Rolle, da dort nur absolute Pixelwerte – unabhängig von der Auflösung – gelten. Das ist die Punktdichte (dpi = dots per inch).

▶ **Kompressionsfaktor**
Im Gegensatz zum GIF wählt der Anwender bei diesem Format die Stärke der Kompri-

mierung und hat damit direkten Einfluss auf die Dateigröße. Je größer der Faktor ist, desto schlechter die Bildqualität, was sich vor allem an Stellen mit starken Kontrasten, also Ecken und Kanten, auswirkt. Das JPEG-Format eignet sich vor allem für Bilder und Grafiken mit Farbverläufen.

▶ **Progressive/Interlacing**
Diese Variante des Formates erlaubt, ähnlich wie beim GIF das Laden und Anzeigen einer unscharfen Abbildung bereits nach kurzer Zeit. Die hoch aufgelöste Variante wird anschließend nachgeladen.

▶ **Selective**
Diese Variante ermöglicht es dem Designer, einzelnen Bereichen der JPEG-Grafik unterschiedliche Komprimierungsraten zuzuweisen und damit eine bessere Kontrolle über das spätere Ergebnis.

Das PNG-Format

PNG bedeutet Portable Network Graphic (gesprochen: PING). Es wurde nicht aus einem anderen Format abgeleitet wie die beiden anderen, sondern speziell für den Einsatz im Web entwickelt. Das Format vereint die Vorteile von GIF und JPEG mit folgenden Merkmalen:

▶ **Farbtiefe/Transparenz**
PNG arbeitet mit dem maximalen RGB-Farbraum von 16,7 Millionen Farben, unterstützt aber auch eine Farbindizierung über

Wem gehört das Internet?

Die Goldgräberzeit im Internet scheint vorbei, dennoch graben einige immer noch nach unentdeckten Goldadern. So auch die Firma UNISYS, die die Erfindung des GIF für sich in Anspruch nimmt und gerne von jedem, der dieses Format verwendet, Lizenzgebühren verlangt. Bislang bezahlen lediglich die Hersteller von Grafikprogrammen, die das Format unterstützen, Gebühren, mehr sollte aber auch nicht möglich sein – wer legt sich schon gerne mit dem gesamten Internet an?

Paletten, was eine weitere Reduzierung der Dateigröße erlaubt. Zusätzlich können abgestufte Transparenzinformationen für weiche Übergänge abgespeichert werden.

▶ **Komprimierung**
PNG komprimiert verlustfrei wie das GIF, wobei Bilddaten nicht so stark komprimiert werden wie Grafiken mit scharfen Konturen und einfachen Farbflächen.

▶ **Interlacing**
Auch das schichtweise Laden der Grafik wird wie bei GIF und JPEG vom PNG-Format unterstützt. Im Vergleich zu den anderen beiden Formaten genügt aber eine geringere Menge an Daten, um bereits erste unscharfe Teile anzuzeigen.

▶ **Gamma-Korrektur**
Zusätzlich können im PNG-Format weitere Informationen, beispielsweise der Gamma-Wert eines Bildes, abgespeichert werden. Abhängig vom Browser verbessert sich damit die Darstellung der Daten auf unterschiedlichen Bildschirmen.

▶ **Copyright**
Das PNG-Format erlaubt die Speicherung von Informationen über Bildherkunft und Copyright, beispielsweise Bildtitel, Bildautor, Bildbeschreibung, Copyright, Erstellungsdatum, Erstellungssoftware, Datenquelle.

Leider unterstützt das Format keine animierten Grafiken, aber dafür haben wir ja heute sowieso Flash. Das PNG-Format ist damit das am weitesten entwickelte Format für Bilddaten im Web. Einziges Problem ist die mangelnde Unterstützung von Seiten der Browserhersteller. Die meisten Browser unterstützen das Format erst ab Version 4, und dies auch nicht durchgängig. Eigentlich schade, weil sich das Format für viele Anwendungen eignet und eine sehr gute Alternative zum GIF darstellt. Bei Bilddaten greife ich immer noch lieber auf das JPEG-Format zurück, weil dort die Ergebnisse einfach besser sind.

Das SVG-Format
Normalerweise werden Grafiken und Bilder im Web als Bitmaps gespeichert. Außer in Flash gab es bislang auch nicht die Möglichkeit, vektorbasierte Informationen ins Netz zu bringen. Mit dem SVG-Format (Scalable Vector Graphics), einem relativ jungen Dateiformat, das wie PNG speziell für den Webeinsatz konzipiert wurde, soll sich das nun ändern. Vektorbasierte Daten haben entscheidende Vorteile gegenüber pixelbasierten, gerade im Web. Sie benötigen zur Speicherung von Daten weniger Platz, da nur die Beschreibung der Daten gespeichert wird, und bieten zusätzliche Vorteile wie Skalierung ohne Qualitätseinbußen. Flash nutzt diese Vorteile ebenfalls und erreicht damit kleine Datenmengen auch bei einer Vielzahl von Objekten.

Native PNG
Das erste Programm, das PNG als eigenes Datenformat verwendet, ist Macromedia Fireworks. Das Programm speichert alle Informationen wie Ebenen, Vektorobjekte, Bitmaps und Text editierbar in der Datei. Der Clou ist, das die Datei auch in anderen Programmen geöffnet oder auch direkt ins Netz gestellt werden kann. Die Editierbarkeit in Fireworks bleibt dabei erhalten, sofern die Datei nicht in einem anderen Programm gespeichert wird.

Das SVG-Format hat folgende Merkmale:

▶ **XML/XLINK**

SVG basiert auf XML und ist damit ein Klartextformat. Damit können die Inhalte einer SVG-Datei automatisch per Skript erzeugt oder verändert werden, Anwender können damit Inhalte editieren und sich die Veränderungen sofort am Bildschirm anzeigen lassen. Zudem sind die Grafiken einfach von Suchmaschinen zu indizieren, ein Vorteil, den Bitmap-Grafiken nicht haben. Mit XLINK können den Grafiken beliebige Linkinformationen hinterlegt werden, ähnlich einer Imagemap.

▶ **SMIL-Schnittstelle**

Über die Standardsprache SMIL, die die Steuerung multimedialer Anwendungen erlaubt, lassen sich SVG-Grafiken animieren.

Das Format wird von allen namhaften Grafikprogrammen unterstützt, allen voran Adobe, die sich in den letzten Jahren sehr um diesen offenen Standard bemüht haben. Sicherlich nicht ohne Grund, stellt das SVG-Format eine Alternative zum proprietären und geschützten Flash-Format dar. Wie bei diesem Format benötigt man auch für das SVG-Format ein PlugIn, von denen aber gleich mehrere kostenlos im Web verfügbar sind. Der bekannteste ist der Adobe Viewer.

Die zögerliche Unterstützung durch die Browserhersteller ist nur schwer zu verstehen, hängt aber, ähnlich wie beim PNG-Format, auch vom Zuspruch und Einsatz der Technologie ab – und hier sind die Webdesigner gefordert, auch einmal über die alten Tellerränder hinauszuschauen.

Das SWF-Format

Das SWF-Format ist eigentlich kein echter Standard, aber aufgrund seiner Verbreitung als »Quasi-Standard« an dieser Stelle zu Recht erwähnt. Das SWF-Format wurde von Macromedia mit der Einführung von Flash als Dateiformat für interaktive Anwendungen im Web etabliert. Das SWF-Format ist ebenfalls primär ein vektorbasiertes Format und bietet ähnliche Merkmale wie das SVG-Format. Aufgrund der Herkunft und der proprietären Entwicklungsumgebung Flash wird das Format permanent weiterentwickelt und verfügt über einige weitergehende Funktionen. Hierzu zählen beispielsweise Schnittstellen zu Datenbanken oder Programmiersprachen, die weitergehende Anwendungen ermöglichen, als dies derzeit mit dem SVG-Format möglich ist. Auch für diesen Dateityp benötigt der Anwender ein PlugIn, das aber in der Zwischenzeit auf der Mehrzahl der Rechner im Netz vorhanden ist. Nachteil ist, eben aufgrund der fehlenden Standardisierung des Formats, dass Anwender immer wieder neue PlugIns benötigen, wenn eine neue Version von Flash auf dem Markt ist.

Bilder im Vergleich

In Abbildung 1 und 2 (Seite 196) wollen wir uns eine Abbildung ansehen, die in verschiedenen Formaten abgespeichert wurde. Die Frage hierbei ist: Welches Format liefert welches Ergebnis, und wie groß sind die Daten, die dabei entstehen? Zuunterst sehen Sie das Original, darüber die unterschiedlichen Qualitäten.

GIF
32 Farben
Websnap
61 KB

GIF
mit 16 Farben
Websnap
26 KB

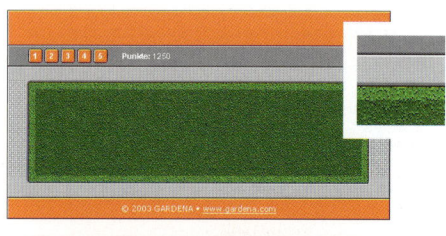

PNG
32 Farben
76 KB

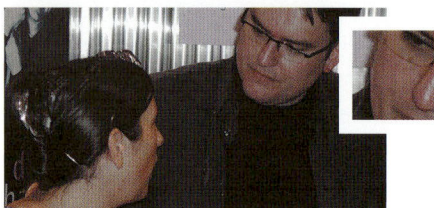

PNG
128 Farben
25 KB

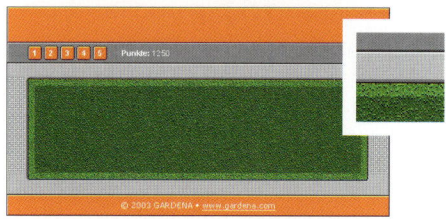

JPG
Qualität: 60%
18 KB

JPG
Qualität: 60%
32 KB

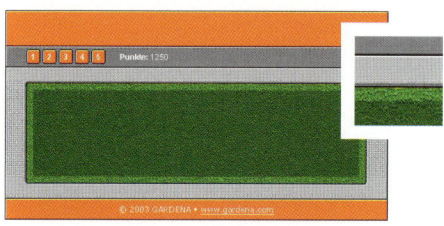

JPG2000
Qualität: 95%
22 KB

JPG2000
Qualität: 95%
22 KB

TIF/Original
32 Farben
600 KB

Das Original: TIF
32 Farben
350 KB

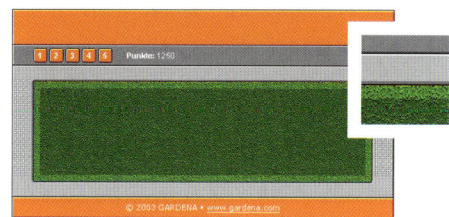

▲ **Abbildung 1**
Das Original – ein TIF mit 600K. Der Ausschnitt zeigt
deutlich die Unterschiede in der Qualität. Hier wird
der Vorteil des JPEG-Formats augenfällig.

▲ **Abbildung 2**
Auch dieser Ausschnitt zeigt deutlich die Unterschiede in der Qualität. Bei diesem Motiv zeigt
sich, dass GIF und PNG bei grafischen und flächi-
gen Formaten klar im Vorteil sind.

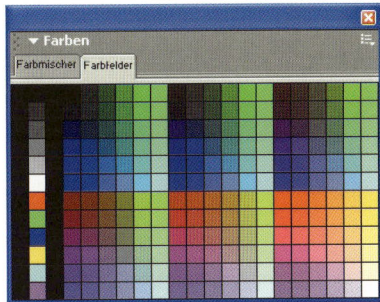

▲ Abbildung 3
Die Tabelle der websicheren Farben aus Fireworks. Die Farben können vom Anwender verändert werden, bzw. das Programm ändert einen Teil des Spektrums bei der Optimierung einer Datei fürs Web.

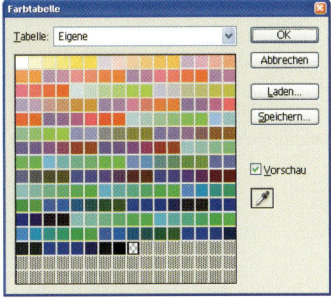

▲ Abbildung 4
In diesem Beispiel wurde das Bild in Photoshop auf die Webpalette optimiert.

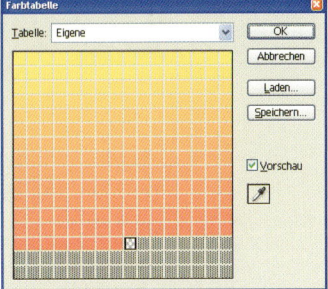

Abbildung 5 ▶
Dasselbe Bild, aber mit einer anderen Palette. Wie man sieht, ist es wichtig, Bilder mit indizierten Farben auf die richtige Palette zu optimieren.

Farbstandards

Im Folgenden geht es weniger um die Frage, wie viel Farbe eine Webseite verträgt, als vielmehr darum, wie Farben auf einer Webseite funktionieren und wie einige Begriffe im Webumfeld zu erklären sind.

Websave

Ein sehr strapazierter Begriff, der seit Jahren die Designer von Webseiten beschäftigt, ist »websave«. Was versteckt sich hinter diesem Begriff in einer Zeit, da auch einfache Grafikkarten mit 32 Bit Farbtiefe 16,7 Millionen Farben darstellen können? Nun, es ist ein Stan-

dard, der für das Funktionieren des Webs in den Anfängen wichtig war. Aufgrund der geforderten Plattformunabhängigkeit kann der Designer nicht von einer homogenen Hardwarebasis auf Seiten der Anwender ausgehen, dies betrifft nicht nur die korrekte HTML-Darstellung verschiedener Browser, sondern vor allem die **Farbdarstellung**. Verwendet man hier reine RGB-Werte, erreicht man aufgrund des additiven Farbmodells eine relative Durchgängigkeit über Systemgrenzen hinweg.

Was passiert aber bei Systemen, die nicht in der Lage sind, 16- oder 32-Bit-Farbtiefe darzu-

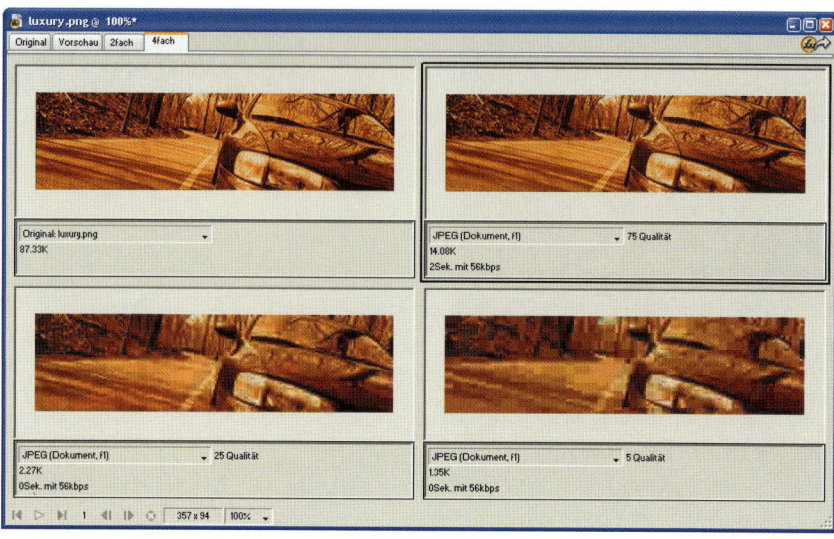

stellen, sondern lediglich 256 Farben verarbei-
ten? Der Fall mag heute recht selten sein, aber
man darf nicht vergessen, dass auch das GIF
auf einer Palette von 256 Farben beruht.

Um dies zu verstehen, muss man den Be-
griff **indizierte Farben** erklären. Bei indizierten
Farben entspricht jede Farbe einer bestimmten
Position in der Farbtabelle.

Der Browser interpretiert die Farbe nun als
Zahl und ordnet den entsprechenden Farbwert aus der eigenen Palette zu. Entspricht der
Farbwert in der Systempalette aber nicht dem
ursprünglichen Farbwert, kommt es zu Verschiebungen, wie Abbildung 4 und 5 zeigen.

16 Farben haben einen Namen
Neben den eben beschriebenen Möglichkeiten
können Farben im Web auch direkt über ihren
Namen angesprochen werden. Leider sind nur
16 Farbnamen standardisiert und deshalb auch
browserübergreifend einsetzbar.

Um dieses Problem zu lösen, wurde ein
Standardschema eingeführt, das festlegt, dass
innerhalb der Webpalette alle Farben erlaubt
sind, deren RGB-Werte durch 51 teilbar sind.
R(ot), G(rün) und B(lau) sind entsprechend in
den Werten 0, 51, 102, 153, 204, 255 dezimal
verfügbar. Diese Festlegung erfolgte im Übrigen nicht willkürlich, sondern begründet sich
in den Helligkeitswerten der Farben in 20%
Abstufungen von 0% bis 100% – und diese
Werte sind in RGB eben alle durch 51 teilbar.
Aus den sechs Abstufungen und drei Farben
ergeben sich logischerweise 216 verschiedene
Kombinationen. Da eine Farbpalette mit 8 Bit
aber 256 Farben unterstützt, bleiben 40 Farben, die theoretisch beliebige Werte enthalten
können. Wer von den Lesern in grauer Vorzeit
mit Macromedia Director interaktive Anwendungen erstellt hat, kennt dieses Problem, damals waren auch 216 Farben vorgegeben und
40 frei wählbar.

Die Anzahl der Farben lässt sich nun noch
durch Mischen respektive Rastern erhöhen.

Hier bieten die verschiedenen Programme unterschiedliche Möglichkeiten. Auch wenn wir heute mehr Farben darstellen können, ist eine Konzentration auf die Websave-Palette immer noch der beste Weg, über Browser- und Systemgrenzen hinweg eine durchgängige Farbdarstellung zu erreichen, ohne alle Bilder im JPEG-Format abspeichern zu müssen.

Zu Recht kann man hier anmerken, was denn in diesem Fall mit den Corporate Colors geschieht, die in ein 256-Farben-Schema gepresst werden. Hier kann der Designer beruhigt werden, erstens kann man diese Farbe in den noch 40 verbleibenden unterbringen, und zweitens hat der Mensch ein miserables Farbgedächtnis und wird leichte Verschiebungen sicherlich nicht bemerken.

Dithering

Im Zusammenhang mit der Komprimierung von Bildern im GIF wird oft der Begriff »Dithering« verwendet. Damit wird das Aufrastern von Farbflächen bezeichnet, das für das menschliche Auge kaum zu erkennen ist und das auch bei einer geringen Anzahl Farben weiche Übergänge zwischen diesen ermöglicht. Abbildung 7 zeigt, wie sich das Ergebnis mit und ohne Dithering darstellt. Bitte

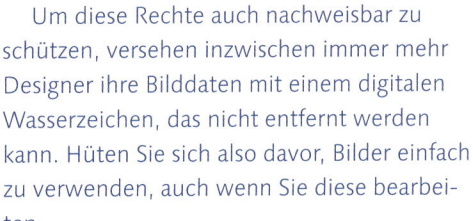

▲ **Abbildung 7**
Links oben der originale Farbverlauf, daneben die Reduzierung auf acht Farben ohne Rastern. Unten links dieselbe Anzahl Farben, aber mit Rastern – man beachte, die Datei ist mehr als doppelt so groß. Rechts unten dann das Ergebnis mit 32 Farben und aktiviertem Rastern.

Bildrechte

In diesem Zusammenhang bietet es sich an, kurz etwas über Bilder und Rechte zu verlieren. Bilder sind eigentlich frei im Web verfügbar, weil man jedes Bild einfach auf dem eigenen Rechner abspeichern kann. Das ist mitnichten rechtlich in Ordnung. Bilder unterliegen, wie auch das Design von Webseiten, dem Urheberrechtsschutz und dürfen deswegen auch nicht einfach frei verwendet werden.

Um diese Rechte auch nachweisbar zu schützen, versehen inzwischen immer mehr Designer ihre Bilddaten mit einem digitalen Wasserzeichen, das nicht entfernt werden kann. Hüten Sie sich also davor, Bilder einfach zu verwenden, auch wenn Sie diese bearbeiten.

Wo Sie Bilder erwerben können, erfahren Sie unter den Links im Anhang.

beachten Sie: Das Rastern vergrößert die Datenmenge in der GIF-Datei. Verwenden Sie bei Bildern mit vielen Farbübergängen besser gleich das JPEG-Format.

Schriftstandards

»Sprache wird durch Schrift erst schön«, so kann man in manchem Typografiebuch lesen, und die Erfindung von DTP und allen elektronischen Hilfsmitteln hat uns in den letzten Jahren einen Reichtum an unterschiedlichen Schriften gebracht, die es jedem ermöglichen, seine Persönlichkeit durch eine absolut individuelle Schrift auszudrücken. Stellt sich nur die entscheidende Frage, wo all die Schriften im Web sind? Auch diese Reduzierung der Vielfalt hat logische Gründe, die aber nur zum Teil technischer Natur sind.

Wie bei den Farben verwendet auch jede Plattform andere Schriftentechnologien, die es verhindern, die Schriftdateien einfach über die Webseite auszutauschen. Zudem ist HTML als Struktursprache explizit unabhängig von der Form der Darstellung auf die Definition der Inhalte ausgerichtet. Es würde also der Grundlage des Webs widersprechen, wenn die Schriften einfach in die Seiten eingebunden würden. Ein zweiter Grund ist aber auch verständlich und heißt **Copyright**.

Während im klassischen Print die Buchstaben gedruckt werden und damit nur ihre Erscheinung veröffentlicht wird, müssen die Schriften im Web als Daten verschickt werden. Ähnlich Bildern oder Animationen werden diese Daten lokal auf dem Rechner gespeichert und dann vom Browser interpretiert.

Darf man eine Schrift nicht verschicken, muss man eine verwenden, die auf (fast) allen Rechnern installiert ist. Und diese heißen dank Apple und Microsoft seit Einführung des TrueType-Standards Arial und Times Roman. Beide Schriften fanden mit der Veröffentlichung des TrueType-Formats eine große Verbreitung, da sie sowohl in Windows 95 als auch auf der Macintosh-Plattform als Basisschriften vorinstalliert werden.

Aufgrund dieser einfachen Logik verwendet die Mehrzahl der Webdesigner nun genau diese beiden Schriften, ob sie passen oder nicht. Die Angst vor technischen Schwierigkeiten führt zu einer typografischen Einfalt, die man zuletzt aus der Zeit der Erfindung des Buchdrucks kannte. Auch damals verwendete man nur eine Schrift, weil Gutenberg nur diese entwickelt hatte.

Paradoxerweise setzt sich diese Gleichmacherei im klassischen Bereich fort und lässt manche Marketingabteilung einen radikalen Schwenk in Richtung Arial ausführen. Noch interessanter ist aber, dass all dies eigentlich keinen Sinn macht, denn es ist ohne größeren Aufwand möglich, Schriften in Webseiten einzubinden, ohne geltende Rechtsprechung zu verletzen.

Einbinden von Schrift

Wie immer gibt es mehr als einen Weg, und wie immer haben Netscape und Microsoft die Finger im Spiel. Aber es gibt einen Weg, das Schriftenproblem annähernd browserübergreifend zu lösen. Zuerst einmal werfen wir aber einen Blick auf die Schriftformate, die überhaupt in eine Webseite eingebettet werden können. Aber auch diese Schriften werden nie direkt in die Seite eingebunden, sondern zuvor in ein anderes Format umgewandelt.

- **PostScript Type 1** wurde von Adobe erfunden und legte vor Urzeiten den Grundstein des DTP-Zeitalters.
- **TrueType** wurde von Apple und Microsoft als Antwort auf die Lizenzpolitik von Adobe entwickelt und sollte Type 1 mittelfristig ersetzen. Die Technologie ist optimiert für die Darstellung am Bildschirm und in kleinen Schriftgrößen. Zudem werden die Schriften bereits vom Betriebssystem ohne zusätzliche Software wie beispielsweise Adobe TypeManager optimal dargestellt.
- **OpenType** wiederum wurde von Microsoft zusammen mit Adobe entwickelt und soll die Vorteile von TrueType und Type 1 in einer Technologie verbinden. Das Format ist eigentlich nichts Neues, bietet aber die Möglichkeit, sowohl Type 1- als auch TrueType-Informationen in der Schriftendatei abzulegen. Installiert man eine OpenType-Schrift, wird abhängig von der installierten Software und dem Betriebssystem eine der beiden eingebetteten Technologien installiert.

Wie bereits erwähnt, kann keines der Formate direkt eingebunden werden, sondern muss zuvor in ein anderes Format umgewandelt werden. Zur Wahl stehen zwei Formate, die die Schriftinformation aufnehmen. Allerdings werden beide nicht von allen Browsern unterstützt:

1. Embedded OpenType (.eot), entwickelt und unterstützt von Microsoft
2. TrueDoc (.pfr), entwickelt und unterstützt von Netscape and Bitstream

Eine weitere Einschränkung betrifft das True-Doc-Format. Es wird nicht weiter entwickelt, bzw. es werden die für eine Umwandlung notwendigen Werkzeuge nicht mehr weiter angeboten. Obwohl es noch möglich ist, TrueDoc-Schriften bei Bitstream zu kaufen, und zudem eine Menge kostenloser Schriften im Netz verfügbar ist, prophezeie ich diesem Format einen relativ schnellen Eingang in die Geschichte sinnvoller, aber nicht beachteter Technologien.

Vergleicht man die Schriftentechnologien miteinander, bietet das TrueType-Format den Vorteil, dass es von beiden Webformaten unterstützt wird und zudem sicherlich die größte Verbreitung im Office-Bereich besitzt.

Folgende Punkte gibt es noch zu beachten:

- Nicht jeder Font kann in eine Seite eingebettet werden. Der Hersteller muss seine Zustimmung hierfür geben. Die Zahl der verfügbaren Fonts ist aber groß, und die Tools, mit denen die Einbettung erledigt wird, überprüfen automatisch, ob die Schrift für eine Einbettung freigegeben ist.
- Die Schrift wird nicht auf dem Zielsystem installiert, sondern nur vom Browser für die angezeigte Webseite aufbereitet. Der Anwender kann die Schrift folglich nicht anderweitig nutzen. Dieser Schutz geht so weit, dass die Schriften nur für eine bestimmte Webadresse aktiviert und deshalb auch nicht einfach in anderen Seiten eingesetzt werden konnen.
- Die Schriften werden mit Anti-Alias angezeigt, sofern diese Funktion im Betriebssystem aktiviert ist. Anwender von Windows 95 müssen ein zusätzliches Tool installieren, sonst werden die Fonts nur ohne Anti-Aliasing angezeigt.
- Die Schriftinformationen müssen im Übrigen nur einmal geladen werden und kommen anschließend aus dem Cache.
- Es spricht also nicht viel gegen das Einbetten von Schriften in Webseiten. Außer vielleicht der Mehraufwand, der in der Erstellung entsteht.

Embedded OpenType erzeugen

Embedded OpenTypen-Fonts werden, im Gegensatz zu den TrueDoc-Fonts, für eine spezifische
Site erzeugt. Damit hat der Entwickler die Möglichkeit, exakt festzulegen, auf welchen Seiten
oder welchen Sites die Schriften verwendet
werden.

Die Umwandlung und Verwaltung von Schriften im Format OpenType erledigen Sie mit dem
WEFT-Tool, das kostenlos auf der Microsoft-Site
unter http://www.microsoft.com/typography/
web/ zu beziehen ist. Das Programm führt alle
notwendigen Schritte aus, das Einbinden ist
damit denkbar einfach und lässt sich am besten
mit dem integrierten Assistenten erledigen.

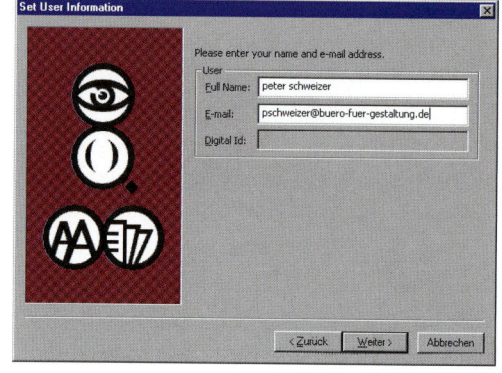

1. Assistent starten

Nachdem Sie den Assistenten gestartet und Ihre
persönlichen Daten eingegeben haben (nicht unbedingt notwendig, da sie derzeit nicht verwendet werden), wählen Sie das Verzeichnis aus, in
dem sich die Webseiten mit den einzubindenden
Schriftinformationen befinden.

2. Analyse der Webseiten

Anschließend analysiert das Programm die
Webseiten. Diesen Test kann man theoretisch
auch überspringen, und die Dauer ist abhängig
vom Speicherort der Seiten. Besser ist es, wenn
man hier die Seiten zuvor auf die lokale Fest-
platte kopiert, allerdings darf die Struktur der
Website hierbei nicht verändert werden.

Die Schriften werden immer für eine oder
mehrere Webseiten erzeugt. Der Anwender kann
in einem Arbeitsgang auch mehrere Sites ange-
ben und muss die Schriftendateien nicht mehrmals erzeugen.

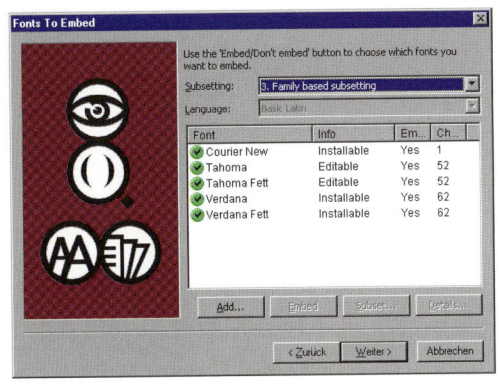

3. Schriften einbinden

Nach der Analyse werden die einzubindenden Schriften aufgelistet. Es können nur Schriften eingebunden werden, die lokal installiert sind. Das System zeigt zusätzlich an, ob ein Einbetten überhaupt möglich ist oder weshalb nicht. Gegen das Einbetten sprechen entweder der Schrifttyp, beispielsweise Type 1, Copyright-Gründe, weil nicht jede Schrift vom Herausgeber fürs Einbetten freigegeben ist, oder die Tatsache, dass die Schrift als »Kern«-Schrift sowieso auf den meisten Systemen installiert ist. Sie können hier auch Schriften hinzufügen, die vom System nicht erkannt wurden, aber eingebettet werden sollen. Wählen Sie nur aus, für welche Schriften Embedded OpenType-Objekte erzeugt werden.

4. Schriften speichern

Auf dem folgenden Screen legen Sie fest, wo die Schriften abgelegt werden und welche Adressen auf die Schriften zugreifen dürfen. Damit verhindern Sie, dass andere Seiten auf Ihre Schriften ohne Ihre Zustimmung zugreifen.

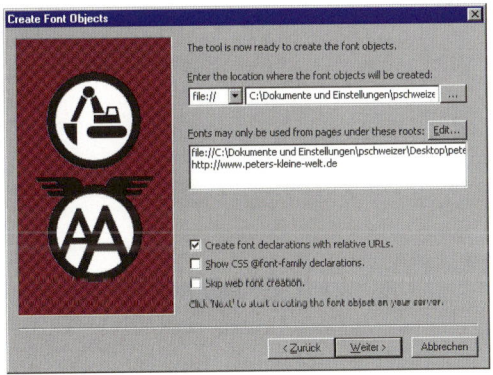

5. Fertigstellung

Nach diesem Schritt erzeugt das WEFT-Tool die notwendigen Daten und lädt die Dateien an den zuvor festgelegten Ort.

Weitere Informationen, eine detaillierte Anleitung und eine Liste möglicher Fehler finden sich ebenfalls auf den Seiten von Microsoft.

TrueDoc-Schriften

Ich habe leider kein Tool gefunden, mit dem sich eigene TrueDoc-Schriften erstellen lassen, aber auf der Seite www.truedoc.com findet sich eine Reihe Schriften, die frei verwendet werden dürfen, zudem sind in einigen Versionen von CorelDraw TrueDoc-Schriften enthalten. Das Einbinden ist denkbar einfach:

1. Schriftdatei einbinden

Zuerst wird die PFR-Schriftendatei in den Head-Tag eingebunden, im Beispiel die Schrift »American Garamond«. Wenn Sie eigene Fonts verwenden, ändern Sie den SRC-Link entsprechend.

```
<HEAD>
<LINK REL=FONTDEF SRC="http://
www.truedoc.com/pfrs/AmeriGarmnd.pfr">
</HEAD>
```

1. Auf Font verweisen

Anschließend verweist man innerhalb des HTML-Codes einfach auf den eingebundenen Font:

```
<FONT FACE="AmeriGarmnd BT">
```

Zusammenfassend kann man sagen, dass die Einrichtung von eingebetteten Schriften nicht komfortabel gelöst ist, generell aber kein Problem darstellt. Aus gestalterischen Gesichtspunkten sollten Sie sich dennoch damit beschäftigen und ernsthaft über einen Einsatz nachdenken. Machen Sie sich hierbei keine Gedanken um die Anwender, die einen Browser verwenden, der diese Technik nicht unterstützt. In diesem Fall wird eben wieder Arial oder Times Roman verwendet.

Tabelle 1: Welches Format wird von welchen Browsertypen unterstützt?

Webformat	Schriftformat	Browser
Embedded OpenType	TrueType OpenType	IE 4 und höher
TrueDoc	TrueType PostScript Type1	NS 4.03 und höher IE 4 und höher (nur Windows) und nur mit zusätzl. ActiveX-Control

Abbildung 8 ▶
Tahoma

abcdefghijklmnopqrstuvwxyz
ABCDEFGHIJKLMNOPQRSTUVWXYZ
123456789.:,;(:*!?')

Abbildung 9 ▶
Trebuchet

abcdefghijklmnopqrstuvwxyz
ABCDEFGHIJKLMNOPQRSTUVWXYZ
123456789.:,;(:*!?')

Abbildung 10 ▶
Verdana

abcdefghijklmnopqrstuvwxyz
ABCDEFGHIJKLMNOPQRSTUVWXYZ
123456789.:,;(:*!?')

Alternativen zur Schrifteinbettung

Wem das Einbetten der Schrift zu umständlich ist, der sollte auf die zwischenzeitlich relativ verbreiteten Alternativen »Tahoma«, »Trebuchet« oder »Verdana« zurückgreifen. Diese Schriftfamilien wurden für den Webeinsatz optimiert und verfügen auch über eine große Verbreitung.

Was in einer HTML-Seite ein Problem ist, stellt in Flash oder im SVG-Format kein Problem dar. In beiden Formaten ist es möglich, Schriftinformationen direkt einzubetten und damit die optimale Darstellung zu erreichen. Oder Sie verwenden das PDF, das auch immer größere Verbreitung im Web findet, allerdings eher als Medium, Offline-Inhalte zu transportieren. Aber auch hier können Schriften in die Datei eingebettet werden.

Darüber hinaus können Schriften auch in Dokumente, beispielsweise in eine Word- oder PowerPoint-Datei, eingebettet und mit den entsprechenden Playern in einer Webseite wiedergegeben werden. Im Gegensatz zum Einbetten von Schriften in Webseiten gilt es bei den eben beschriebenen Methoden auch immer die rechtliche Seite zu beachten, da eingebettete Schriften in einer Word-Datei auch für andere Dateien genutzt werden können. Nähere Informationen finden Sie unter: http://www.fonts.com/fontservices/services_home.asp?con=embedding

Es geht auch anders

Abgesehen von der Verwendung eingebetteter Webschriften kann man auch innerhalb des HTML-Codes eine beliebige Schriftart verwenden. Ist diese auf dem Zielsystem installiert, wird sie verwendet oder eben durch Alternativen ersetzt. So ist es möglich, die Corporate-Schrift eines Unternehmens ohne Einbetten der Schriftinformation innerhalb eines begrenzten Nutzerkreises, beispielsweise im Intranet, zu verwenden.

Es gibt meiner Meinung nach aufgrund der vielen Alternativen keinen Grund, immer wieder dieselbe Schrift zu verwenden, und ich hoffe, dass sich das Web in den nächsten Jahren in puncto Typografie weiterentwickeln wird.

Barrierefreies Arbeiten

Ein Thema, das bei der Gestaltung von Webseiten oft vergessen wird, ist bereits in Artikel 3 des Grundgesetzes verankert: »Niemand darf aufgrund seiner Behinderung benachteiligt werden.« – das barrierefreie Arbeiten. Zudem gelten sowohl nationale als auch internationale Richtlinien.

Wie man eine Webseite auch für behinderte Menschen zugänglich macht? Man sollte einfach ein paar kleine Regeln beachten:

▶ Der Inhalt sollte weitgehend auf Texten aufbauen, und auf die Verwendung von Texten als Bilder sollte verzichtet werden. Hinterlegen Sie Abbildungen und Textabschnitte mit aussagekräftigen ALT-Tags, bei Bildern beispielsweise eine Beschreibung, was auf dem Bild zu sehen ist. Systeme für sehbehinderte oder blinde Menschen sind so in der Lage, auch die Bilder wiederzugeben. Achten Sie in diesem Zusammenhang darauf, dass Abkürzungen in Texten mit Leerzeichen getrennt sind, damit sie von den Screen-Readern korrekt interpretiert werden.

▶ Gestalten Sie Texte nicht zweispaltig, und verwenden Sie auch in kurzen Listen am Ende der Zeile einen Punkt. Beschreiben Sie zusätzlich die Liste in einem kurzen Satz.

▶ Verwenden Sie eine kontrastreiche Darstellung, besonders bei der Gestaltung unterschiedlicher inhaltlicher Bereiche. Vermeiden Sie aber Komplementärkontraste.

▶ Gestalten Sie Steuerungselemente wie Schalter und Navigation nicht zu klein, Elemente und klickbare Bereiche sollten eine Mindestgröße haben, damit sie auch von Menschen mit motorischen Behinderungen zu bedienen sind. Die Elemente sollten deshalb auch nicht zu nahe beieinander sitzen.

▶ Achten Sie bei der Entwicklung von Formularen darauf, diese für unterschiedliche Anwendergruppen zugänglich zu machen. Im Falle sehbehinderter Menschen sollten die Voreinstellungen bereits eingetragen sein, während für motorisch Behinderte das Gegenteil gilt. Ein Formular sollte deswegen auch umschaltbar sein.

Wenn Sie diese Punkte beachten, sind Sie schon ein großes Stück vorangekommen, das Thema ist jedoch vielfältiger und sollte auch von Entwicklern beachtet werden. Detaillierte Informationen über deutsche Richtlinien und die Vorgaben des W3C-Konsortiums für das internationale Web finden Sie unter:

▶ http://www.einfach-fuer-alle.de
▶ http://www.tuvit.de
▶ http://www.w3.org/Consortium/Offices/Germany/Trans/WAI/webinhalt.html

Browserkompatibilität

In diesem Buch beschäftige ich mich mit Design, nicht mit Technik. Leider hängt das Design einer Site auch davon ab, was der Browser später darstellen kann. Zusammengefasst unter dem schönen Begriff »Browserkompatibilität« interpretiert nicht jeder Browser HTML gleich bzw. stellt den Code auch gleich dar. Als ob das nicht genug wäre, verfügen die neuen Browser der verschiedenen Hersteller auch

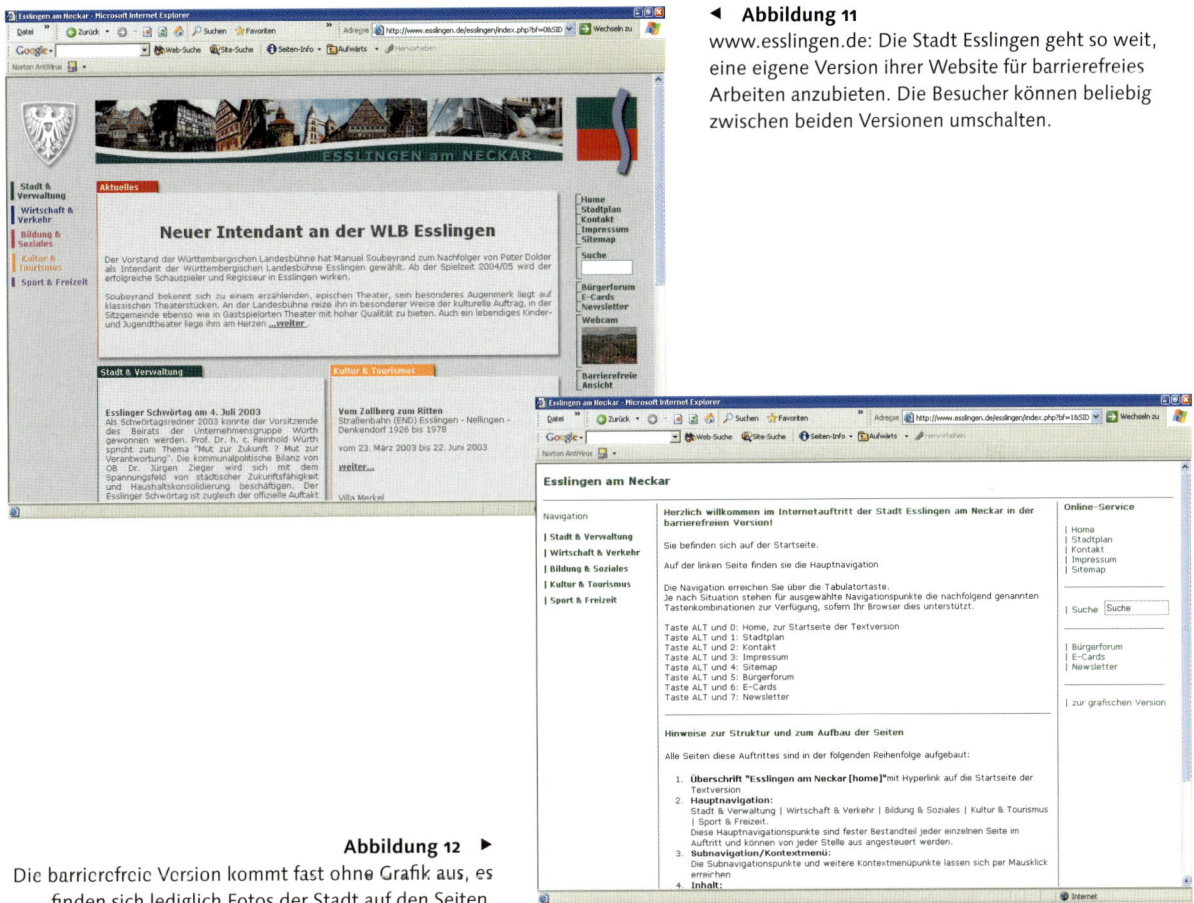

◀ **Abbildung 11**
www.esslingen.de: Die Stadt Esslingen geht so weit, eine eigene Version ihrer Website für barrierefreies Arbeiten anzubieten. Die Besucher können beliebig zwischen beiden Versionen umschalten.

Abbildung 12 ▶
Die barrierefreie Version kommt fast ohne Grafik aus, es finden sich lediglich Fotos der Stadt auf den Seiten.

noch über unterschiedliche zusätzliche Befehle, die zwar in einem der Browser super funktionieren, vom anderen aber völlig ignoriert werden. Die Hauptkonkurrenten sind hier Microsoft mit dem Internet Explorer in der aktuellen Version 6 und Netscape mit dem Navigator in Version 7. Die anderen am Markt befindlichen Browser, beispielsweise Opera 7, sollte man nicht vollständig vergessen, sie spielen aber keine wesentliche Rolle.

Wie bei der Gestaltung des Inhalts und der Navigation heißt das Zauberwort hier auch »Zielgruppe«. Versuchen Sie im Vorfeld der Entwicklung einer Site möglichst genau zu analysieren, welche Browser die späteren Besucher einsetzen. In den meisten Fällen werden Sie hier ein Ergebnis von 95% Microsoft, 5% Netscape und 99% Browser ab Version 5 erhalten. Dieses Ergebnis bedeutet so gut wie keine Einschränkungen, weil in dieser

Tabelle 2: Browserkompatibilität Windows/Mac

Windows

Browser	Java	Frames	Tables	PlugIns	Font size	Font color	Javascript	Style Sheets	gif89	DHTML	I-Frames	Table color	XML
Explorer 6.0	•	•	•	•	•	•	•	•	•	•	•	•	•
Explorer 5.5	•	•	•	•	•	•	•	•	•	•	•	•	•
Explorer 5.0	•	•	•	•	•	•	•	•	•	•	•	•	x
Netscape 7.0	•	•	•	•	•	•	•	•	•	•	•	•	•
Netscape 6.1	•	•	•	•	•	•	•	•	•	•	•	•	•
Netscape 6.0	•	•	•	•	•	•	•	•	•	•	•	•	•
Navigator 4.7	•	•	•	•	•	•	•	•	•	•	x	•	x
Opera 6.0	•	•	•	•	•	•	•	•	•	•	•	•	•
Opera 5.11	•	•	•	•	•	•	•	•	•	•	•	•	•

Macintosh OS X

Browser	Java	Frames	Tables	PlugIns	Font size	Font color	Javascript	Style Sheets	gif89	DHTML	I-Frames	Table color	XML
Explorer 5.5	•	•	•	•	•	•	•	•	•	•	•	•	•
Netscape 7.0	•	•	•	•	•	•	•	•	•	•	•	•	•
Netscape 6.2	•	•	•	•	•	•	•	•	•	•	•	•	•
Netscape 6.1	•	•	•	•	•	•	•	•	•	•	•	•	•
Opera 5	•	•	•	•	•	•	•	•	•	•	•	•	•

Schriften

Noch ein Tipp: Netscape interpretiert Schriftgrößen anders als der Internet Explorer, und
zwar einen Punkt kleiner, zumindest in kleinen
Schriftgraden. Achten Sie also bei der Definition
der Schriftgrößen des Fließtextes darauf, die
Größe in Pixel und nicht in Punkt anzugeben.

Konstellation 90% aller Inhalte brauchbar,
wenn auch nicht unbedingt gleich interpretiert
werden. Die Hauptprobleme liegen weniger in
den grundlegenden HTML-Daten als mehr in
neueren Technologien wie DHTML, das für die
Erstellung von Menüs oder interaktiven Elementen verwendet wird.

Sehen die Browserverhältnisse anders aus oder kommen ältere Browser zum Einsatz, kommen Sie in der Umsetzung nicht um eine aufwändige Optimierung für einzelne Browser oder Kompromisse beim Design herum. Denkbar, wenn auch mit Aufwand verbunden, sind unterschiedliche Versionen für Browser und Plattformen. Bei umfangreichen statischen Seiten ein fast unmöglicher Aufwand, bei dynamischen Systemen dagegen weit einfacher zu lösen, weil nur Vorlagen angepasst werden müssen.

Informieren Sie deshalb Ihren Kunden bzw. legen Sie gemeinsam mit ihm fest, welche Plattformen und Browsertypen unterstützt werden. Damit ist auch klar, welche nicht verwendet werden. Sie sparen sich damit Testzeiten und die Anpassung. Denken Sie bereits beim Entwurf daran, welche Browser unterstützt werden, sonst werden Sie bzw. die Entwickler bei der Realisierung die ein oder andere böse Überraschung erleben. Setzen Sie sich frühzeitig mit den Entwicklern zur Klärung eventueller Probleme zusammen, am besten noch bevor die Entwürfe dem Kunden präsentiert werden.

Die Tabelle 2 zeigt, welche HTML-Elemente und Techniken in den heute üblichen Browsern unter Windows und Macintosh unterstützt werden. Wie man sieht, unterstützen die neuen Browser (außer dem Sorgenkind Netscape 4.7x) die meisten Funktionen auch über Herstellergrenzen hinweg.

Ausgabemedien

Der Vollständigkeit halber und weil wir in Zukunft nicht nur per PC ins Internet gelangen, noch ein paar Worte zum Thema Ausgabemedien. Noch können wir bei der Gestaltung von Webseiten davon ausgehen, dass die überwiegende Mehrheit der Besucher vor einem 17-Zoll-PC-Bildschirm sitzt. Was passiert aber, wenn in absehbarer Zeit mehr Seiten per UMTS- oder i-mode-Handy oder auf PDA-Screens aufgerufen werden?

Es gibt hier keinen Kardinalsweg. Wieder gilt: Zielgruppe quantitativ analysieren und anschließend Aufwand und Nutzen gegeneinander abwägen. Ich bin der Meinung, man kann verschiedene Ausgabegeräte nicht mit einem

Netscape 4.x – die Geißel des Webs

Wenn es noch etwas Ärgerlicheres in puncto Netscape gibt als das ständige Wehklagen, Microsoft wolle das Unternehmen vernichten, dann die 4.x-Versionen des Navigators. Könnte man heute eigentlich vergessen, werden Sie denken? Ist doch schon so lange auf dem Markt, dass nur noch die ewig Gestrigen den Browser einsetzen! Hier haben Sie auch prinzipiell recht, leider gehören zu dieser Gruppe die meisten IT-Manager. Folglich quälen sich Hor-

den von Webentwicklern mit dieser schlechtesten aller Browsergenerationen herum. Ein Licht zeigt sich jedoch am Horizont. Die Netscape 4.x-Browser entsprechen leider nicht den Kriterien für barrierefreies Arbeiten und taugen damit in Zukunft nicht mehr als Maßstab. Ich unterstütze diese Browsertypen nur auf ausdrücklichen Wunsch des Kunden mit zusätzlichem Aufwand und entsprechenden Mehrkosten.

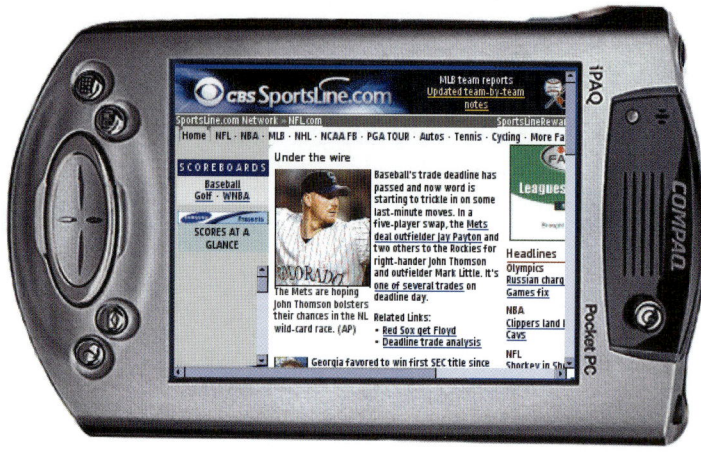

◀ **Abbildung 13**
So werden nicht optimierte Webseiten vom Standardbrowser
von Windows CE dargestellt. Quelle: Bitstream Inc.

▲ **Abbildung 14**
Darstellung derselben Seite mit Thunderhawk. Wesentlich mehr Inhalte
werden angezeigt, ohne die Daten für verschiedene Plattformen zu optimieren. Quelle: Bitstream Inc.

Designansatz lösen, sondern muss für die verschiedenen Geräte optimale Lösungen finden.
Wer am PC sitzt, hat einen größeren Bildschirm und meist eine schnelle Leitung, wer
mobil Daten per PDA aus dem Netz abruft, hat
nur 10% der Fläche und einen Bruchteil der
Bandbreite zur Verfügung. Damit ändern sich
auch die Anforderungen des Besuchers. Der
mobile Surfer will schnell Informationen, ohne

lange Ladezeiten oder grafischen Overhead,
der Büro-Surfer legt Wert auf eine saubere äs-
thetische Darstellung, weil er sich diesen Luxus
leisten kann.

Technologie zur Lösung dieses Problems ist
in Form des XML-Standards bereits vorhanden.
Mit dieser Weiterentwicklung des HTML-Standards wird der Inhalt von der Form getrennt,
und damit kann derselbe Inhalt, ohne riesigen

 Bitstream Thunderhawk

Eigentlich eine Schriftenschmiede, bietet Bitstream nun einen eigenen Browser für PDAs
an, der es ermöglicht, auf einer Fläche von 320
x 240 Pixel Seiten in den Formaten 640 x 480

und 800 x 600 zu betrachten. Erreicht wird das
Ganze durch ein eigenes Font-Rendering, das
es ermöglicht, auch kleine Schriftgrade lesbar
darzustellen (Abbildung 13 und 14).

Mehraufwand, auf unterschiedlichen Ausgabemedien optimiert dargestellt werden. Notwendig sind entsprechende formale Vorgaben für das jeweilige Medium, die definieren, welche Inhalte in welcher Form dargestellt werden. In der Praxis heißt das für den Designer, dass er gezielt, ausgehend von ein und demselben Inhalt, Umsetzungen für verschiedene Plattformen entwickeln kann, ohne Kompromisse machen zu müssen, die mit anderen Ausgabemedien zusammenhängen.

Audio, Video und 3D

Audio und Video im Web

If it moves they will watch it!

Das Web ist ein audiovisuelles Medium und wird in Zukunft immer stärker heute getrennte Medien verbinden und unter einer einzigen Plattform verfügbar machen. Webdesigner müssen sich über die kommenden Möglichkeiten bewusst sein, um sie sinnvoll einzusetzen.

DIESES KAPITEL IST, WIE DAS GANZE BUCH, NICHT für Techniker, sondern für Designer geschrieben, die über den Einsatz von Audio und Video im Web nachdenken.

Das Web ist ohne Frage ein visuelles Medium, und wäre dies kein Buch, sondern eine Webseite, würden Sie sicherlich nicht diesen Text lesen, sondern mir zuhören, wie ich Ihnen die wichtigsten Regeln interaktiv präsentiere. Ob das für Sie angenehmer wäre, will ich hier nicht entscheiden, sicherlich könnten Sie aber einfach vor- und zurückspulen und die uninteressanten Teile überspringen.

Streaming von Audio und Video war schon immer der große Traum aller webaffinen Denker und Entwickler. Das Fernsehen ablösen, mit Breitbandnetzen und dicken Kabeln im Boden den Menschen via Browser die schöne neue Welt auf 900 Kanälen präsentieren. Ein erster Versuch – noch mit konventioneller Kabeltechnologie – unter dem schönen Namen »Video on Demand« in den Neunzigerjahren des letzten Jahrhunderts scheiterte maßgeblich an der fehlenden Nachfrage (»Video and no Demand«).

Zehn Jahre später ist digitales Fernsehen Realität – wenn auch nur für einen geringen, zahlungswilligen Anwenderkreis, der über die entsprechende Hardware verfügt. Trotzdem steckt die ganze Sache noch ein wenig in den Kinderschuhen, und wirkliche Flexibilität ist nicht gegeben, weil der Anwender noch immer nicht frei entscheiden kann, was er wann sehen möchte.

Die Lösung ist hier, wie bei vielen anderen Dingen, das Internet und dessen Client-/Servermodell. Es erlaubt dem Anwender den autonomen Zugriff auf Video- oder Audiostreams zu jedem gewünschten Zeitpunkt und von beliebigen Orten aus. Technologisch ideal für die Anforderungen gerüstet, entwickeln sich in den letzten Jahren brauchbare Lösungen, die einen ersten Ausblick auf kommende Anwendungen geben. Das Internet wird in Teilen mit dem verschmelzen, was wir heute Fernsehen oder Radio nennen, und mehr Freiheit und mehr Interaktivität für den Anwender bringen.

Eine wichtige Voraussetzung für den Einsatz der Streaming-Technologie ist die Bandbreite und Rechnerleistung auf Seiten des Besuchers der Webseite. Sinn bzw. Spaß macht Streaming erst ab der Bandbreite, die DSL mit 768 Kbit liefert, und einem Prozessor ab Pentium 3,

◄ **Abbildung 1**

Ein vorbildliches Beispiel bietet Disney mit der Auswahl der Trailer für den Film »Pirates of the Caribbean«. Der Besucher erhält für alle Player mit verschiedenen Bandbreiten die passenden Dateien.

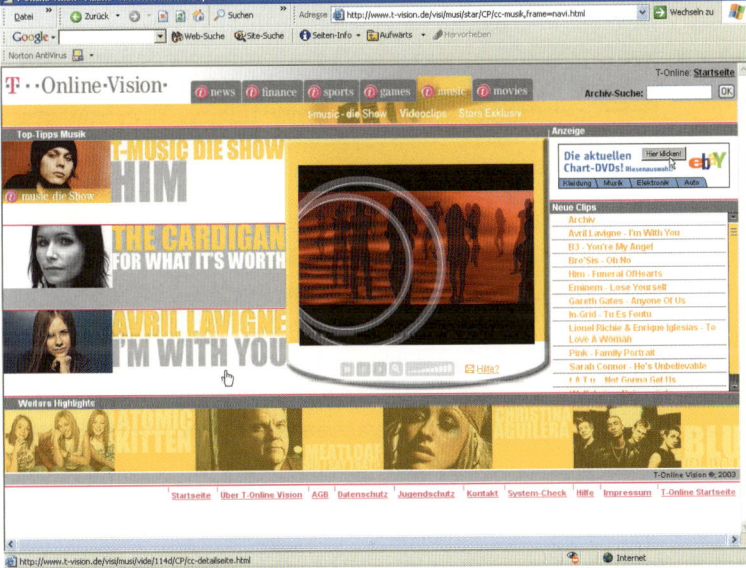

◄ **Abbildung 2**

www.t-online.de: Das Breitbandportal von T-Online bietet unterschiedliche Themenbereiche von Musik bis Finanzen an. Die Inhalte sind größtenteils kostenpflichtig.

der in der Lage ist, die Streams auch in der notwendigen Geschwindigkeit zu dekomprimieren.

Anfänge dieser Entwicklung finden Sie bei T-Online, die mit ihrem Breitbandportal »t-Vision« zeigen, wie so etwas aussehen kann, oder im TV-Format GIGA, das Sie online mit der TV-Welt verbindet. Während man die Sendung schaut, kann man den Moderatoren E-Mails senden, an Abstimmungen teilnehmen oder die gerade vorgestellte Software direkt von der Webseite herunterladen. Obwohl

Abbildung 3 ▶

www.germany.real.com: Mit dem »RealGuide« unterstützt Real die Verbreitung des Real-Players. Die Inhalte sind teilweise Zweitverwertungen von Fernsehanstalten und frei erhältlich.

beide Formate auf eine junge Zielgruppe zugeschnitten sind, zeigen sie Wege der Medienkonvergenz. Weitere Beispiele sind Ifilm.com und Atomfilms.com oder auch das Portal shockwave.com, die eine Plattform für Filme, Animationen und Spiele bieten.

Im Gegensatz zum reinen Download von Daten und zu anschließender Wiedergabe lagert das System bei Audio- und Video-Streaming die Daten nur zeitweise auf dem Rechner des Besuchers. Aus diesem Grund müssen die Daten auch immer wieder aus dem Netz geladen werden, eine Offline-Wiedergabe ist ohne zusätzliche Tools nicht möglich. Vorteil ist aber die kurze Wartezeit, bis die Wiedergabe beginnt, und der gesparte Speicherplatz.

Technisches zu Audio- und Video-Streaming

Wie funktioniert Streaming? Eigentlich ganz einfach. Das System lädt bzw. erkennt automatisch, welche Datenmenge es in Echtzeit aus dem Internet bekommen kann, und passt die Qualität des darzustellenden Video- oder Audiodatenstroms an die Bandbreite an. Sinkt oder steigt diese, erfolgt eine dynamische Anpassung. In der Realität sieht das so aus, dass der Anwender die Bandbreite auswählt und Änderungen mit kleinen Wartezeiten verbunden sind, in denen ein interner Zwischenspeicher gefüllt wird, der für eine ruckelfreie Wiedergabe sorgt. Abhängig vom Prozessortyp, der in Ihrem Rechner schlägt, kann die Qualität noch verbessert werden, da eine höhere Kom-

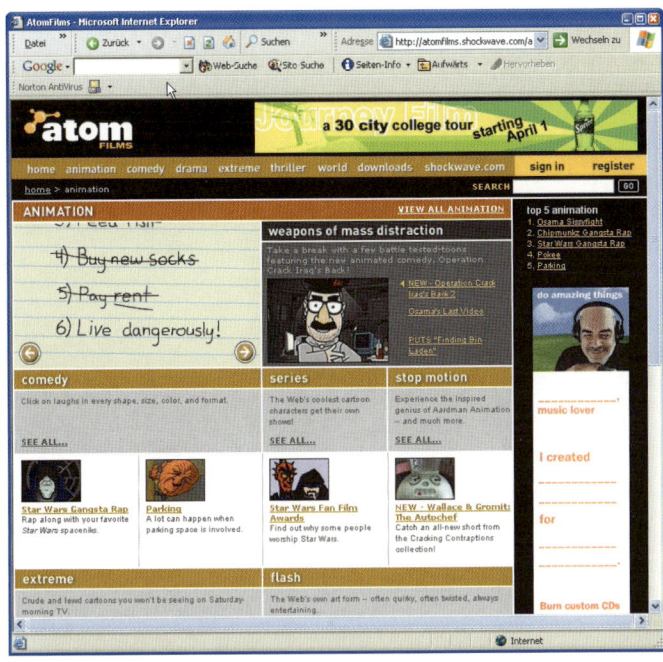

◀ **Abbildung 4**

www.atomfilms.shockwave.com: Atomfilms bietet jedem die Möglichkeit, seine eigenen Werke einem großen Publikum zu präsentieren. Die Inhalte beschränken sich nicht auf Video, es werden auch Flash-Animationen präsentiert. Unter Atomfilms findet sich auch zwischenzeitlich das Flash- und Director-Portal Shockwave.

primierung des Datenflusses durch die schnelle CPU möglich gemacht wird.

Sind die Audio- und Videoinhalte einmal produziert, müssen sie speziell für das Web **aufbereitet** werden. Während Audiodaten problemlos auf eine sinnvolle Datenmenge reduzierbar sind, liegt die größere Herausforderung in der weitgehend verlustfreien Komprimierung und ruckelfreien Übertragung von Videodaten. Die eingesetzten Programme (Codecs) verwenden verschiedene Algorithmen, die ein ausgeglichenes Verhältnis zwischen Dateigröße und Qualität erlauben. Ziel der Codecs ist es, die Dekomprimierung auf Seiten des Clients im Webbrowser so einfach und schnell wie möglich zu machen, bei gleichzeitig maximaler Verkleinerung der Datenmenge. Aus diesem Grund ist eine wesentlich höhere Rechenleistung bei der Komprimierung der

Daten notwendig. Einmal komprimiert, werden die Daten auf den Server gespielt und auf Anforderungen wiedergegeben.

Die modernen Codecs auf Clientseite sind hierbei in der Lage, die Geschwindigkeit der Verbindung zu errechnen und den Datenstrom hierauf anzupassen. Die Codecs müssen heute immer noch als zusätzliche PlugIns installiert werden. Microsoft hat jedoch das eigene Format Windows Media in die neuen Browser- und Betriebssystemversionen integriert, ebenso Apple unter OS X.

Streaming-Varianten

Die einfachste Streaming-Variante, das so genannte »**HTTP-Streaming**«, lagert die Videodaten auf einem normalen Webserver und überträgt sie zusammen mit den HTML-Seiten per Protokoll HTTP. Diese Variante ist aber nicht

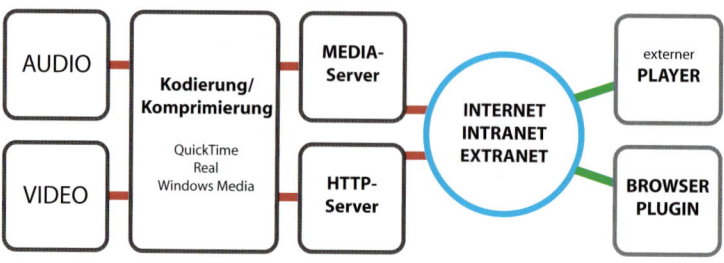

▲ **Abbildung 5**

Das Prinzip ist immer dasselbe, die Daten werden in den unterschiedlichen Formaten komprimiert und können entweder über den Webserver oder einen eigenständigen Mediaserver abgerufen werden.

sehr sinnvoll, da Webserver eigentlich für die Übertragung von Streaming-Daten ausgelegt sind. Sie liefern normalerweise abgeschlossene Daten, also GIF oder JPEG, während der Besucher in Audio- und Videodaten oftmals vor- oder zurückspult oder einfach den Pauseknopf drückt bzw. gerne Daten sehen will, die erst viel später übertragen werden. Bei dieser Variante entstehen also gerne Datenstaus und unliebsame Verzögerungen, bis hin zum Stillstand. Ratsam ist sie deshalb nur für sehr kleine und kompakte Audio- und Videodaten.

Will man mehr, ist ein eigener **Streaming-Server** nur für die Verwaltung der Audio- und Videodaten sinnvoll, entweder als eigenständige Hardware oder spezielle Softwarelösung. In beiden Lösungen wird nicht das Protokoll HTTP, sondern das inzwischen etablierte **RTP** (Real-Time Protocol) verwendet. Es ist in der Lage, den Strom auch bei teilweise ausfallenden Datenpaketen aufrecht zu erhalten.

Eine Variante des RTP-Streamings ist der **Livestream**. Hier werden die Daten nicht vor der Übertragung auf dem Server abgelegt, sondern direkt »live« übertragen und lediglich auf dem Server zwischengespeichert. Livestreams

sind damit auch immer ein paar Sekunden zeitverzögert.

Eigenständige Videoserver können zudem bei steigender Nachfrage zu »Clustern« zusammengefasst werden, um die Netzlast gleichmäßig zu verteilen. Hierbei werden die Videodaten einfach auf den verschiedenen Servern repliziert und sind damit parallel verfügbar. Alternativ, besonders bei Livestreams, können Server im »Splitting« hintereinander geschaltet werden, hier werden die Daten an den anderen Server bei erhöhter Nachfrage weitergeleitet, ebenso die Anfragen der Besucher.

Genug Techtalk, wichtig ist, dass Video- und Audiostreams zwischenzeitlich kein Problem mehr darstellen, besonders kein finanzielles.

Waren die benötigten Programme bis vor wenigen Jahren noch unerschwinglich, sind auch hier die **Preise** deutlich gefallen und damit für jedermann in erreichbare Sphären gerückt. Zudem bieten auch viele Provider zwischenzeitlich die notwendigen Servererweiterungen an, so dass der Betreiber einer Site nur noch die Rohdaten liefern muss.

Streaming-Lösungen

Für das Streaming im Netz gibt es keinen durchgängigen Standard, wohl aber verschiedene Anbieter unterschiedlicher Lösungen. Die bekanntesten Anbieter durchgängiger Lösungen für Audio und Video sind:

- **Real Networks**

  Für mich die Erfinder des Streaming und der Anbieter der besten Streaming-Qualität. Das Unternehmen liefert mittlerweile ausgereifte Technologien für das Streaming und die Erstellung der Streaming-Daten für unterschiedlichste Ausgabegeräte.

- **Apple Computer**

  Unterstützt mit QuickTime und der zugehörigen Streaming-Variante sowohl Online- als auch Offline-. Liegt mit der eigentlichen Offline-Variante, die über einen Puffer »Streaming« erlaubt, qualitativ für mich ganz vorne. Die Streaming-Variante dagegen liefert weniger gute Resultate, sie fällt für mich eher noch hinter der Microsoft-Variante ab.

- **Microsoft**

  Wie immer hat auch Microsoft eine eigene Lösung für das Streaming parat. Für mich im Streaming-Bereich die schwächste aller Lösungen, trotz der inzwischen vorliegenden Version 9 des zugehörigen Players. Offline ist das Microsoft-Format, vor allem im Audiobereich, besser als das bekannteste MP3-Format, bei gleichzeitig kleineren Datenmengen.

Sie haben also die freie Wahl zwischen unterschiedlichen Technologien. Alle Hersteller bieten frei verfügbare Tools für die Komprimierung und Verteilung der Daten an, für QuickTime beispielsweise über 200 verschiedene (wenn auch nicht alle kostenlos sind).

Video mit Flash

Wer Video übers Web verbreiten will, wird um den Aufwand nicht herumkommen, eine einfachere Alternative ist sicherlich die Erstellung von animierten Inhalten in Macromedia Flash. Auch in dieses Format können Video- und Audiodaten eingebunden werden. Allerdings ergibt sich bei umfangreichen Audio- und Videodaten wieder das Problem der kontinuierlichen Übertragung.

Einsatzmöglichkeiten für Video und Audio

Neben den technischen Aspekten sollte man die inhaltlichen Aspekte nicht außer Acht lassen. Nur weil man ein Video übertragen kann, muss man das noch lange nicht machen. Audio und Video eignen sich sicherlich für manche Anforderung.

Werbung

Provozierend gesagt ist Werbung im Internet heute noch auf dem Stand von Zeitungsanzeigen. Viele Unternehmen verfügen zwar über eigenständige Microsites, die werbliche Aktivitäten in den klassischen Medien flankieren, aber keinen eigenständigen Charakter besitzen und oftmals nicht mehr als das zusätzliche Einsammeln von Adressen sind. Medienkonvergenz kann man das noch nicht nennen. Erfreulicherweise gibt es aber auch Ausnahmen und gelungene Ansätze zu medienübergreifenden Kampagnen.

Meine persönlichen Favoriten sind die Kampagnen von BIFI und BMW. Im Zentrum der Kampagne von BIFI steht das fiktive Unternehmen »Zomtec« nebst fünf ausgewählten Mitarbeitern. Ohne Hinweis auf Werbung

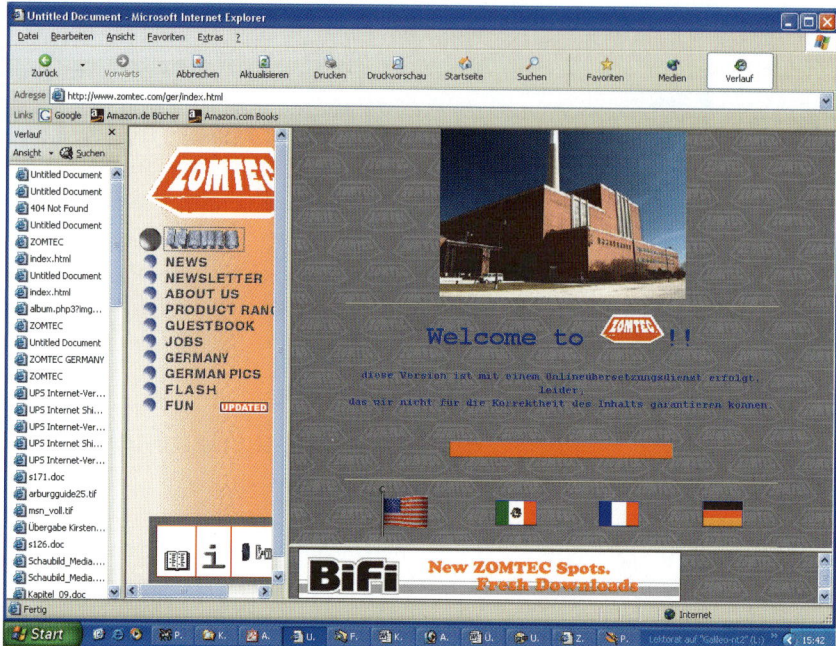

▲ **Abbildung 6**
www.zomtec.com: Die BiFi-Seite mit Kultcharakter

findet sich tatsächlich die Webseite des Unternehmens im Web und ergänzt die Legende um private Seiten der Mitarbeiter und zusätzliche Unternehmensinformationen. Diese subtile Art der Werbung unterstreicht den Kultcharakter der Marke und zeigt, dass man auch intelligent Werbung machen kann.

BMW baut nicht nur richtungsweisende Autos, sondern lässt den Kreativen oft freie Hand. So geschehen mit bmwfilms.com (Abbildung 7). Diese Webseite wurde nicht beworben, sondern einfach ins Netz gestellt. Auf dieser Site fand der Surfer fünf Kurzfilme, in deren Zentrum immer ein BMW stand, der sonst aber keinen Bezug zur Marke hatte.

Außer vielleicht, dass er extrem cool war. Allein die Mundpropaganda und eine Vielzahl von Nachrichtenberichten sorgten für einen regen internationalen Zulauf zur Site und einen starken Imagegewinn für die Marke.

Weitere Vorreiter sind sicherlich Marken wie Nike, Adidas und Puma, die umfangreiche »Trend«-Sites einsetzen, die Themen aus Werbespots aufgreifen und weiterführen.

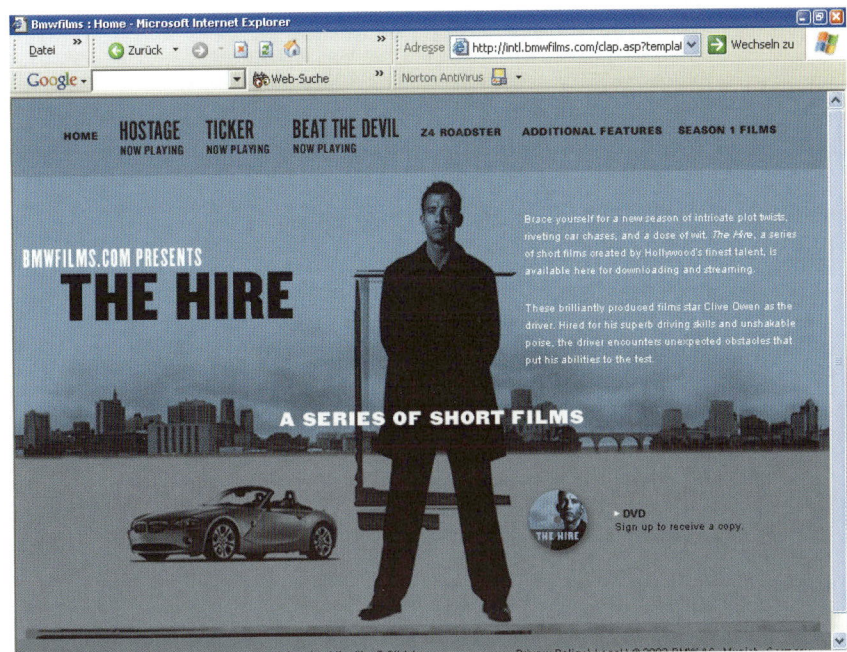

▲ **Abbildung 7**
www.intl.bmwfilms.com: BMW baut nicht nur schnelle Autos, sondern fährt auch in Sachen
neue Medien ganz vorne mit. Die Seite zeigt, wie cool BMW-Fahrer wirklich sind. Fast ohne
Werbung wurden weltweit riesige Zugriffszahlen erreicht.

Business-TV

Derzeit nur mit großem technischen und finan-
ziellen Aufwand realisierbar, wird Business-TV
– das unternehmenseigene Fernsehen – in den
nächsten Jahren anwachsen und seine Bedeutung für die Kommunikation zwischen Unter-
nehmensleitung und Mitarbeitern steigen. War
das Medium bislang nur im Konzernumfeld be-
zahlbar, wird es durch Intranet und Streaming-
Technologien nun auch für kleinere Unternehmen realisierbar.

Schulung und Fortbildung

Wer erinnert sich nicht auch noch mit Grau-
sen ans Schulfernsehen und das Sprachlabor?
Inhalte multimedial aufbereiten und per Streaming verfügbar machen, das entwickelt eine
neue Klasse von Anwendungen im Bereich
E-Learning, Schulung und Fortbildung. Wenn
auch hier die Mühlen sehr langsam mahlen,
wird sich vieles in den nächsten Jahren ändern, sicherlich erst im industriellen Bereich
und dann erst im öffentlichen. Neben einem
verwaltungstechnischen Problem liegen auch
viele Inhalte nicht im richtigen Medium vor
und müssen erst aufwändig aufbereitet werden. Zudem, und das sollte man nicht verges-

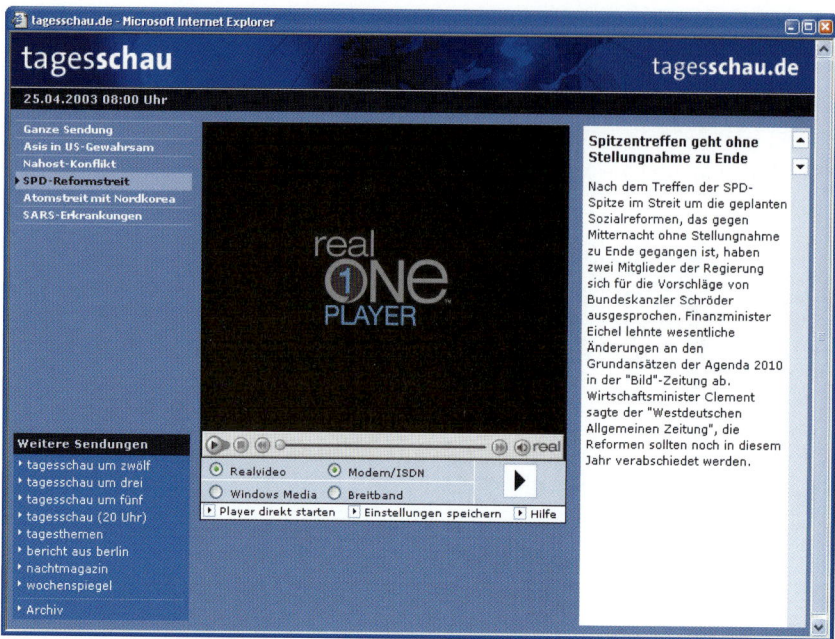

▲ **Abbildung 8**
www.ard.de: Jederzeit weltweit die Nachrichten, entweder als Livestream oder aus
dem Archiv. Die ARD bereitet sich auf die digitale Zukunft vor.

sen, müssen sich die Lernenden erst mit dem
neuen ungewohnten Medium anfreunden.

Präsentation

Wie ich bereits in der Einleitung erwähnte,
sähe die Online-Variante dieses Buchs sicherlich anders aus und wäre nicht nur in Form
einer PDF-Datei verfügbar. Die einfache Ver-
fügbarkeit von Audio und Video im Web eröff-
net neue Möglichkeiten der Unternehmens-
präsentation. Der Besucher muss nicht mehr
lange durch Text klicken, sondern schaut sich
verschiedene Videopräsentationen an, die ihn
schneller in die Materie einführen. Einige Unternehmen bieten in einer Vorstufe dieser me-
dialen Zukunft bereits einfache 3D-Szenarien

ihrer Produktionsstätten an, die der Besucher
besichtigen kann. Einer größeren Verbreitung
steht sicherlich noch der Preis der Erstellung
eines Image-Videos entgegen, den viele Unternehmen nicht bezahlen wollen. Aber auch hier
wird sich dank der Digitaltechnik in den nächsten Jahren einiges bewegen.

Visualisierung

Ein Bild sagt mehr als tausend Worte. Gerade
in puncto Produktpräsentation bieten Audio
und Video neue Möglichkeiten, auch komplexe Inhalte einfach zu »visualisieren«. Hier
wird man weniger mit Realfilm arbeiten, sondern verstärkt 3D-Modelle und -Animationen
einsetzen.

▲ **Abbildung 9**

www.giga.de: Einen Schritt weiter: Das Format »GIGA«, vier Sparten, ausgerichtet auf ein
jugendliches Zielpublikum. Die Zuschauer können während der Sendung mit den Moderatoren
chatten, Fragen stellen oder ihre Meinung zu verschiedenen Themen kundtun.

Unterhaltung

Fernsehen, wie es heute existiert, wird es in
zehn Jahren nur noch vereinzelt geben. Das
Internet wird zum führenden Unterhaltungs-
medium, das alle Inhalte schnell und direkt
»on Demand« auf beliebige Endgeräte liefert.
Der Konsument wird aktiv in den Ablauf ein-
greifen können, und neue Unterhaltungsfor-
men werden entstehen. Wie die hierfür notwendigen technischen Grundlagen geschaffen
und bezahlt werden, muss noch geklärt werden, weil es mit Werbung allein sicherlich
nicht funktionieren wird.

Interaktive 3D-Welten im Web

Die dritte Dimension

Was im Raumschiff Enterprise schon Realität ist, wird im Internet wohl noch eine Weile auf sich warten lassen: Interaktive dreidimensionale Welten, in die der Besucher einer Webseite eintaucht und die Realität vergisst.

DREIDIMENSIONALE SZENARIEN HABEN IN DER multimedialen Welt schon immer faszinieren können, nicht nur alleine wegen des zu treibenden technischen Aufwands. Ich erinnere mich noch an die Anfänge des Webs, als man aus der CD-ROM-Welt online ging und die digitalen Propheten von einem neuen Einkaufserlebnis in der dritten Dimension sprachen. Die simple Idee, den Anwender in eine virtuelle Einkaufsstraße zu schicken, die ihm in drei Dimensionen einen virtuellen Einkaufsbummel ermöglicht, symbolisierte die Zukunft im Cyberspace. Statt Einkaufswagen ein Datenhandschuh und 3D-Brille. Heute wissen wir, dass die Matrix noch ein Stück entfernt ist und wirklich sinnvolle Anwendungen in diesem Bereich zwar vorhanden, aber nicht in der vor zehn Jahren angedachten Breite zum Einsatz kommen.

Das Paradigmenproblem

Die ursprüngliche Annahme, Besucher hätten keinerlei Probleme, sich in einer dreidimensionalen Umgebung zurechtzufinden, war falsch. Wer einmal mit einem Programm zur Erstellung von dreidimensionalen Szenarien gearbeitet hat, weiß, wie schwierig es ist, ein dreidimensionales Medium mit Hilfe eines zweidimensionalen – dem Bildschirm – darzustellen und mit einer ebenfalls nur in zwei Achsen beweglichen Maus darin zu navigieren. Es fehlt schlichtweg immer eine Dimension. Der Anwender erfährt einen »echten« dreidimensionalen Raum über alle seine Sinne, erkennt an Klängen Entfernungen, an Licht und Schatten Tiefe und Aufbau das Raums – all dies fehlt in den heutigen virtuellen Welten.

Die dritte Dimension muss also im Kopf entstehen. Dass dies nicht einfach ist, haben die diversen 3D-Ansätze im Magazin-, Film- und Fernsehbereich gezeigt. Technisch aufwändig blieb es bislang bei wenigen Umsetzungen, die letztlich nicht wegweisend waren. Obwohl ich eigentlich über 3D-Simulationen meine spätere Liebe zum klassischen Design entdeckt habe, muss ich zugeben, dass die Zeichen für die dritte Dimension nicht gut stehen und ich bis heute keine wirklich bahnbrechende umwerfende Lösung gefunden habe. Sicherlich gibt es verschiedene Einsatzbereiche, in denen dreidimensionale Technologien Sinn machen, beispielsweise Simulationen. Es handelt sich aber nur um Nischen, und im Internet setzt sich nur durch, was auch massentauglich ist.

3D-Ansätze

Bei den heute verfügbaren 3D-Techniken unterscheidet man zwei Ansätze:

Beim ersten werden **echte dreidimensionale Szenen** verwendet. Der Computer berechnet zu jedem Zeitpunkt die exakte Position des Besuchers in einem dreidimensionalen Raum und stellt die Veränderungen dar. Nachteil dieser Technik ist der immens hohe Rechenaufwand, will man eine vernünftige Qualität in puncto Realismus der Szenerie erreichen.

Der zweite Ansatz simuliert die dritte Dimension über Projekten. Bei den so genannten »VR-PlugIns«, beispielsweise **QuickTime VR**, einer Erweiterung von Apples QuickTime, wird ein vorher aufgenommenes 360°-Panorama auf die Innenseite eines Zylinders projiziert. Damit entsteht ein sehr dreidimensionaler Eindruck, der manchmal »echter« wirkt als bei berechnetem 3D, der Besucher sieht aber eigentlich nur einen Zylinder mit Tapete von innen.

Eine weitere Möglichkeit, Pseudo-3D zu erzeugen, bietet die klassische **Isometrie**, dem ein oder anderen sicherlich noch aus der darstellenden Geometrie bekannt. Es wird kein 3D berechnet, sondern auf Basis eines Grundrisses in einem bestimmten Blickwinkel perspektivisch projiziert. Der Besucher erhält auch hier eine gute Vorstellung des Raumes, kann sich aber nicht frei darin bewegen oder den Raum drehen oder aus anderen Blickwinkeln darstellen.

Bei meiner Recherche zu diesem Buch habe ich mehr sinnvolle Anwendungen im Bereich der zweiten Gruppe, der nicht echten dreidimensionalen Anwendungen, gefunden.

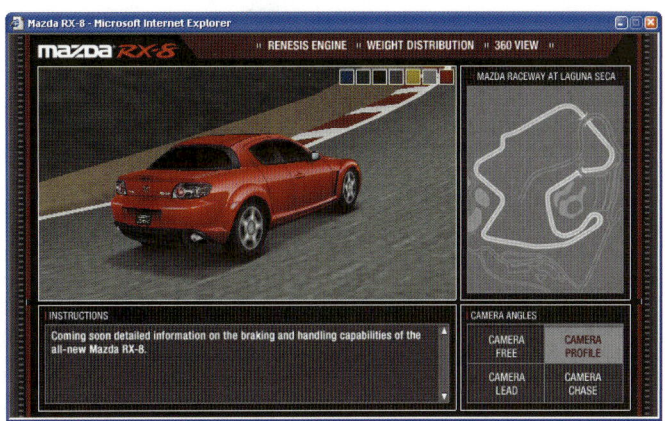

▲ **Abbildung 1**
www.mazda.com: Was ist schöner, als ein Fahrzeug von allen Seiten zu sehen? Ein Fahrzeug von allen Seiten beim Fahren zu sehen! Die virtuelle Probefahrt des neuen Mazda RX8 auf der hauseigenen Rennstrecke mit vier wählbaren Kamerapositionen.

Einsatzbereiche

In einigen Bereichen, die auch massentauglich sind, gibt es sinnvolle Einsatzbereiche für die dritte Dimension.

▶ **Information**

Bei der Präsentation von Produkten im Internet haben sich die VR-Panoramen bewährt. Unter ihnen bietet QuickTime VR die Möglichkeit, nicht nur einen Raum zu betrachten, sondern einzelne Gegenstände »dreidimensional« zu erfassen. Der Besucher kann somit ein Produkt von allen Seiten betrachten, indem er es dreht – alle Automobilhersteller verwenden diese Technik beispielsweise auf ihren Seiten bei der Präsentation von Fahrzeugen (Abbildung 1). Gleiches gilt für das virtuelle Shopping. Unter Neckermann.de (Abbildung 3) kann der Besucher das gewählte Kleidungsstück schon direkt an einem virtuellen Modell

◄ Abbildung 2
www.apple.com: Vor dem Kauf von allen Seiten
betrachten, das VR-Szenario von Apple für den
neuen Power Mac G4

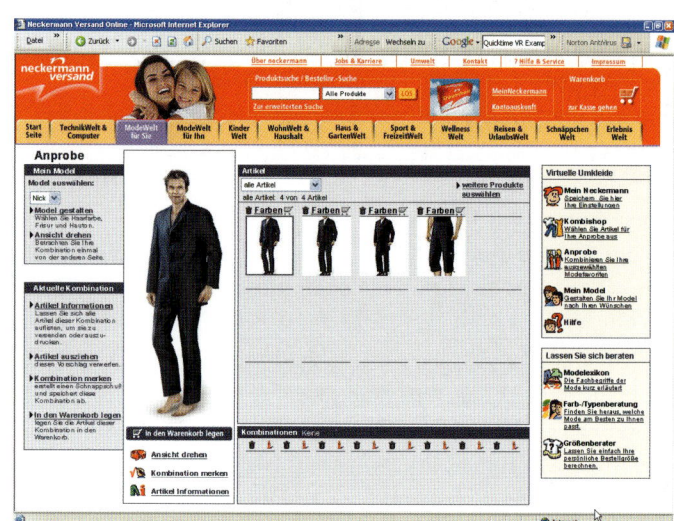

◄ Abbildung 3
www.neckermann.de: Die virtuelle Anprobe: Bei Neckermann sieht der Besucher schon vor dem Kauf, wie
der neue Anzug sitzt. Das Modell kann dabei dem eigenen Typ angeglichen (allerdings ohne Bauchansatz) und
von zwei Seiten betrachtet werden.

betrachten. Macy´s ließ 1999 sogar eine
virtuelle Modenschau entwickeln (bezeich-
nenderweise wurde das Projekt aber nicht
weiterverfolgt).

▶ Simulation
Eine weitere sicherlich sinnvolle Anwendung ist die Präsentation von Dingen, die
real noch nicht existieren, beispielsweise
Immobilien. Aufgrund des hohen Aufwands
bei der Erstellung einer Simulation findet
man nur wenige Beispiele »echter« 3D-Lö-
sungen. Verschiedene Reiseveranstalter prä-

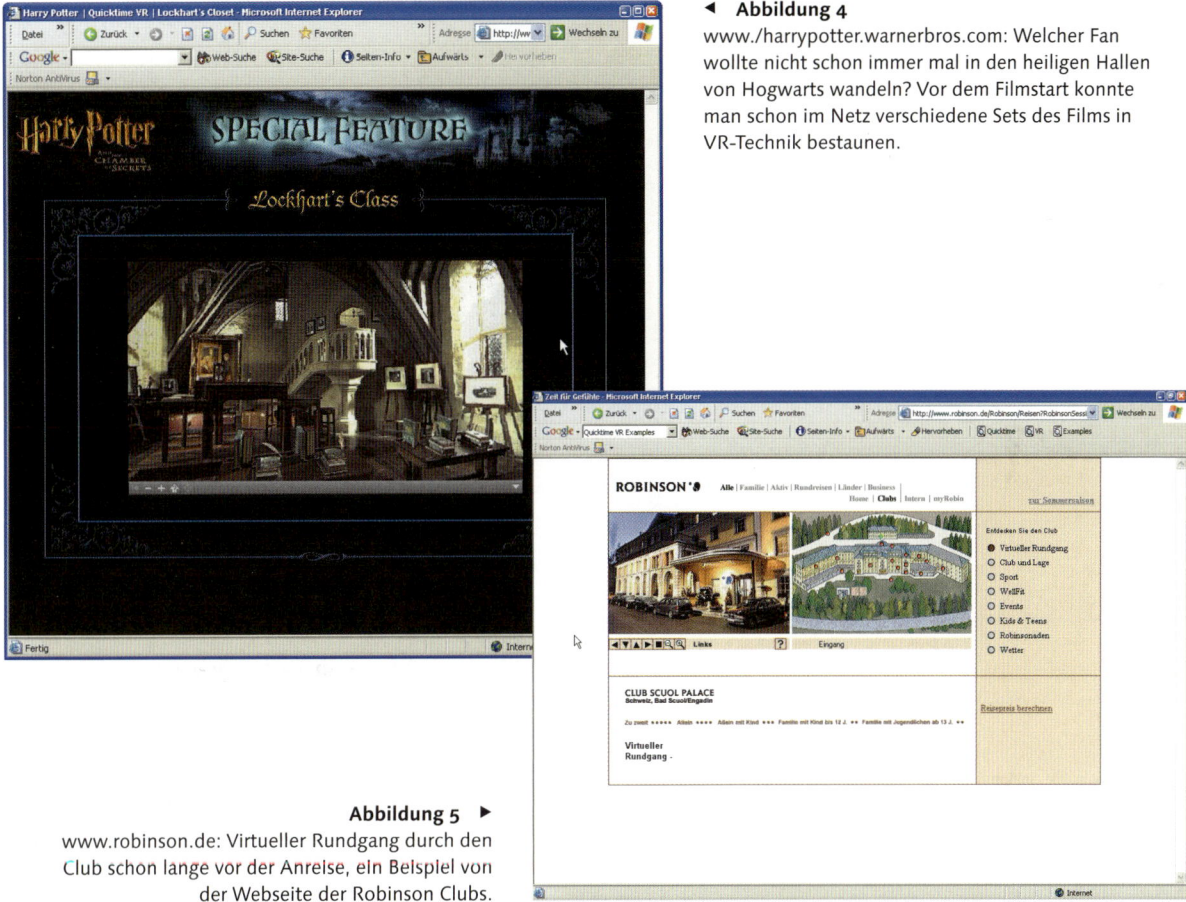

◄ **Abbildung 4**
www./harrypotter.warnerbros.com: Welcher Fan wollte nicht schon immer mal in den heiligen Hallen von Hogwarts wandeln? Vor dem Filmstart konnte man schon im Netz verschiedene Sets des Films in VR-Technik bestaunen.

Abbildung 5 ►
www.robinson.de: Virtueller Rundgang durch den Club schon lange vor der Anreise, ein Beispiel von der Webseite der Robinson Clubs.

sentieren aber ihre Ferienclubs inzwischen mit umfangreichen QuickTime VR-Szenarien (Abbildung 5). Der Besucher ist so vor unliebsamen Überraschungen sicher und kann sich in Ruhe schon vor der Buchung umschauen. Ähnliche Lösungen finden sich auch bei Unternehmen, die Büros und Produktionsstätten präsentieren, bei »virtuellen« Rundgängen durch einige Großstädte oder auf einem Filmset.

► **Rekonstruktionen**
Eine spannende Anwendung für echte 3D-Simulationen ist die Rekonstruktion historischer Gebäude und ganzer Städte. Der Besucher muss sich nicht mit zeitgenössischen Illustrationen begnügen, er bewegt sich frei in der Rekonstruktion. Leider wirken die Simulationen immer etwas steril, weil der immense Rechenaufwand in der Darstellung keine zusätzlichen animierten Objekte, die für mehr Atmosphäre sorgen würden, zu-

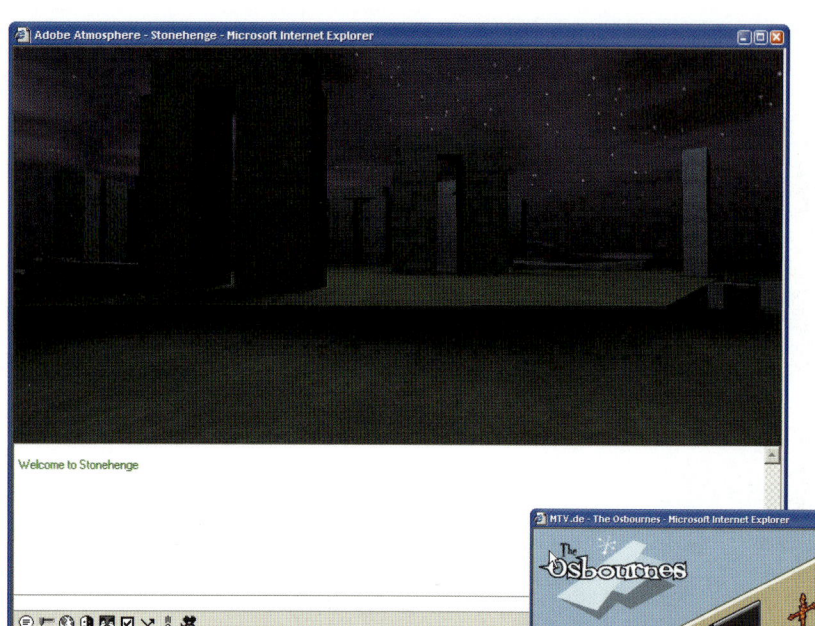

◄ **Abbildung 6**
www.adobe.com: Die Rekonstruktion von Stonehenge in Adobe Atmosphere. Im unteren Bereich des Fensters kann der Besucher mit anderen Besuchern chatten.

Abbildung 7 ►
www.mtv.de: Zu Hause bei den Osbournes. Wem die Fernsehserie nicht ausreicht, kann in diesem Spiel auch noch Ozzy online erleben. Die Interaktion beschränkt sich aber auf wenige Aktionen, die meist in derben Flüchen endet.

lässt. Zum Einsatz kommen hier vor allem VRML bzw. X3D oder Adobe Atmosphere (Abbildung 6).

► **Spiele/Unterhaltung**

Die Paradedisziplin für 3D-Anwendungen, sowohl für echtes 3D als auch für Pseudo-3D. Gerade online gibt es eine wachsende Zahl immer besserer und realistischerer Spielesimulationen, meist virtuelle Schlacht-felder und Arenen. Hier werden keine standardisierten Entwicklungsumgebungen verwendet, sondern Eigenentwicklungen, die eine bessere Performance ermöglichen. Zudem wird 3D in einigen Chatrooms ein-gesetzt, um für mehr Realität oder einen eigenen grafischen Stil zu sorgen. Gerade hier finden sich interessante Ansätze, die auch in anderen Bereichen einsetzbar sind (Abbildung 7).

◄ **Abbildung 8**
www.starwargalaxies.com: Mit C3-PO und
R2D2 eine weit entfernte Galaxie erkunden. Die
Online-Game-Community »Star Wars Galaxies«
wird weltweit mit Spannung erwartet.

Technik

Es gibt verschiedene Standardtechniken, mit
denen echtes und simuliertes 3D realisiert
wird. In der Folge ein kurzer Überblick.

VRML

Die Virtual Reality Modelling Language (VRML)
ist eine Erweiterung des HTML-Standards. Sie
erlaubt die einfache textuelle und damit sehr
kompakte Beschreibung von dreidimensionalen Objekten und wird einfach in den HTML-
Quellcode integriert. Der Entwickler definiert in VRML den Aufbau von Polygonen und
deren Beziehung zueinander, wodurch neben
statischen Szenen auch Animationen realisiert
werden können.

Zum Betrachten der VRML-Szenen benötigt der Besucher ein zusätzliches PlugIn, hier
sind verschiedene im Internet frei verfügbar.

Die Berechnung der Daten erfolgt im Browser
und hängt direkt von der grafischen Leistung
des Clientsystems ab. Auf neueren Systemen
wird die Darstellung und Performance daher
deutlich besser sein. Der Vorteil von VRML ist,
dass nur kleine Textdatenmengen für ein Modell übertragen werden müssen und damit die
Darstellung auch umfangreicher Szenen kein
Problem ist. Dieser Vorteil bewirkt aber auch
den Nachteil, dass VRML-Modelle nicht sehr
detailliert sind und damit auch keinen hohen
Grad an Realismus mitbringen. Zusätzlich
lassen sich Grafiken im JPEG- oder PNG-Format, MPEG-Videos und WAV-Sounddaten in
VRML-Dateien einbetten, was sich positiv auf
den Realismus, aber negativ auf die Ladezeiten
auswirkt.

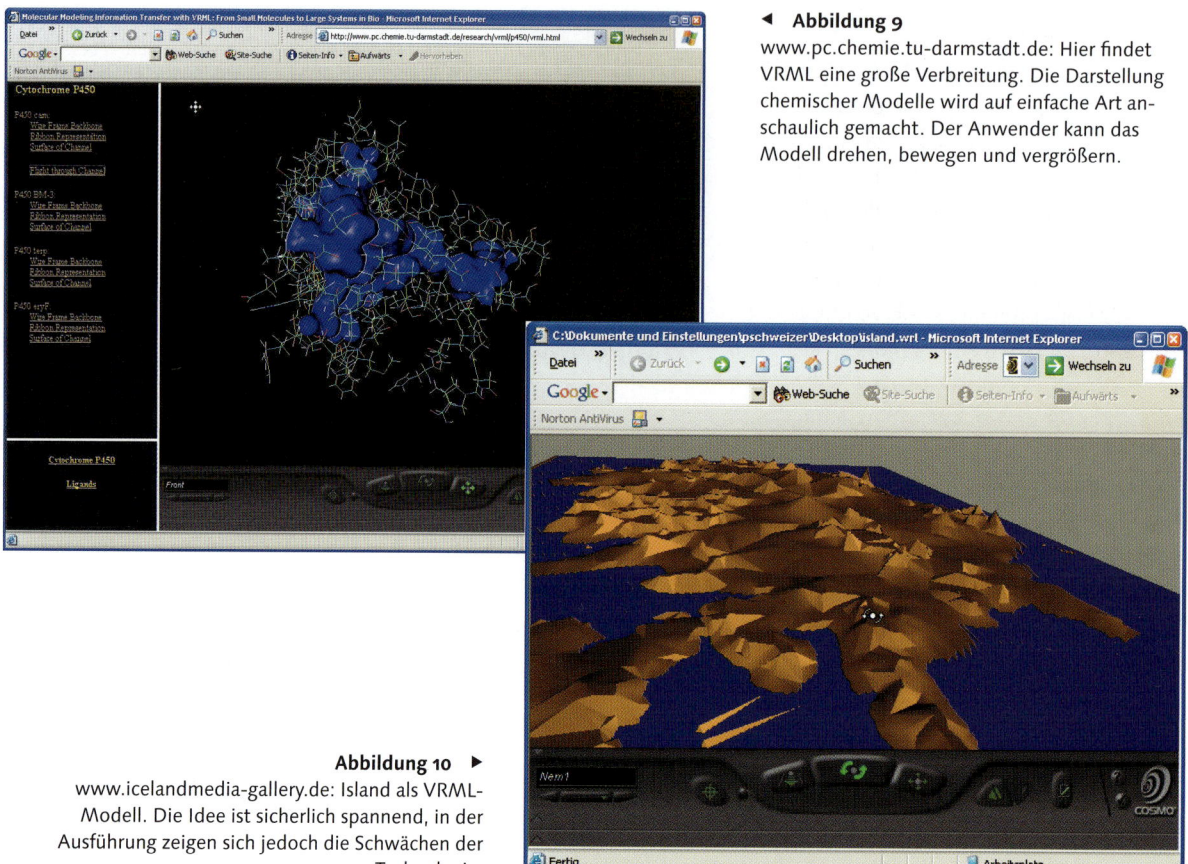

◄ **Abbildung 9**
www.pc.chemie.tu-darmstadt.de: Hier findet VRML eine große Verbreitung. Die Darstellung chemischer Modelle wird auf einfache Art anschaulich gemacht. Der Anwender kann das Modell drehen, bewegen und vergrößern.

Abbildung 10 ►
www.icelandmedia-gallery.de: Island als VRML-Modell. Die Idee ist sicherlich spannend, in der Ausführung zeigen sich jedoch die Schwächen der Technologie.

Für die Erstellung einfacher VRML-Szenarien gibt es im Internet verschiedene Freeware-Editoren, zu den bekanntesten zählt sicherlich der VRML-Editor von Rendersoft.

Im Zuge der Weiterentwicklung von HTML in Richtung XML laufen auch Bestrebungen, den VRML-Standard an die XML-Syntax anzupassen, das Ergebnis lautet X3D und ist in Teilen leistungsfähiger als VRML, vor allem aber XML-kompatibel. Hier gibt es Implementierungen, die ohne zusätzliches PlugIn auskommen, beispielsweise das Java-Framework »Shout3D«, mit dessen Hilfe dreidimensionale Szenen und Animationen abgespielt werden können.

Ich habe nur wenige VRML-Anwendungen gefunden, die sinnvoll sind. Leider ist aber die Qualität auch beim weiterentwickelten X3D noch nicht so gut, dass ich praktische Anwendungen in der Breite sehe. Sicherlich bieten sich in der technischen Simulation oder der Darstellung von chemischen Bausteinen brauchbare Ansätze (Abbildung 9), letztlich könnte man hier aber auch mit vorgefertigten Rendersequenzen im Videostream arbeiten.

Adobe Atmosphere

Atmosphere ist eine Eigenentwicklung von Adobe und soll als neuer Standard für die Entwicklung dreidimensionaler Szenarien und Communities etabliert werden. Auch hier benötigt der Besucher ein kostenloses PlugIn, bevor er in den Genuss der dritten Dimension kommt. Atmosphere soll ebenfalls als Framework für unterschiedliche Anwendungen dienen, unter anderem soll es möglich sein, komplette virtuelle Communities mit Atmosphere zu entwickeln und zu verwalten. Ich habe aber leider noch keine praktische Umsetzung gefunden. Erstellt werden die Szenarien mit Hilfe des kostenpflichtigen, derzeit aber nur in der Beta-Version verfügbaren Atmosphere Builder. Die »realistische« Qualität der Szenen ist im Vergleich zu VRML höher und das Handling für den Besucher auch einfacher. Als Nichtstandard wird es Atmosphere aber schwer haben, sich im Markt zu etablieren, zudem ist auch von Seiten Adobes nicht unbedingt der Drang zu verspüren, hier wesentliche Fortschritte zu machen.

VR-Technologien (QuickTime VR, LivePicture, IPIX)

Ich fasse unter diesem Punkt drei Technologien, die dasselbe Prinzip verwenden, zusammen. Der dreidimensionale Eindruck wird durch die Projektion eines zuvor aufgenommenen oder berechneten 360°-Panoramas, das auf einen Zylinder »geklebt« wird, erzeugt. Als Apple die Technologie vor Jahren präsentierte, hatte der erstaunte Betrachter tatsächlich den Eindruck, im abgebildeten Apple-Shop zu stehen – wenn auch mit einem leichten Fischauge. Der Anwender kann in eingeschränktem Umfang mit den »Räumen« interagieren, er kann Standpunkte wechseln und zoomen.

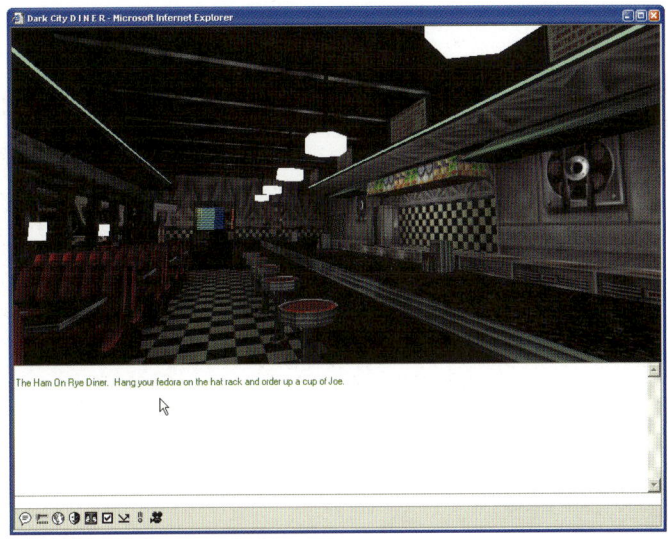

▲ **Abbildung 11**
Eine virtuelle Community, »DarkCity«, komplett in Adobe Atmosphere erstellt. Die Darstellung mit hochaufgelösten Texturen und animierten Hintergründen erfordert aber auch eine entsprechende Hardware-Basis.

QuickTime VR bietet zusätzlich die Möglichkeit Gegenstände abzubilden, die später von allen Seiten betrachtet werden können. Eine interessante Variante, die schon in einigen Shopsystemen ihren Einsatz findet.

Die VR-Technologien bieten damit einen hohen Grad an Realismus bei relativ wenig Datenmenge und geringem Aufwand für die Erstellung: Entweder man setzt das Panorama aus Einzelbildern zusammen oder verwendet spezielle Kameravorsätze, die entweder zwei halbe Panoramen oder ein komplettes aufnehmen. Auch bieten alle gängigen 3D-Programme Exportfiltern in das QuickTime-VR Format.

Unter den drei Anbietern Live-Picture, IPIX und Apple hat sich das QuickTime-Format von Apple mittlerweile als Marktführer etabliert,

Abbildung 12 ▶
www.whatisthematrix.warnerbros.com: Auf dem
Set von Matrix-Reloaded, mit QuickTime VR in
hoher Auflösung präsentiert

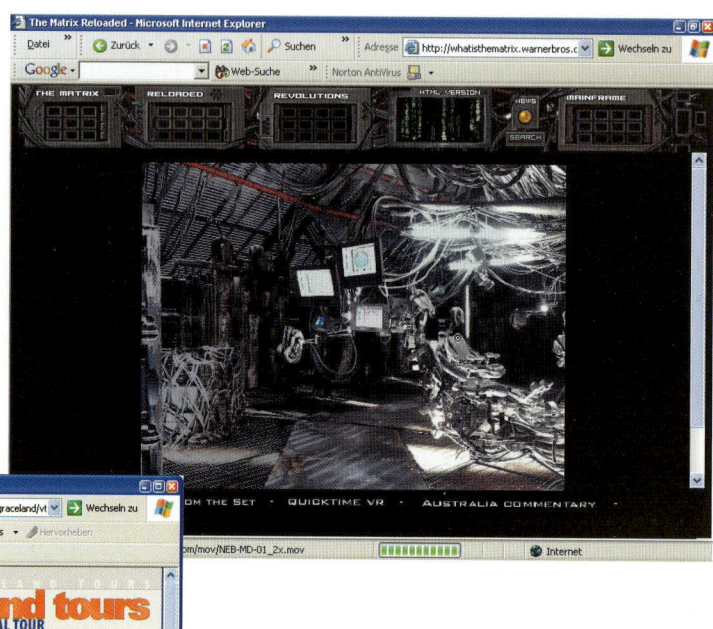

◀ **Abbildung 13**
www.elvis.com: Zu Hause beim KING. Graceland
als virtuelle IPIX-Tour für Fans, die sich nicht mehr
auf den Weg nach Memphis machen können.

wobei auch die anderen Anbieter eine gleich
hohe Qualität bieten. Die Live-Picture-Version
hat zudem den Vorteil, dass sie mit Hilfe eines
Java-Applets funktioniert, während für Quick-
Time VR und IPIX Browser-PlugIns benötigt
werden. IPIX bietet zusätzlich eigene Hard-
ware-Lösungen für den praktischen Einsatz

an. Über die Zukunft des Live Picture-Formats
möchte ich keine Aussagen machen, der Hersteller wurde aber mittlerweile aufgekauft, und
auf den neuen Seiten ist kein direkter Hinweis
auf die Live Picture-Technologie zu finden.

◄ **Abbildung 14**

www.mobilekids.de: Mokitown ist eine wunderschöne virtuelle Community für Kinder, eine Initiative von DaimlerChrysler. Nicht nur eine gute Idee für mehr Sicherheit im Straßenverkehr, sondern auch gelungenes CRM. Selbstverständlich fahren nur Fahrzeuge der Marke in der virtuellen Welt im wunderbaren Klötzchen-Look herum.

Abbildung 15 ►
www.manxdesign.de: Agentur virtuell. Kunden können schon auf der Webseite sehen, wo die Kreativen arbeiten.

Isometrien

Aus der klassischen darstellenden Geometrie stammt der Begriff der Isometrie, d.h. die perspektivische Darstellung eines dreidimensionalen Raumes aus einem festen Blickwinkel. Die Erstellung einer Isometrie ist relativ einfach, wenn auch zeitintensiv, und kann mit einem normalen Zeichenprogramm, beispielsweise Illustrator, erfolgen. Anschließend wird der Szenerie auf Basis von Flash oder Director Leben eingehaucht. Isometrien haben ihren eigenen visuellen Reiz und sind für mich eine größere kreative Herausforderung als echte 3D-Simulation. Die Beispiele zeigen, welche grafische Qualität mit Isometrien heute im Web erreicht wird.

Links

Bücher und Websites zum Thema

*Kein Buch sagt alles, aber mit mehreren Büchern
erhöhen Sie die Trefferquote. Was Sie sonst noch
alles kaufen oder anklicken können, lesen Sie hier.*

WENN SIE BIS ZU DIESER STELLE GEKOMMEN
sind, haben Sie alles Wichtige über Webdesign
erfahren – das ist jedenfalls meine Meinung.
Darüber hinaus gibt es noch viele Aspekte, die
einem in Webprojekten das Leben schwer machen können, und zu denen schlaue Menschen
intelligente Bücher geschrieben haben. Im Folgenden eine kleine Auswahl.

Bücher

Konzeption/Design/Usability

▶ **Homepage Usability. 50 enttarnte
Websites**
von Jakob Nielsen und Marie Tahir
▶ **Don't make me think! Web Usability**
von Steve Krug
▶ **The Graphic Language of Neville Brody**
von Jon Wozencroft
▶ **Information Architects**
von Richard Saul Wurman, Peter Bradford
▶ **Information Anxiety**
von Richard Saul Wurman
▶ **Website-Konzeption**
von Maria Grotenhoff, Anna Stylianakis

Marketing

Zum Thema Marketing finden Sie sehr viele
Bücher, aber glücklicherweise müssen Sie nicht
alles lesen. Die folgenden drei sollten ausreichen, um es mit jedem durchschnittlichen
Marketing-Mitarbeiter aufnehmen zu können.

▶ **Die 22 unumstößlichen Gebote im
Marketing**
von Al Ries und Jack Trout
▶ **Online-Marketingmix**
von Markus Stolpmann
▶ **Offensives Marketing**
von Anton Meyer, Hugh J. Davidson

Websites rund um Webgestaltung

Interessante Websites von Software-
herstellern

Es gibt hierzu auch einige Quellen im Netz, die
es einmal abzusurfen lohnt; in der folgenden
Tabelle sind einige zusammengestellt.

Tabelle 1: Software im Netz

Hersteller		
Macromedia	www.macromedia.com/de	Hersteller von den Webessentials Fireworks, Dreamweaver, Flash und Director
Adobe	www.adobe.de	Hersteller von Photoshop, GoLive, Atmosphere, LiveMotion, AfterEffects
GlobalScape	www.globalscape.com	Hersteller allerlei nützlicher Tools: CuteFTP, PureCms
Microsoft	www.Microsoft.de	Browser, Server, Software: Gibt es etwas, das MS nicht herstellt?
Netscape	www.netscape.de	Browser und Server
Opera	www.opera.com	Der schnellste und bunteste Browser, den man sich antun kann
Hyperionics	www.hyperionics.com	Screenshot-Utility
ACDsee	http://www.acdsystems.com	Das einzig wahre Bildverwaltungstool

Design im Netz

Unter den folgenden Links findet sich allerlei Wissenswertes zum Thema Design im Netz. Ich habe mit Bedacht hier Sites ausgewählt, die eine große Zahl weitergehender Links mit aktuellen Designtrends präsentieren.

- http://www.upwardlink.com
- http://www.misspato.com
- http://www.lookom.com/
- http://www.strangefruits.nl/
- http://www.thebestdesigns.com/
- http://www.coolwebsites.dk/
- http://www.gouw.nu/
- www.designerinaction.de
- www.visuellerorgsamus.de
- www.4websites.de
- www.designerlounge.de
- www.vdwd.de
- www.sendung.de
- www.akademie.de
- www.adc.de

Zu guter Letzt noch drei Websites, die mit mir verbunden sind:

- www.buero-fuer-gestaltung.de
- www.interfacedesign.de (im Aufbau)
- www.peters-kleine-welt.de (im Rohbau)

Index

Aktuelle Design-Bücher im Überblick

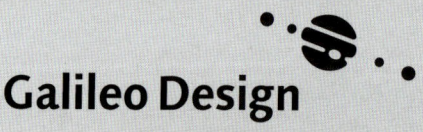